SCIENCE AND SPIRITUAL PRACTICES

일러두기

저자 주임을 표시하지 않은 각주 및 [ ] 안의 모든 용어 해설은 옮긴이 주입니다.

과학자인 나는 왜 영성을 말하는가

영국의 생물학자가
들려주는
'일상의 영성'을
가능케 하는
7가지 방법

루퍼트 셸드레이크 지음
이창엽 옮김

서문

이 책은 과학, 역사학, 철학, 영적 수행, 신학, 종교를 탐구한 오랜 여정과 더불어, 영국, 아일랜드, 유럽 대륙, 북아메리카, 말레이시아, 인도 등 세계 곳곳에서 여행하고 살았던 실제 경험에서 비롯했다. 과학과 영적 수행은 어린 시절부터 내 삶의 일부였고, 나는 다양한 맥락에서 그 관계에 대해 생각해 왔다.

나는 영국 중부의 장이 서는 소도시인 노팅엄셔Nottinghamshire 주의 뉴어크온트렌트Newark-on-Trent에서 태어나고 자랐다. 나는 꽤 전통적인 그리스도인의 양육을 받았다. 나의 가족은 감리교인들이었고, 나는 영국성공회의 남학생 기숙학교에 다녔다.

나는 아주 어릴 때부터 식물과 동물에 흥미를 느꼈다. 집에서 여러 동물들을 키웠다. 약초의herbalist[1]이자 현미경 사용 전문가이며 약사였던 아버지는 나의 흥미를 북돋워 주었다. 나는 생물학자가 되고 싶어서 학교에서 과학을 주로 공부했다. 졸업 후 케임브리지대학교에 진학해서 생물학과 생화학을 공부했다.

과학 교육을 받는 동안, 나는 과학 선생님들이 대부분 무신론자이고 무신론을 정상으로 여긴다는 것을 알게 되었다. 당시 영국에

---

1) 약초로 병을 다스리는 사람.

서 과학과 무신론은 늘 함께했다. 무신론의 관점은 과학적인 세계관의 일부 같았고, 나는 그것을 받아들였다.

　17살에 학교를 졸업한 후 대학에 진학하기 전에 한 제약 회사의 연구 실험실에서 실험 기사로 일했다. 연구 경험을 쌓고 싶었기 때문이다. 그런데 생체 해부 시설에서 일하게 될 줄은 몰랐다. 나는 동물들을 사랑했기 때문에 생물학자가 되기를 원했던 것이다. 그런데 나는 일종의 죽음의 수용소에서 일하고 있었다. 실험에 사용된 고양이, 토끼, 기니피그, 생쥐, 햇병아리들은 한 마리도 살아서 실험실을 떠나지 못했다. 그래서 나는 동물을 좋아하는 마음과, 개인적 감정이 들어설 여지가 없는 객관성이라는 과학적 이상 사이에서 심한 긴장감을 겪었다.

　그런 나의 의구심에 대해 말하자, 동료들은 우리가 하는 일이 인류를 위한 일임을 상기시켰다. 그 동물들은 인간의 생명을 구하기 위해 희생된다는 것이었다. 그들의 말에는 부정할 수 없는 일리가 있었다. 모든 사람들은 현대 의학의 도움을 받고 있는데, 의약품들은 먼저 동물에게 시험하기 때문이다. 동물 실험을 하지 않았고 독성이 나타날 위험이 있는 화학 약품을 인간에게 시험하는 것은 무책임하고 불법적인 일이다. 인간에게는 권리가 있으므로, 그런 주장이 제기된다. 반면에 실험실 동물들에게는 아무런 권리가 없다. 대다수 사람은 현대 의학에서 이익을 얻음으로써, 이런 동물 희생 체계를 암묵적으로 지지한다.

　한편 나는 지그문트 프로이트Sigmund Freud와 칼 마르크스Karl Marx

7

의 책들을 읽었다. 그들은 나의 무신론적 관점을 더 확고하게 했고, 나는 케임브리지대학교의 학부생이 되었을 때 '케임브리지 인본주의자 협회Cambridge Humanist Association'에 가입했다. 그런데 모임에 몇 번 나간 후 그들이 아둔하다는 걸 알게 되었고, 다른 데 흥미를 느꼈다. 내 머릿속에 가장 뚜렷이 남은 일은 '세속적 인본주의자Secular Humanist' 운동의 주요 인물인 생물학자 줄리언 헉슬리Julian Huxley 경의 연설을 들었을 때였다. 그는 인간이 스스로 자신의 진화를 지배해야 하고 우생학, 즉 선택적 교배를 통해 인류를 개선해야 한다고 주장했다.

그는 유전적으로 향상된 새로운 혈통의 어린이들이 나타날 것을 예견했다. 그 아이들은 기증된 정자를 난자에 인공 주입해서 잉태될 것이었다. 그는 이렇게 향상된 인류를 만들어 내기 위해 정자 기증자들이 갖추어야 할 자격을 하나하나 열거했다. 유서 깊은 과학 가문 출신이어야 하고, 과학에서 위대한 업적을 이루어야 하고, 공적 생활에서 존경받는 지위에 올라 있어야 했다. 그런 자격을 갖춘 정자 제공자는 바로 줄리언 경 자신이었다. 나중에 나는 그가 자신이 설교한 대로 실행했다는 것을 알게 되었다.

나는 무신론자이자 신진 기계론적 생물학자였으므로, 우주가 필연적으로 기계적이며, 궁극적 목적이나 신은 없고, 마음은 뇌 활동에 불과하다고 믿는 게 당연했다. 하지만 그것은 내게 몹시 힘든 일이었고, 특히 사랑에 빠졌을 때는 무척 어려웠다. 나는 아름다운 여자 친구를 사귀고 있었는데, 강렬한 감정이 올라올 때면 호르몬에 대한 생리학 강의를 떠올렸다. 나는 남성호르몬인 테스토스테론testosterone, 여성호르몬인 황체호르몬progesterone, 에스트로겐estrogen 과 그 호르몬들이 남성과 여성의 몸의 여러 부위에 어떤 영향을 주는지 배웠다. 하지만 사랑에 빠지는 실제 경험과 그런 화학 공식을 배우는 것 사이에는 건널 수 없는 큰 간극이 있었다.

또한 살아 있는 동식물에 대한 관심이라는 내게 본래 있는 영감과, 내가 배우는 생물학 사이의 현격한 차이를 점점 더 뚜렷이 인식하게 되었다. 내가 동식물을 직접 경험하는 것과 그것에 대해 배우는 방식은 거의 아무런 관련이 없었다. 실험 수업에서 나는 공부하는 유기체(생물)를 죽여서 해부하고, 그 구성 요소를 점점 더 작은 부분으로 분리했고, 결국 분자 수준까지 파헤쳤다.

나는 근본적으로 잘못된 것이 있다고 생각했지만, 문제가 무엇인지 알아낼 수 없었다. 그때 문학을 공부하는 친구가 내게 시인이자 식물학자였던 요한 폰 괴테Johann von Goethe의 글에 대한 에세이가 들어 있는 독일 철학책을 빌려주었다. 그 책에서, 19세기가 시작되었을 때 괴테는 새로운 과학, 즉 직접 경험과 지적인 이해를 통합하는 전체론적 과학holistic science에 대한 전망을 가지고 있었다는 걸 발견했다. 그것은 모든 것을 조각조각 분해해서 연구하지 않았고, 우리의 감각으로 얻는 증거를 부정하지 않았다.

그렇게 다른 과학이 가능하다는 생각에 나는 희망을 품게 되었다. 나는 과학자가 되기를 원했지만, 곧바로 연구하는 일에 뛰어들고 싶지 않았다. 선생님들은 내가 그럴 것이라고 여겼지만, 나는 시간을 가지고 보다 큰 그림을 보고 싶었다. 다행히 하버드대학교에서 프랭크 녹스 장학금Frank Knox Fellowship을 받게 되었고, 케임브리지대학교를 졸업한 후에 하버드에 가서 1963년부터 1년 동안 철학과 과학사를 연구했다.

나는 그때 막 출간된 토머스 쿤Thomas Kuhn의 《과학혁명의 구조The Structure of Scientific Revolution》를 읽고 나서 자연에 대한 기계적 이론을 쿤이 패러다임paradigm—집단적으로 견지하는, 현실에 대한 모델이자 신념 체계—이라고 부른 것임을 깨달았다. 그는 과학에서 혁명적인 변화가 일어나는 시기에 현실을 설명하는 과거의 과학 모델이 새로운 모델로 대체된다는 것을 보여 주었다. 이렇게 과학이 과거에 근본적으로 변했다면, 아마 미래에도 다시 변할 수 있을 것이었다. 그건 흥미진진한 가능성이었다.

나는 영국 케임브리지로 돌아와서 식물을 연구했다. 본래 하고자 했던 동물 연구를 하고 싶지 않았다. 동물을 죽이면서 인생을 보내고 싶지 않았기 때문이다. 나는 식물이 옥신auxin2)을 생산하는 것에 대해 박사논문을 썼다. 옥신은 줄기의 성장을 자극하고, 목질을 형성하고, 뿌리를 만들어 내는 식물 호르몬이다. 정원사들이 꺾꽂이가 뿌리를 잘 내리도록 할 때 사용하는 호르몬 가루에는 합성 옥신이 함유되어 있다. 그 후 케임브리지대학교의 클레어칼리지의 연구원과 왕립협회의 연구원이 되어 식물의 발달에 대

---

2)   식물 성장 물질.

한 연구를 계속했다. 이런 지위는 내게 대단한 자유를 주었고, 그 점에 대해 깊이 감사한다.

그동안 나는 케임브리지대학교에 있는 '공현 철학자들Epiphany Philosophers'이라는 그룹의 회원이 되었다. 이 그룹은 양자역학자, 신비주의자, 불교인, 퀘이커Quakers, 영국성공회 교인, 철학자 등 이질적인 사람들이 모여 있었다. 그중에는 케임브리지의 철학 교수이자 과학철학의 권위자인 리처드 브레이스웨이트Richard Braithwaite, 그의 아내이자 케임브리지 언어연구소 소장이며 인공지능의 선구자인 마가렛 매스터먼Margaret Masterman, 맨체스터대학교 철학 교수이며 철학자 앨프리드 노스 화이트헤드와 함께 연구했던 도로시 에머트Dorothy Emmet가 있었다. 우리는 버넘오버리 부두에 있는 노퍽 해안의 풍차에서 1년에 네 차례를 일주일 동안 함께 살았다. 그때 우리는 물리학, 생물학, 대체 의학, 침술, 심령 연구, 양자 이론, 언어와 과학철학의 본질에 대해 토론했다. 그 모임에서는 어떤 생각도 금지되지 않았다.

그렇게 지내는 7년 동안 나는 자유롭게 내가 원하는 연구를 했고 가고 싶은 곳에 갔다. 나는 왕립협회의 자금 지원을 받아 1년 동안 말레이시아에 머물렀다. 열대우림의 식물을 연구하고 싶었기 때문이다. 나는 쿠알라룸푸르 부근 말라야대학교의 식물학과에 자리를 얻었다. 1968년 그곳으로 가는 길에 인도와 스리랑카를 몇 달 동안 여행했는데, 그것은 그야말로 눈이 번쩍 뜨이는 경험이었다. 세계를 바라보는 전혀 다른 시각이 있었는데, 나는 그때까지 그것에 대비한 교육을 일절 받지 못했다는 것을 알게 되었다.

그 후 케임브리지에 돌아와서 식물의 발달에 대한 연구를 계속했다. 특히 식물 호르몬 옥신이 잎과 줄기로부터 뿌리 끝까지 전달되는 방식과, 옥신이 흐르면서 식물을 변화시키는 것을 집중적으로 연구했다. 그 연구는 매우 잘 되었지만, 기계론적인 접근으로는 형상의 발달을 제대로 이해할 수 없다는 점을 점점 더 확신하게 되었다. 하부에서 상부로 조직화하는 원리만이 아니라, 상부에서 하부로 조직화하는 원리가 있어야만 했다.

건축학에 비유하면 '상부에서 하부로top-down'의 원리가 한 건물을 전체로서 계획하는 것이라면, '하부에서 상부로bottom-up'의 설명이란 벽돌의 화학과 물리적 특성, 모르타르의 접착성, 벽의 압력, 전기 배선의 흐름 등에 대해 더 관심을 기울이는 것이다. 이런 물리적·화학적 요인이 건물의 특성을 이해하는 데 중요한 건 사실이지만, 그것만으로는 건물의 형태, 디자인, 기능을 설명할 수 없다.

이런 이유로 나는 생물학적 장場 혹은 '형태발생장morphogenetic field' 혹은 '형태형성장form-shaping field'이라는 개념에 관심을 가지게 되었다. 이는 1920년대에 처음 제안된 개념이다. 나뭇잎의 형태는 특정한 단백질 분자를 만들 수 있게 하는 식물 세포 안의 유전자에 의해서만 결정되는 게 아니라, 잎을 형성하는 장, 눈에 보이지 않는 일종의 계획이나 틀 혹은 잎을 '끌어당기는 것'에 의해서도 결정된다. 상수리나무 잎, 장미나무 잎, 대나무 잎은 동일한 옥신 분자를 가지고 있고, 옥신이 새싹에서 뿌리 끝으로만 전달되고 반대 방향으로는 흐르지 않는 똑같은 옥신 전달 체계를 가지고 있지만, 각 나무의 형태발생장은 서로 다르다.

형태발생장이 어떻게 유전되는지 생각하고 있을 때, 새로운 아이디어가 떠올랐다. 자연에 일종의 기억이 있어서, 시간을 넘어 과거의 유기체와 현재의 유기체를 직접 연결해 주며, 모든 생물 종에 형태와 행위의 집단 기억을 제공하는 것이다. 나는 이런 기억의 전달에 대한 가설을 '형태 공명morphic resonance'이라고 불렀다. 하지만 나는 그것이 매우 논쟁을 일으키는 제안임을 곧 깨달았고, 그것에 대해 더 철저히 생각하고 증거를 찾기 전에는 그 내용을 책으로 출간할 수 없다는 걸 알았다. 그건 몇 년이 걸릴지도 모르는 과정이었다.

이와 동시에, 나는 환각제psychedelic가 일으키는 경험을 통해 의식을 탐구하는 데 점점 더 관심이 많아졌다. 그것은 마음은 내가 과학 교육에서 배운 것보다 더 광대하다는 확신을 주었다.

1971년 나는 초월명상Transcendental Meditation을 배웠다. 약물 없이 의식을 탐구할 수 있기를 원했기 때문이다. 케임브리지대학교의 초월명상 센터에서는 종교적 믿음을 가질 필요가 없었다. 명상 지도자는 전적으로 생리학적으로 명상 과정을 설명했다. 나는 그 점이 좋았다. 명상은 효과가 있었고, 나는 명상을 할 때 행복했고, 나의 뇌 말고는 다른 걸 믿을 필요가 없었다. 나는 여전히 무신론자였고, 종교를 요구하지 않고 과학적 세계관에 부합하는 영적 수행을 찾아서 기뻤다.

나는 힌두 철학과 요가에 점점 더 흥미를 느끼게 되었는데, 마침 1974년에 인도에 가서 일할 기회를 얻었다. 하이데라바드 Hyderabad 주 부근 국제반건조열대작물연구소ICRISAT에서 식물 생리학 연구실장으로 일하게 된 것이었다. 나는 병아리콩chickpea과 나무콩pigeonpea을 연구했고, 수확량을 늘리고 가뭄과 해충과 질병에 저항성이 높은 품종을 개량하는 팀의 일원이었다.

나는 인도에서 지내는 게 좋았다. 여가 시간에는 신전과 아쉬람ashram 3)을 방문했고, 구루들guru 4)의 말씀을 들으러 갔다. 또한 하이데라바드에서 수피Sufi[이슬람교의 신비주의] 스승, 아가 하산 하이데리Agha Hassan Hyderi에게 배웠다. 그는 내게 수피 만트라mantra인 와지파wazifa를 주었고, 나는 1년 동안 수피 명상을 했다. 수피 전통에 따르면 기쁨은 신의 선물이라는 것을 그에게서 배웠다. 그의 종교는 청교도적이거나 금욕적이지 않았다. 그는 양단洋緞으로 된 멋진 법의를 입었고, 향수 전문가였고, 재스민꽃이 담긴 그릇에 손가락을 담그고 앉아 우르두어Urdu와 페르시아어로 시를 낭송했다. 나는 항상 종교는 쾌락을 부정한다고 여겼는데, 수피 스승 아가Agha의 입장은 전혀 달랐다.

---

3) 종교 교육과 훈련을 받는 곳.
4) 힌두교·시크교의 스승.

그때 새로운 생각이 떠올랐다.

"그리스도교는 어떤가?"

10대 때 무신론과 '세속적 인본주의'로 개종한 이래 나는 그리스도교에 대해 많은 생각을 하지 않았다. 비록 내가 가입한 '공현 철학자들'은 그리스도교 그룹이었고, 우리는 풍차에서 매일 아침과 저녁에 단선율로 찬송가를 불렀지만 말이다.

어떤 힌두 구루에게 나의 영적 여정에 대한 조언을 구했을 때, 그는 이렇게 말했다.

"모든 길은 신으로 향합니다. 당신은 그리스도교 가정 출신이므로 그리스도교의 길을 따라야 합니다."

생각할수록 이치에 닿는 말이었다. 힌두교의 성지聖地는 인도 혹은 카일라스Kailash산같이 인도 부근에 있다. 영국의 성지는 영국에 있고, 그것은 대부분 그리스도교의 성지이다. 나의 조상들은 여러 세기 동안 그리스도인이었다. 그들은 그리스도교 전통 안에서 태어나고, 결혼하고, 숨졌다. 우리 부모님도 그랬다.

그래서 나는 '주기도문'을 기도하기 시작했다. 그리고 세쿤데라바드에 있는 영국성공회 교회인 성요한교회에서 예배하기 시작했다. 나는 그리스도교 신앙을 재발견했다. 그 후 34세가 되어 영국성공회와 감리교가 합쳐서 이루어진 초교파적 교회인 남인도교회the Church of South India에서 견진성사를 받았다. 나는 다른 남학생들과 달리, 학교를 다닐 때 견진성사를 받지 않았다.

하지만 매우 심오하다는 것을 알게 된 힌두교의 지혜와, 상대적으로 영적 깊이가 얕은 것 같은 그리스도교 전통 사이에서 여전히 심한 긴장감을 느꼈다. 그때 한 친구의 소개로 놀라운 스승인 베데 그리피스 신부를 만나게 되었다. 그는 인도 남부 타밀나두 주에 있는 그리스도교 아쉬람에서 살고 있었다. 영국 베네딕트 수도회 수사인 그는 20년 넘게 인도에서 살고 있었다.

베데 신부는 내가 거의 몰랐던 그리스도교 신비주의 전통을 소개해 주었다. 또 중세 그리스도교 철학도 알려 주었는데, 특히 성 토마스 아퀴나스St. Thomas Aquinas와 성 보나벤투라St. Bonaventura의 책들을 알려 주었다. 그들의 통찰은 그때까지 내가 설교, 교회, 대학에서 듣고 배운 어떤 것보다 더 심오한 것 같았다. 또한 베데 신부는 인도 철학을 깊이 이해했고, 힌두교의 여러 핵심 사상이 담긴 《우파니샤드Upanishads》에 대해 정기적으로 강연을 했다. 그는 동양과 서양의 철학·종교 전통들이 서로를 비춰 줄 수 있음을 보여 주었다.

나는 국제반건조열대작물연구소에서 일하는 동안 끊임없이 형태 공명에 대해 생각했고, 4년여가 지난 후 그것에 대해 쓸 시간을 낼 수 있게 되었다. 나는 책을 쓰기 위해 인도에 머물고 싶었는데, 베데 신부가 자신의 아쉬람에 나를 초청해 주어서 그 문제를 완전히 해결할 수 있었다. 그곳은 성스러운 코베리Cauvery강 둑 위에 있는 샨티바남Shantivanam 아쉬람이었다.

베데 그리피스 신부의 아쉬람은 인도 문화와 그리스도교 전통의 많은 측면들을 결합했다. 우리는 바닥에 앉아서 바나나 잎에 담긴 채식을 먹었고, 매일 아침 요가를 했고, 아침과 저녁에 한 시간씩 명상했다. 나는 대개 강둑 위 나무 그늘에서 명상했다. 아침 미사는 가야트리Gayatri 만트라를 읊는 것으로 시작했다. 그것은 태양을 통해 빛나는 신의 힘을 기원하는 산스크리트 만트라이다. 나는 베데 신부에게 물었다.

"어떻게 신부님은 가톨릭 아쉬람에서 힌두교의 만트라를 읊을 수 있습니까?"

그가 대답했다.

"바로 그것이 가톨릭이기 때문입니다. 가톨릭catholic의 의미는 '보편적인'입니다. 만일 가톨릭이 신에 이르는 길 중에 어느 하나라도 배제한다면, 그것은 가톨릭이 아니라 하나의 분파일 뿐입니다."

나는 1978년부터 이듬해까지 1년 반 동안 그곳에 머물렀다. 반얀나무 아래 종려나무 잎으로 지붕을 이은 오두막에 살았고, 거기서 《새로운 생명 과학A New Science of Life》을 썼다. 그 후 국제반건조열대작물연구소로 돌아가 비상근으로 몇 년 동안 일했고, 매년 인도와 영국과 캘리포니아를 오가며 살았다.

다시 영국에 돌아왔을 때 나의 본래 전통을 재발견하는 놀라운 시간을 맞았다. 인도인들에게 순례지가 있듯이 유럽인들에게도 순례지가 있다는 사실이 기뻤다. 나는 대성당, 교회, 에이브버리Avebury5) 같은 아주 먼 옛날의 유적지를 순례했다. 마치 고향을 방문하는 것 같았고, 고국과 연결되고 과거에 그곳에 살았던 사람들과 연결되는 것 같았다. 나는 어디에 있든 일요일에는 늘 교회에 가서 예배드렸다. 대개 나의 지역 교구 교회에 갔고, 지금도 그러고 있다.

1981년 《새로운 생명 과학》이 영국에서 출간된 직후 나는 현장 실험을 하러 다시 인도에 갔는데, 봄베이Bombay에서 열리는 '고대의 지혜와 현대 과학'이라는 학회에서 강연해 달라는 요청을 받았다. 그래서 작물을 수확하는 일에 며칠 휴가를 내서, 형태 공명에 대해 강연하러 그곳에 갔다. 그 학회에서 질 퍼스Jill Purce를 만났다. 그녀는 고대 지혜 프로그램의 일부를 강연하고 있었다. 질은 이미 《신비주의적 소용돌이: 영혼의 여정The Mystic Spiral: Journey of the Soul》이라는 책을 냈고, 또 테임즈앤허드슨출판사에서 출간한 예술과 상상력에 대한 아름다운 책 시리즈의 편집장이었다. 그 책들은 아직도 출간되고 있다.

질과 나는 몇 달 후 인도에서 다시 만났다. 그때 그녀는 히말라야에서 티베트불교의 족첸Dzogchen 수행 과정을 수련하고 온 길이었다. 우리는 같은 해 영국에서 다시 만났고, 거기서 함께 살았다. 우리는 1985년에 결혼했고 그때부터 북런던의 햄스테드Hampstead에서 살고 있다.

---

5) 영국 잉글랜드의 신석기 유적지가 있는 곳.

내가 그녀를 만났을 때, 질은 이미 찬트chant6) 하는 법을 가르치는 새로운 방식을 개발해 놓았다. 다양한 문화와 종교들의 전통을 이용하여 사람들에게 그룹 찬트의 효과를 소개했다. 워크숍에서 그녀는 몽골과 투바Tuva에서 전통적으로 했던, 일종의 오버톤overtone 찬트를 가르쳤고, 지금도 찬트를 가르치고 있다. 그것은 들을 수 있는 플룻 소리 같은 높은 음을 찬트의 기본음에 더한 배음overtone, 倍音[반주음, 수식음]으로 내는 것이다. 또한 그녀는 찬트 하는 것이 의식을 변화시키는 강력한 효과가 있고, 사람들이 서로 공감하게 해 줄 수 있음을 보여 준다.

지난 35년여 동안 나는 식물의 성장, 형태 공명, 귀소본능이 있는 비둘기, 주인이 집에 오는 걸 미리 아는 개, 남이 자신을 바라보는 것을 느끼는 것, 전화 텔레파시7), 그밖의 다양한 주제에 대한 실험 연구를 해 오고 있다. 2005~2010년까지 나는 패럿-워릭 프로젝트Perrot-Warrick Project의 책임자로 일했다. 그것은 케임브리지의 트리니티대학교에서 자금을 받은 연구로, 일반적으로 설명할 수 없는 인간과 동물의 능력을 밝히는 연구였다.

이 연구의 결과에 의해 나는 우리의 마음은 뇌보다 훨씬 더 확장된다는 것을 확신하게 되었다. 다른 동물들의 마음도 마찬가지다. 예를 들어 동물에서 다른 동물에게, 사람에서 다른 사람에게,

---

6) 시편이나 만트라를 낭송하거나 성가를 부르는 것을 통칭한다.
7) 어떤 사람에 대해 생각한 직후에 바로 그 사람에게서 전화가 걸려 오는 것.

사람에서 동물에게, 동물에서 사람에게 직접 영향을 주는 텔레파시telepathy가 있는 것 같다. 텔레파시 연결은 감정적으로 결합된 사람과 동물 사이에서 많이 일어난다.

그런 심령 현상은 기이하고 초자연적인 것이 아니라, 정상적이고 자연스러운 것이다. 그것은 마음의 유대와 사회적 유대가 작용하는 것의 일부이다. 우리가 그것을 때때로 '기이하다'고 여기는 이유는 현실에 대한 협소한 이해에 그것이 들어맞지 않기 때문이다. 하지만 우리는 그 현상들을 과학적으로 연구할 수 있고, 측정할 수 있는 결과를 나타낼 수 있다. 그것은 살아 있는 유기체들 간의 상호작용이고, 살아 있는 유기체들과 환경 간의 상호작용이다. 하지만 그 자체가 영적인 현상은 아니다.

심령의psychic 영역과 영적인spiritual 영역은 구별된다. 텔레파시 같은 현상은 마음이 뇌에 한정되지 않음을 밝혀 준다. 또한 우리는 그 이름이 무엇이든, 훨씬 더 큰 의식인 인간 너머의 영적 실재와 연결될 가능성이 있다. 우리는 영적 수행의 도움을 받아 스스로 이 문제를 탐구할 수 있다.

질의 작업은 이 책을 쓰도록 영감을 준 것들 중 하나이다. 그녀는 사람들이 종교가 있든 없든 영적 수행에 관심만 있으면, 그들에게 그것을 가르칠 수 있는 길을 개발했기 때문이다. 내가 초월명상에서 발견한 것처럼 그리고 질의 워크숍에서 계속해서 본 것처럼, 사람들은 믿음이나 의심을 명확히 나타낼 필요 없이, 영적 수행을 배우고 실천할 수 있다. 그들은 수행을 통해 보다 깊은 이해를 할 수 있지만, 직접적인 체험이 먼저 일어난다. 이와 같은 원리가 이 책에서 논의하는 모든 수행에 적용된다. 그리스도인, 유대교인, 무슬림, 힌두교인, 불교인, 물활론자animist, 신샤머니즘 추종자, 종교는 없지만 영적인 사람, 뉴에이지 추종자, 세속적 인본주의자, 불가지론자, 무신론자 등 누구든 그 수행을 할 수 있다. 나는 그리스도인이자 영국성공회 교인이며, 그리스도교의 맥락에서 그 수행에 참여한다. 하지만 다른 종교인들도 그 수행들을 하고, 무신론자들과 불가지론자들도 그것을 수행한다. 어떤 종교든 비종교든 그 수행들을 독점하지 않는다. 모든 사람이 수행을 할 수 있다.

수행을 하는 사람들이 이로움을 얻는다는 것은 많은 과학적 연구들이 보여 주었다. 예를 들어 감사하는 수행을 하는 사람들은 다른 사람들보다 대개 더 행복하다. 세속적인 시대에, 어떤 종교를 가지고 있든 종교가 없든 상관없이, 그런 수행들을 재발견하는 것이 대단히 긴요하다고 믿기 때문에 나는 이 책을 썼다.

세상에는 다양한 영적 수행들이 있다. 이 책에서는 그중에서 내가 직접 참여했던 일곱 가지 수행에 대해 말할 것이다.

런던 햄스테드에서

2017년 2월

머리말

모든 종교에는 영적 수행이 있다. 이러한 수행들은 사람들을 서로 연결하고, 인간의 수준 너머의 의식 형태와 연결하는 데 도움이 된다.

최근까지 대부분의 무신론자들과 세속적 인본주의자들은 이러한 수행들이 위험할 정도로 비이성적이지는 않더라도 시간 낭비라고 여겼다. 하지만 사람들의 태도가 바뀌고 있고, 특히 건강과 웰빙에 대한 태도가 변하고 있다. 의학이 크게 발달했지만, 의학은 삶에 의미나 목적을 부여하지도 않고, 관계를 개선하거나 감사, 관대함, 용서의 가치를 심어 주지도 않는다. 우리는 의학이 이런 것을 해 준다고 기대하지 않는다. 이것들은 모두 종교가 하는 역할들이다. 그리고 그것들은 사람들의 건강과 웰빙에 큰 영향을 미친다. 최근 연구에 따르면, 비종교인들보다 종교인들이 평균적으로 불안과 우울증을 덜 겪고, 자살 경향이 더 적고, 흡연도 덜 하며, 과도한 음주나 약물 남용을 덜 한다.

이러한 연구들의 대부분은 특정한 영적 수행과 믿음의 영향을 구분하지 않았으며, 모든 종교에는 다양한 수행이 포함된다. 이러한 수행들 중 일부는 명상과 감사처럼 세속적인 맥락에서 실천할 수도 있다. 비종교인들에게도 그런 수행들은 몸과 정신의 건강에 좋은 것으로 밝혀졌다.

20세기에 많은 사람들은 과학과 이성이 곧 우위를 차지하고 종교는 점차 사라질 것이라고 믿었다. 그리고 인류는 케케묵은 교리와 미신의 족쇄에서 풀려나고, 이성에 기반을 둔 세속적인 사회 질서로 향상될 것으로 여겨졌다. 하지만 실제로 종교는 사라지기보다는 지속되어 왔다. 이슬람교는 사라지지 않았다. 힌두교는 여전히 건재하다. 이전에 불교 국가가 아니던 나라에서, 부분적으로 달라이 라마 덕분에 불교의 인기가 올라갔다. 그리스도교는 실로 유럽과 북아메리카 대부분에서 감소하고 있지만, 사하라 이남 아프리카 그리고 지금은 유럽보다 그리스도인이 더 많은 아시아와 태평양에서도 성장하고 있다. 소비에트 시대에 러시아는 공식적으로 무신론을 주창했고 종교는 잔인하게 탄압당했다. 하지만 1991년에 공산주의 체제가 종식된 이후로 인구 중 그리스도인의 비율이 크게 증가했다. 1991년 러시아인들 중 61퍼센트는 종교가 없다고 말했고, 31퍼센트는 러시아 정교회 신자라고 말했다. 그런데 2008년에는 18퍼센트만 종교가 없다고 말했고, 72퍼센트는 정교회 그리스도인이라고 답했다.

이러한 예기치 못한 추세에 대응하여 호전적인 무신론이 다시 등장했다. 이런 21세기의 반종교 운동은 소위 신新무신론자들이 주도했다. 그중 《신앙의 종말: 종교, 테러, 이성의 미래The End of Faith: Religion, Terror, and the Future of Reason》(2005)의 저자 샘 해리스Sam Harris, 《만들어진 신The God Delusion》(2006)의 저자 리처드 도킨스Richard

Dawkins, 《주문을 깨다Breaking The Spell: Religion as a Natural Phenomenon》(2006)의 저자 대니얼 데닛, 《신은 위대하지 않다: 종교가 모든 것을 중독시킨다God Is Not Great: How Religion Poisons Everything》(2007)의 저자 크리스토퍼 히친스Christopher Hitchens가 잘 알려져 있다.

신무신론자들은 신을 믿지 않고 유물론materialism 철학을 굳게 믿는다. 유물론자들은 생각 없는 물질로 구성된 전체 우주는 의식이 없으며, 비인격적인 수학 법칙에 의해 지배된다고 믿는다. 자연은 설계도나 목적이 없이 생성되었다. 진화는 전적인 우연과 물질적인 필요가 상호작용한 결과이다. 의식은 머릿속에만 한정되어 있고 뇌 속에만 존재한다. 신, 천사, 영은 인간의 마음속에 있는 이상일 뿐이다. 그러므로 그들은 인간의 뇌 속에 있고 '외부에' 독립적으로 존재하지 않는다.

이러한 유물론적 신념 체계 안에서 볼 때, 종교는 미신과 비이성의 곤경에 빠진 것처럼 보인다. 그것은 인류가 성장해서 벗어난 과거의 진화 단계를 나타낸다. 아직도 종교적인 사람들은 지능이 낮거나 착각에 빠져 있다. 그들은 갇혀 있는 허위의 감옥에서 해방되어야 한다. 아니면 적어도 그들의 자녀들은 종교 밖에서 교육받아야 한다.

유물론적 세계관은 유럽과 북아메리카의 세속화에 중요한 역할을 했고, 그에 따라 특히 그리스도교 전통을 지닌 사람들 사이에서 전통적인 종교 의례가 감소했다. 오늘날 유럽에서는 소수의 사람들만 정기적으로 그리스도교 신앙을 수행하고 있다. 영국에서 2015년 정기적으로 교회에 가는 사람들의 비율은 1980년의 12퍼센트에서 5퍼센트로 줄었다. 훨씬 더 많은 49퍼센트의 사람들은 종교가 없다고 답했다. 백인 인구 대부분은 '무종교인'이었다.

러시아를 제외한 유럽의 거의 모든 곳에서 로마가톨릭과 개신교 모두 그리스도교 신앙과 수행이 감소되었다. 전통적으로 가톨릭 국가인 프랑스는 2011년 인구의 약 5퍼센트만 매주 교회 예배에 참석했는데, 이는 전통적으로 개신교 국가인 스웨덴과 비슷한 비율이다. 심지어 가톨릭 교회가 매우 우세했던 나라에서도 종교 의례가 급격히 감소했다. 예를 들어 아일랜드 공화국에서는 매주 미사에 참석하는 사람이 1984년에 90퍼센트였는데 2011년에는 18퍼센트로 대폭 감소했다. 유럽에서 가장 종교적인 나라인 폴란드에서조차 매주 교회에 가는 사람들이 2011년에 40퍼센트 이하로 줄었다.

대부분의 유럽 국가들은 현재 대부분 세속적이며 종종 포스트그리스도교post-Christian 국가로 묘사된다. 이에 비해 미국은 더 종교적이다. 2014년에 미국인들 중 89퍼센트가 신을 믿는다고 말했고 77퍼센트는 종교를 믿었으며 36퍼센트는 매주 예배에 참석했다. 무신론자의 비율은 3퍼센트로 대부분의 유럽 국가들보다 훨씬 낮았다. 하지만 미국에서도 종교에 소속된 사람들과 종교 의례가 감소하고 있다.

지금은 모든 것이 유동적이다. 유물론의 근본적인 가정들은 과학 자체의 발전에 비추어 볼 때 매우 의심스럽다. 나는 그것을《과학의 망상The Science Delusion》에서 보여 주었다. (이 책의 미국판 제목은 《해방된 과학Science Set Free》이다.) 한편 인간에게 의식이 있다는 것 자체가 유물론자들에게 점점 더 문제가 되고 있다. 그들은 모든 것이 인간의 뇌를 포함한 의식 없는 물질로 이루어진다는 전제에서 출발한다. 만일 그렇다면, 다른 자연에는 존재하지 않는 의식이 어떻게 뇌에서 발생하는 것일까? 이것은 마음의 철학에서 '어려운 문제hard problem'라고 불린다.

종교 이외의 영성

그런데 이렇게 종교에 소속된 사람들과 종교 의례가 감소했다고 해서 대부분의 사람들이 무신론자가 된 것은 아니다. 2013년 영국에서 실시한 조사에서 "인간은 정신적인 요소가 없는 순수한 물질적 존재이다."라는 말에 동의한 성인은 13퍼센트에 불과했다. 전체 성인의 4분의 3 이상이 "삶에는 과학이나 다른 수단을 통해 간단히 설명할 수 없는 것들이 있다."고 믿었다. 스스로 비종교인이라고 여기는 사람들 중에서도 60퍼센트 이상은 설명할 수 없는 것들이 있다고 말했고, 3분의 1 이상은 영적 존재가 있다고 믿었다.

사람들이 인정한 믿음이 무엇이든 간에, 최근 연구들에 따르면, 자신이 비종교인이라고 말하는 사람들에서도 영적인 경험이 놀라울 만큼 흔하다. 그런 경험 중에는 임사체험, 저절로 일어난 신비체험, 환각제를 복용할 때 나타나는 계시 등이 있다. 생물학자 앨리스터 하디 경이 옥스포드대학교에 설립한 '종교체험연구소'에서 영국인들에게 "신이라 부르든 아니든, 당신의 일상적 자아와 다른 존재나 힘을 경험해 본 적이 있는가?"라고 물었다. 그렇다는 대답이 1978년에는 36퍼센트, 1987년에는 48퍼센트였고, 2000년에는 75퍼센트 이상의 응답자들이 "자신의 경험에 영적인 차원을 있음을 알고 있다."고 말했다. 1962년 여론조사기관 갤럽Gallup에서 미국인들에게 "종교적인 경험 또는 신비 체험을 해 본 적이 있는가?"라고 물었는데, 응답자의 22퍼센트가 그렇다고 답했다. 그 비율이 1994년 33퍼센트, 2009년에는 49퍼센트였다.

이러한 조사 결과가 반드시 영적인 경험과 신비 체험이 과거보다 더 흔해졌다는 의미는 아니다. 지금은 그런 경험을 이야기하는 것에 대한 금기가 약화되었음을 반영하는 것인지도 모른다. 예전에 많은 사람들은 신비 체험을 했다고 말하면 정신적으로 불균형한 사람으로 여겨질까 봐 두려워했다. 하지만 현재 주류 정신의학과 심리학은 '비정상적인 경험'에 더 개방적이고, 그것을 논의하는 것이 문화적으로 더 받아들일 만해졌다.

그러므로 세속주의Secularism는 영적 영역에 대한 관심의 소멸로 이어지지 않았고, 영적인 경험도 감소하지 않았다. 그런데 많은 사람들의 영적인 관심과 경험은 이제 전통적인 종교적 틀 밖에서 일어나고 있다. 이를테면 수백만 명의 사람들이 세속적인 맥락에서 요가와 명상을 수련한다. 주로 개인의 경험에 바탕을 둔 새로운 형태의 영성이 등장하고 있다. 그것은 무신론으로 만족할 수 없는 욕구를 충족시킨다.

무신앙의 위기

대니얼 데닛과 리처드 도킨스 같은 강경한 무신론자들은 영적인 경험을 의심하고, 그것을 뇌의 망상이나 화학적 부작용으로 치부하는 경향이 있다. 하지만 점점 더 많은 무신론자들과 세속적인 인도주의자들이 영적인 경험에 대해 기꺼이 이야기하려고 하며, 실제로 영적인 경험들은 인간의 번영을 위해 반드시 필요하다고 여긴다.

예를 들어 아동 작가 필립 풀먼은 잘 알려진 공개적 무신론자인데, 젊었을 때 일어난 신비 체험을 통해 우주가 "살아 있고 의식적이며 목적으로 충만하다."는 확신을 가지게 되었다. 최근 인터뷰에서 그는 "내가 쓴 모든 것, 심지어 가장 가볍고 단순한 글들까지도 그 진술의 진실성을 증언하려는 시도였다."라고 말했다.

무신론자로 길러진 철학자 알랭 드 보통Alain de Botton은, 무신론자들은 종교를 버림으로써 그들의 삶을 황폐화시킨다는 결론에 도달했다. 그의 베스트셀러 《무신론자를 위한 종교Religion For Atheists: A Non-Believer's Guide to the Uses of Religion》에서 그는 종교가 세속적인 생활 방식만으로는 충족시킬 수 없는 사회적·개인적 욕구를 충족시키는 것을 보여 준다.

알랭 드 보통은 세속적 유대인 부모의 아들이었다. 그의 부모는 "종교적 믿음이란 산타클로스에게 애착을 갖게 하는 수준이라고 여겼고… 부모님이 만나는 사람들 중 누구든 남몰래 종교적 정서를 품고 있는 것이 드러나면 그들을 퇴행성 질환을 진단받은 사람을 동정하듯이 대하기 시작했고, 그때부터는 아무리 설득해도 다시는 그들을 진지하게 받아들일 수 없었다."라고 말했다.

20대 중반에 알랭 드 보통은 그가 '무신앙의 위기'라고 부르는 것을 겪었다. 그는 비록 열성적인 무신론자로 남아 있었지만, 종교적인 믿음을 갖지 않고도 종교에 참여하는 것이 가능할 수 있을지 모른다는 생각에 의해 자유로워졌다. 그는 종교 사상에 끊임없는 저항을 했지만, 그것은 "음악, 건물, 기도, 의례, 연회, 신전, 순례, 공동 식사, 종교의 채색 필사본들을 포기하는 명분이 될 수 없다."는 결론에 이르렀다.

-

전형적으로 무신론자들이 함께는 살 수 없다고 여기는 여러 가지 [종교적인] 관습과 주제를 상실함으로써, 세속 사회는 부당하게 빈곤해졌다. … 우리는 도덕이라는 말을 두려워하게 되었다. 설교를 듣는다는 생각을 무시한다. 예술은 희망을 주거나 윤리적인 임무를 지녀야 한다는 생각을 피한다. 우리는 순례를 떠나지 않는다. 우리는 신전을 지을 수 없다. 우리는 감사를 표현할 방법이 없다. 고상

한 사람들에게는 자기계발서를 읽는다는 생각조차 터무니
없는 것이 되었다. 우리는 정신을 훈련한다는 생각에 저항
한다. 낯선 사람들이 함께 모여 노래하는 일은 거의 없다.

–

알랭 드 보통은 종교에서 이런 수행들을 "훔쳐서" 무신론자들
의 삶을 풍요롭게 하고 싶다고 말한다. 그는 종교로 눈을 돌려서,
공동체 의식을 형성하고, 관계를 지속시키고, 시기심과 자신이 부
족하다는 생각을 극복하고, 예술, 건축, 음악으로부터 더 많은 것
을 얻는 데 필요한 통찰을 얻고자 한다.

또 다른 무신론자인 샘 해리스는, 그의 반종교적인 논쟁으
로 잘 알려져 있는데, 동시에 열성적인 명상가이다. 그는 인도에
서 2년 간 구루들에게서 배웠고 티베트의 족첸 명상 전통에 입문
했다. 자신의 저서 《나는 착각일 뿐이다Waking Up: Searching for Spirituality
Without Religion》(2014)에서 그는 이렇게 말한다.

–

영성은 세속주의, 인도주의, 합리주의, 무신론 그리고 합
리적인 남성과 여성이 비이성적인 신앙을 대놓고 공격하
는 다른 모든 방어적인 입장에 큰 구멍으로 남아 있다.
이 분열의 양쪽에 있는 사람들은, 정신병원의 복도를 제외
하면 과학적 맥락에서 환상의 경험이 설 자리가 없다고 상

상한다. 자기 초월의 타당성을 인정하는 합리적인 용어로 영성에 대해 말할 수 있게 되기 전에는, 독단적인 태도에 의해 우리의 세계는 산산조각 난 채로 있을 것이다.

–

현재 샘 해리스는 온라인 강의로 명상을 가르치고 있다. 한편, 일요일 집회the Sunday Assembly라는 새로운 무신론자 교회가 빠르게 확산되어 왔다. 이 교회는 2013년 런던에서 두 명의 코미디언인 샌더슨 존스Sanderson Jones와 피파 에반스Pippa Evans에 의해 만들어졌다. 이 예배에서는 노래 부르기, 소집단 유대감 형성, 희망을 주는 이야기를 한다. 이곳의 모토는 "더 잘 살고, 자주 돕고, 더 많이 감탄하라."이다. 자기를 '인본주의 신비가'라 말하는 존스는, 일요일 집회가 이전의 인본주의 단체들과 달리 열광적이고 카리스마적인 인본주의 브랜드로 발전하기를 기대한다.

많은 구식 무신론자들은 과학에 의해 밝혀지는 우주에 대한 경외심과 경이로움이 타당하다는 것을 기꺼이 인정한다. 하지만 이는 그들이 주관적인 영성에 대해 거의 유일하게 양보하는 것이다. 새로운 세대의 무신론자들과 세속적 인본주의자들은 전통적인 종교의 영역을 탐구하고, 다양한 영적 수행들을 세속적인 생활방식에 접목시키려고 노력하고 있다. 한편, 영적 수행 자체의 영향에 대해 유례없는 과학적 연구가 진행되고 있다.

영적 수행에 대한 과학적 연구

20세기 말 1970년대의 작은 시작으로부터 과학자들은 명상, 기도, 공동체 노래하기, 감사의 수행과 더불어 다른 것들도 포함하는 다양한 영적 수행들을 조사하기 시작했다. 2001년 '종교와 보건 핸드북'에 담긴 포괄적인 리뷰는 1,200개 이상 연구 결과들을 한 데 모았다. 21세기 들어 연구의 양이 크게 증가했고, 2012년 출간된 '종교와 보건 핸드북' 2판은 2000년부터 출간된 2,100개가 넘는 원저이고 정량적인 데이터 기반 연구들을 검토했다. 그 이후로 더 많은 연구들이 출간되었다. 연구 결과들은 일반적으로 종교 수행과 영적 수행들이 몸과 정신을 더 건강하게 하고, 덜 우울하게 하며, 더 장수하게 하는 이로움을 준다는 것을 보여 준다.

과학과 종교의 시대에 뒤떨어진 적대 관계는 잘못된 이분법이다. 열린 태도로 하는 과학적 연구는 영적·종교적 수행에 대한 이해를 증진시킨다.

이 책에서는 일곱 가지 수행에 대해 논의하고, 그 영향에 대한 과학적 연구를 검토한다. 나는 가능한 모든 영적 수행을 포함하지 않고 단지 몇 가지만 선택했다. 후속 책에서 몇 가지 수행을 더 탐구할 계획이다.

영적 수행들은 세속적인 삶의 방식과도 양립할 수 있고 종교적인 삶의 방식과도 양립할 수 있다. 수행 자체는 믿음에 대한 것이 아니라 경험에 대한 것이다. 그럼에도 내가 이 책에서 보여 주는 바와 같이, 믿음은 수행의 '해석'에 영향을 미친다. 예를 들어 수

세기에 걸쳐 사람들은 힌두교, 불교, 유대교, 그리스도교, 이슬람, 시크교, 이밖에 다른 종교 전통 안에서 명상을 해 왔다. 그들은 수행이 그들을 인간 너머의 의식 수준으로 연결시켜 준다고 믿고 그렇게 했다.

유물론자들은 원칙적으로 인간 수준 너머에 의식이 존재한다는 걸 부정한다. 그들은 명상할 때의 경험은 머릿속에 국한된, 뇌 속의 변화일 뿐이라고 생각한다. 그럼에도 그들의 신념 체계와 상관없이, 명상하는 사람들은 삶을 풍요롭게 하는 혜택을 받는 경우가 많다.

이 책에서 논하는 일곱 가지 수행은 모든 종교에 공통적이다. 모든 종교는 감사를 장려한다. 모든 전통에는 순례가 있다. 힌두교인들은 신들과 여신들에게 바쳐진 신전에 가고, 카일라스산 같은 신성한 산과 갠지스강 같은 신성한 강에 간다. 무슬림들은 메카Mecca로 순례를 떠난다. 유대교인, 그리스도인, 무슬림들은 예루살렘으로 순례를 떠난다. 서유럽에서 그리스도인들은 산티아고 데 콤포스텔라, 로마, 캔터베리, 샤르트르로 순례를 떠난다. 아일랜드의 가톨릭교인들은 아일랜드의 신성한 크로프패트릭산과 성스러운 루드르그호수로 순례를 간다.

인간 너머의 세계와 다시 연결하는 것은 모든 종교 전통의 일부이며, 모든 종교 전통은 식물과 영적으로 의미 있는 관계를 맺는다. 의례는 영성의 표현이며, 모든 종교와 세속적인 사회에서 발견된다. 모든 영적 전통에는 찬트와 노래하기가 있다.

각 장의 끝에서는 여러분이 스스로 이러한 수행을 직접 경험할 수 있는 두 가지 방법을 제안하겠다.

차 례

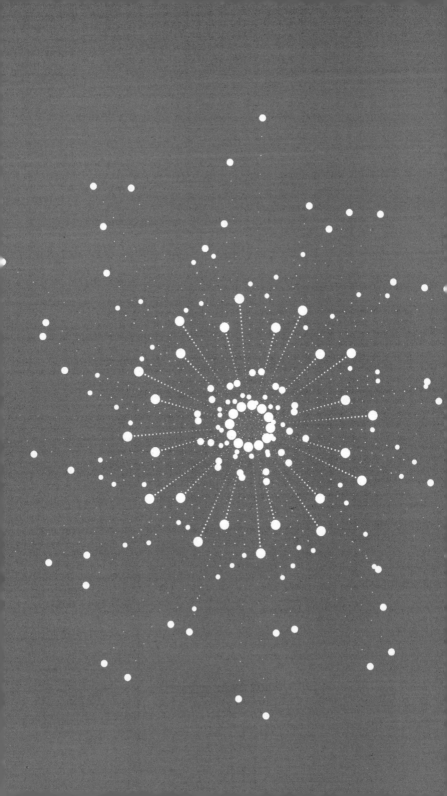

I

명상과 마음의 본성

이 책에서 논의하는 영적 수행 중에서 명상은 가장 내면적이다. 명상할 때 사람들은 일상 활동에서 물러나 대개 눈을 감고 고요히 앉아 있는다.

이 장에서는 먼저 명상에 포함되는 수행들을 논의하겠다. 그 다음 명상의 역사를 간략히 살펴본 후, 명상이 몸과 정신의 건강에 미치는 효과에 대한 연구 그리고 명상이 생리 기능과 두뇌 활동에 미치는 영향에 대한 연구를 논의하겠다. 이어서 명상의 경험을 더 자세히 살펴보고, 인간의 의식과 인간 너머의 의식을 이해하는 데 명상이 어떤 의미를 주는지 살펴보겠다.

외부 관찰자에게는 말없이 앉아서 눈을 감고 있는 사람이 명상하는 게 아니라 기도하고 있는 것으로 여겨질 수 있는데, 사실 기도의 일종인 관상 기도contemplative prayer는 명상의 한 형태이다. 하지만 기도와 명상을 할 때 내면의 경험은 매우 다르다. 기도할 때는 대개 다른 사람을 위한 기도 혹은 무엇을 요청하는 기도처럼, 마음이 외부를 향해 주의를 기울인다. 이런 기도는 무엇에 '대한' 기도이며, 기도하는 사람의 의도를 표현한다. 반면에 명상은 무엇을 의도하거나 요청하는 것이 아니며, 오히려 생각을 내려놓는 것과 관련이 있다.

나는 명상과 기도를 모두 한다. 그리고 둘의 차이점이 들숨과 날숨과 같다고 생각한다. 명상은 숨을 들이쉬는 것처럼 마음을 내면으로 향하고, 기도는 숨을 내쉬는 것처럼 마음을 외부로 향한다. 명상이 내면을 향한 의식으로 매일의 일상적인 관심사에 초연해지는 것이라면, 청원기도와 중재기도는 영적 삶을 외부 세계에서 일어나는 일과 연결한다. 그런 기도는 외부를 향한 것이다.

다양한 명상법이 있고, 모든 주요 종교 전통마다 여러 명상법을 가지고 있다. 앉아서 하는 명상이 대부분이지만, 가만히 앉아 있지 않고 움직이면서 하는 명상도 있다. 선불교의 걷기 명상(경행經行 또는 행선行禪), 깊은 율동적 호흡과 결합된 느리고 흐르는 듯한 움직임이 이어지는 기공氣功이 그것이다.

현대 서구 세계에 가장 널리 퍼진 수행들은 힌두교와 불교 전통에서 온 것이며, 대개 만트라, 특정한 단어, 구절을 읊조리거나 호흡에 주의 집중하는 것이다. 이때 마음의 한 부분은 만트라를 읊조리거나 호흡에 집중하고, 마음의 다른 부분은 일상적인 활동을 계속한다. 보통은 끊임없이 흐르는 생각과 감각이 우리의 마음을 사로잡고 차지한다. 그런데 생각이 아니라 만트라나 호흡에 주의를 집중하면, 마음에 대한 다른 기준을 제공하여 일상적 생각의 흐름을 차단한다.

이 과정에서 명상하는 이는 생각과 감각이 잇따라 마음에 몰려들고, 그런 생각에 관여하느라 만트라나 호흡을 모두 잊어버리는 것을 알아차린다. 그때 다시 만트라나 호흡으로 돌아오고, 그러면 집중된 명상 과정이 새롭게 시작된다.

만트라를 읊조리고 호흡을 관찰하는 수행은 그것을 하지 않을 때 마음을 차지하는 끊임없는 정신 활동을 상대화하고, 명상하는 이가 그것에 초연해지도록 돕는다. 이렇게 수행하면, 하늘에 구름이 흘러가거나 물속에서 물고기가 헤엄치듯이 생각이 오고 가는 것을 지켜볼 수 있다.

명상 수행은 왜 도움이 되는가? 요점이 무엇인가? 바쁘고 활동 지향적인 생활을 하는 사람들에게 명상은 시간 낭비처럼 보일 수 있다. 명상은 "그냥 앉아 있지 말고 뭐라도 해야지!"라는 구호를 따르는 일반 서구인들의 경향과 반대된다. 마치 "무엇을 하려 하지 말고 앉아 있어라!"라고 말하는 것 같다.

명상의 효과는 자기 인식의 증가, 즉 자기 마음의 움직임을 잘 알아차리게 되는 것이다. 우리는 자신의 생각과 주의를 온전히 스스로 결정하고 있다고 여긴다. 하지만 명상 수행을 조금만 해 보아도 얼마나 많은 생각이 마음에 들어오는지 그리고 우리가 그 과정을 거의 통제하지 못한다는 것을 알 수 있다. 여러 해 동안 명상을 수행한 사람조차 지극한 행복이 충만한 고요한 정신 상태로 금방 들어가지는 못한다. 비록 주의력과 에너지로 몸과 마음에 먹이를 주는 걸 피할 수는 있지만, 마음은 끊임없이 생각과 이미지를 일으키고 몸과 감각기관은 계속해서 감각을 발생시키기 때문이다.

명상은 현재에 사는 것에 대한 것이므로 영적인 수행이다. 또한 명상은 자기 자신보다 더 큰 마음, 의식, 알아차림의 현존 속에 사는 것으로서 경험될 수 있다. 반면에 끊임없이 마음속으로 흘러드는 생각은 우리를 현재에서 벗어나게 하고, 과거의 기억이나 욕구와 환상 혹은 과거의 잘못에 대한 원망 혹은 미래의 행동에 대한 의도 혹은 해야만 했던 일이나 다음에 해야만 하는 일에 대한 걱정 혹은 미래에 생길지도 모르는 일에 대한 두려움에 빠지게 한다. 이런 생각들은 우리의 마음을 지금 여기에서 멀어지게 한다. 반면에 만트라 수행이나 호흡 알아차리기 수행은 우리를 다시 현재로 돌아오게 해 준다.

명상 수행은 말로 형언할 수 없고, 설명하기엔 너무 강력하고 아름다운 것으로 경험되는 고양된 의식 상태에 이르게 할 수 있다. 그 경험을 문화적·종교적 틀로 해석하려는 시도는 다양한 용어를 낳았다. 그것은 붓다 의식, 우주 의식, 신 의식, 그리스도 의식, 진아眞我, 무형의 공, 미분화된 존재 상태 등이다.

명상 기법들은 힌두교, 불교, 자이나교, 그리스도교, 유대교, 이슬람, 시크교, 또 다른 종교 전통에서 생겨났지만 명상은 종교가 없는 세속적인 사람들도 수행할 수 있다. 그리고 현대 서구 세계에서는 명상이 비종교적인 형태로 많이 이용된다. 이를테면 초월명상은 힌두 명상에서 다양하게 파생된 것이고, 마음챙김 명상은 불교 명상에서 나온 것이다. 이런 명상 기법은 현재 학교, 미군과 다른 군대에서 그리고 교도소 재소자와 사업가와 정치인들에게 널리 교육되고 있다. 영국의 국회의원 수십 명은 마음챙김 명상을 배웠고, 매주 모여 함께 명상한다. 마음챙김 명상은 치료에도 도움이 되므로, 현재 영국 국민건강보험NHS에서 경도와 중등도의 우울증 환자들에게 추천되고 있다. 마음챙김 명상이 항우울제를 오래 복용하는 것만큼 효과적이라는 게 밝혀졌고 비용은 더 적기 때문이다.

명상의
간략한
역사

'명상meditation'이라는 말은 의학medicine, 측정measure, 미터meter와 같은 인도-유럽어족의 어근에서 왔다. 그 말의 라틴어 어근의 기본 의미는 '~을 돌보다'이며, 연관된 의미는 '~을 숙고하다' 혹은 '~에 전념하다'이다.

명상이라는 말은 19세기에 동양의 영성에 대한 글들을 번역하면서부터 현대적 의미로 사용하게 되었다. 그전에 전통적인 가톨릭 그리스도교에서 명상은 주로 성경을 묵상하며 읽는 것을 가리켰다. 반면에 현대적 의미의 명상에 가장 가까운 것은 생각과 이미지 너머로 가는 침묵 기도인 '관상 기도contemplative prayer'였다.

명상 수행이 언제 처음 시작되었는지는 아무도 모른다. 원시 수렵-채집인들이 모닥불 주위에 둘러앉아 불꽃과 잔불을 응시할 때 명상 수행이 시작되었다고 추측하기도 한다. 만일 그렇다면 명상은 매우 오래되었을 것이다. 왜냐하면 인간들은 적어도 100만 년 전부터 불을 사용하기 시작했기 때문이다. 명상 수행의 실제 증거가 처음으로 나타난 것은 기원전 1500년경으로, 인도에서 발견된 도장에 결가부좌로 앉은 인물의 모습이 새겨져 있었다. 많은 인도인이 생각하는 것처럼, 명상에 대해 기록한《우파니샤드Upanishads》같은 경전이 쓰이기 전인 기원전 800년경부터 가장 초기의 요기yogi[요가 수행자]들이 히말라야를 비롯한 곳에서 명상을 했다고 추정하는 것이 타당해 보인다.

붓다는 인도에서 태어나고 살았으며, 다른 요기들과 함께 금욕하고 명상하는 수행을 여러 해 동안 했고, 마침내 보리수 아래에 앉아 깨달음을 얻었다. 불교는 인도에서 기원전 5세기부터 대중적인 종교 운동이 되었고, 승려들은 수많은 사원에서 일정한 시간을 명상하는 데 바쳤다. 중국과 다른 아시아 국가들에서 명상이 독자적으로 발달했을지도 모르지만, 불교가 전해지고 사원들이 세워지면서 많은 영향을 받았다. 중국, 일본, 한국에서 명상 수행은 기원전부터 발달했고, 기원후 8세기에 티베트가 불교로 개종한 후, 외딴 고지대에 있는 동굴과 사원에서 명상법이 다양하고 새롭게 발달했다. 그중에는 완전한 어둠속에 고립된 채 오랜 기간을 보내는 수련법, 정교한 시각화 명상, 꿈요가 등이 있다. 꿈요가란 자각몽을 개발하는 것인데, 꿈꾸는 이가 꿈을 꾸면서도 마치 깨어 있는 것처럼 자신이 꿈꾸고 있음을 명확히 알아차리는 것이다.

일부 유대교 학자들은 어떤 형태의 명상 수행이 유대교 역사의 매우 초기, 심지어 족장 시대부터 확립되어 있었다고 생각한다. 그리고 성경의 창세기 중 아브라함Abraham의 아들인 이삭Issac에 대한 한 구절이 명상 수행을 나타내는 것일 수 있다고 여긴다. 《킹제임스성경》에서 창세기 24장 63절은 이러하다. "이삭이 저물 때에 들에 나가 묵상했다." 또한 유대 신비주의 전통인 카발라Kabbalah 에서도 1,000년 넘게 명상을 수행했다.

기원후 3세기에 유명한 사막의 성 안토니오St. Anthoy 같은 이집트 사막의 승려들이 시작한 그리스도교 수도원 제도가 확대되면서, 다양한 명상 수행이 그리스도교 수도원 생활의 일부가 되었다. 동방정교에서 명상법이 널리 퍼졌는데, 특히 '가슴의 기도prayer of the heart' 혹은 '예수의 기도Jesus prayer'가 잘 알려져 있다. 그것은 예수의 이름을 부르는 매우 짧은 기도이다. 이런 짧은 기도를 반복해서 암송하는 명상법은 힌두교와 불교 전통에서 만트라를 읊조리는 방법과 매우 유사하다. 만트라 같은 기도를 반복해서 외는 것은 로마가톨릭 전통에서 특히 묵주를 가지고 하는 일반적인 수행이다.

이슬람교에서는 신비주의자인 수피들이 명상을 장려했다. 그들은 만트라처럼 신의 이름 하나를 계속 반복해서 부른다. 이 수행을 '지크르zhikr' 혹은 '디크르dhikr'라고 한다.

일부 서양인은 19세기에 인도와 다른 불교 국가에서 명상 수

행을 배웠고, 또 신지학협회Theosophical Society 같은 비전秘傳 운동
에서 배웠다. 20세기에 서양에서는 인도의 요기인 파라마한
사 요가난다Paramahansa Yogananda(1893~1952)와 일본 선승 스즈키D.
T. Suzuki(1870~1966) 같은 아시아의 여러 스승에 의해 명상이 널리 퍼
졌다. 스즈키는 1950년대 뉴욕에 정착한 후 선불교 명상에 대
한 큰 관심을 불러일으켰다.

명상에 대한 관심이 획기적으로 높아진 계기는 1960년대 사이
키델릭psychedelic 혁명, 즉 반문화 운동과 히피 운동이 일어난 결과
였다. 비틀스가 1967년에 마하리쉬 마헤쉬Maharishi Mahesh(1918~2008)
요기를 만난 후에 명상을 지도하는 기관들이 점점 인기가 많아졌
고 성공을 거두었다. 특히 마하리쉬의 초월명상 운동이 활발했
다. 인도계 미국인 의사 디펙 초프라Deepak Chopra는 1990년대 초 마
하리쉬의 주치의이자 가까운 동료 중 한 사람이었다. 그는 1993
년 마하리쉬와 관계를 끊은 후에도 계속해서 수백만 명의 서양인
에게 명상 메시지를 전했다. 이와 더불어 1950년에 중국이 티베트
를 침공하자 달라이 라마를 비롯한 수많은 티베트 승려와 스승들
이 탈출했고, 그 결과 티베트불교의 가르침이 전 세계로 널리 퍼지
게 되었다.

현재 서양에서는 힌두교에서 유래된 다양한 명상 기법, 많은 불
교 명상 등 다양한 명상법이 교육되고 있다. 불교 명상에는 티베
트불교, 선불교, 테라바다Theravada 불교의 명상법이 있다. 테라바
다 불교에는 비파사나vipassana 명상법이 있는데, 그 현대적 형태

는 버마에서 기원했다. 비파사나란 '실재의 진정한 본성에 대한 통찰'이라는 의미이고, 호흡, 감정, 생각, 행동을 마음챙김 하는 수행을 한다. 한편 세속화된 명상법이 현재 매우 널리 교육되고 있으며, 보건의료 체계 안에서 치료에 이용되고 있다. 그런가 하면 그리스도교, 유대교, 이슬람교에서 여러 형태의 명상이 복원되고 대중화되었다.

명상을 과학적으로 연구한 선구자 중 하버드 의과대학의 심장병 전문의 허버트 벤슨Herbert Benson이 있다. 그는 1960년대 말에 초월명상을 연구하기 시작했고, 그 결과를 영향력 있는 그의 책《마음으로 몸을 다스려라The Relaxation Response》에 담았다. 또 한 명의 선구적 연구자인 매사추세츠 의과대학의 존 카밧진Jon Kabat-Zinn은 비파사나 명상과 선수행을 요가와 결합하여 '마음챙김에 기반을 둔 스트레스 감소 MBSR 훈련법'을 개발했다. 현재 미국에는 병원과 건강센터에서 이 훈련법에 기반을 둔 수백 개의 스트레스감소클리닉이 운영되고 있으며, 의사들이 그곳으로 환자를 의뢰할 수 있다.

또 마음챙김 명상을 지도하는 많은 스승들이 있고, 수많은 신문과 잡지의 기사들은 명상이 스트레스를 줄이고 삶을 고양하는 기법이라고 옹호하고 있다. 명상이 저자와 지인들의 삶을 변화시킨 이야기를 전하는 책이 많이 팔리고 있고, 그 책들은 독자들에게 명상을 통해 삶을 변화시킬 것을 권한다. 그중 가장 매력적인 책은 코미디언 루비 왁스가 쓴《기진맥진 지친 당신을 위한 마음챙김 안내서A Mindfulness Guide for the Frazzled》이다. 저명한 무신론자 몇 명도 명상을 지지하게 되었는데, 그중 하나가 《선과 의식의 기술Zen and the Art of Consciousness》을 쓴 수잔 블랙모어다. 반종교적 논쟁으로 잘 알려진 '신新무신론자' 샘 해리스는 현재 온라인 강좌로 명상을 지도하고 있다. 그의 책 《나는 착각일 뿐이다》는 '신경과학과 심리학 지식을 바탕으로 한 합리적 정신 수행인 명상 안내서'로서 쓰였다.

지금 대단히 많은 사람들이 명상을 하고 있다. 2012년 미국 국립보건원NIH이 수행한 가장 큰 규모의 포괄적인 설문 조사에서, 미국 성인의 8퍼센트인 대략 1,800만 명의 성인과 100만 명의 어린이가 명상 수행을 하고 있었다.

나는 1971년 케임브리지에서 초월명상 스승에게 배워서 처음으로 명상을 시작했다. 당시 나는 무신론자였고, 초월명상이 명시적인 종교적 믿음과 연관이 없다는 사실이 마음에 들었다. 그 수행이 순전히 생리학적이고 심리학적인 것이라고 여길 수 있었다. 하지만 1974년 인도에 가서 하이데라바드에 있는 국제반건조열대작물연구소에서 일했을 때, 명상 수행이 훨씬 광범위한 종교적·철학적 맥락의 일부임을 깨달았다. 그리고 의식의 본성에 대한 인도 철학에 점점 더 관심을 가지게 되었다. 또한 하이데라바드에 살 때 수피 스승을 한 분 알게 되어, 만트라 같은 와지파wazifah를 하면서 명상하기 시작했다. 그 후 1978년부터 이듬해까지 타밀나두에 있는 그리스도교 아쉬람에 살면서 '예수의 기도'를 외면서 그리스도교 명상을 했다. 대개 아침에 한 시간, 저녁에 한 시간씩 성스러운 코베리강 둑에 앉아 명상했다. 그리고 비파사나 명상법도 배웠다.

아이들이 태어난 후에는 명상을 그만두었다. 활발히 움직이는 아이들을 데리고 살면서 아침에 조용히 앉아 있는 건 불가능했다. 하지만 아이들이 다 자란 후 다시 명상을 시작했다. 나는 그리스도교 만트라를 사용했고, 대개 아침에 20분 동안 명상했다.

다른 수백만 명의 사람처럼 나는 명상을 하면 차분해지고, 더 명확히 사고하는 데 도움이 되고, 마음의 움직임을 더 잘 알아차리게 된다. 그리고 이따금 예상치 못한 큰 평화와 기쁨의 순간을 맛본다.

이완 반응과
스트레스
감소

　　　　　명상 수행이 많은 과학적 관심을 끌게 된 이유는 바로 명상이 세속화되었기 때문이다. 만일 명상이 근본적으로 종교에 연관된 것으로 여겨졌다면, 과학 연구의 대상이 되지 않았거나, 그렇게 되었더라도 이렇게 빨리 되지는 않았을 것이다.

　허버트 벤슨과 동료들이 1970년대에 하버드 의과대학에서 한 선구적 연구는 주로 명상의 '이완 반응'에 초점을 맞추었다. 벤슨은 이완 반응이, 위험에 대한 투쟁 - 회피 반응이 감소하는 것이라고 해석했다. 투쟁 - 회피 반응은 교감신경계의 활성화와 연관되어 일어난다. 교감신경계sympathetic nervous system는 그 이름이 '동정

sympathy'과 연관성이 있는 것처럼 보일지 몰라도 전혀 상관없고, 무의식적으로 작용하는 자율신경계의 일부이다. 자율신경계 중 나머지 하나는 부교감신경계이고, 휴식 – 소화계 혹은 섭식 – 번식계라고도 한다. 이런 두 가지 자율신경계들은 서로 상보적이다. 두려워해야 하는 것이 있을 때는 교감신경계가 활성화되고, 두려워할 게 없을 때는 부교감신경계가 활성화된다. 가장 기본적인 수준에서, 우리가 먹고 울고 섹스하고 대소변을 볼 때는 부교감신경계가 우세해야만 한다.

갑작스러운 스트레스가 있을 때, 아드레날린이 분비되어 투쟁–회피 반응이 일어난다. 그 결과 심장 박동이 빨라지고 혈압이 증가하며, 생식기를 비롯한 몸의 말단으로 가는 혈액 흐름이 감소하고, 소화가 느려진다. 투쟁–회피 반응은 또한 코르티솔cortisol 호르몬 양을 증가시켜 면역계의 활성을 감소시킨다. (의학에서 코르티솔은 하드로코티존hydrocortisone이라고 부르고, 염증의 일시적 감소에 유용한 역할을 한다.) 위험이 지나가면, 자율신경계가 정상으로 돌아가는 이완 반응이 일어난다. 반면에 만성 스트레스 상태일 때는 이러한 생리적 각성이 지속되어서, 면역계의 활성이 감소하고 불안이 계속된다.

벤슨과 동료들은 명상, 호흡 운동, 요가, 근육 이완 등 이완 반응을 유발하는 다양한 기법들을 조사했다. 최면의 효과도 실험했다. 최면술사가 최면에 걸린 사람에게 깊은 이완 상태로 들어간다고 말하면 이완 반응을 일으킬 수 있었다. 이 기법들은 모두 산소 소비량, 호흡 속도, 심박수를 감소시켰다. 고혈압 환자들은 혈압이 내려갔다.

이완 반응은 어떤 면에서 수면과 비슷했지만, 수면 시에는 산소 소비량이 여러 시간 동안 점진적으로 감소해 깨어 있을 때보다 8퍼센트 적은 수준까지 적어지는 데 비해, 명상할 때는 단 몇 분 만에 10~20퍼센트 감소했다. 또한 혈중 젖산의 양이 명상을 시작한 지 10분 안에 40퍼센트 감소했다. 일반적으로 젖산은 근육 활동의 결과로 생성되는데, 불안하기 쉬운 사람에게는 젖산이 불안 발작의 발생 가능성을 높인다.

그런 생리적 변화와 더불어, 이완 반응은 사람들이 '세상이 편안하다' '마음의 평화' 운동 후에 느끼는 피로하지 않은 '행복감'이라고 말하는 변화된 의식 상태를 일으켰다. 대다수 사람은 그 느낌을 즐거움이라고 말했다. 아래에서 논의하는 보다 최근의 연구는 명상과 이완 반응이 뇌의 여러 영역의 활성화에 영향을 미치는 것을 밝혀냈다. 그중에는 생각에 빠져 반추하는 것과 연관된 내정상태 회로Default Mode Network의 비활성화가 있다.

벤슨의 연구 방법은 보건센터, 클리닉, 교회 그룹 등에 매우 널리 퍼져서, 1970년대부터 계속 수백만 명에게 적용되었다. 게다가 1975년에 첫 출간된 그의 책《마음으로 몸을 다스려라》는 수백만 부가 팔린 베스트셀러가 되었다.

벤슨은 집중할 단어 혹은 만트라를 사용하라고 권했고, 각자의 종교 전통에 따라 개인적으로 의미 있는 단어, 구절, 짧은 기도문을 사용하라고 조언했다. 그는 비종교인들도 '사랑, 평화, 고요같이 그들에게 호소력 있는 단어나 구절 혹은 소리'에 집중하라고 권했다.

벤슨이 권하는 기법은 다음과 같다.

1. 당신의 신념 체계에 확고히 뿌리박은 초점어, 짧은 구절, 기도문을 고른다.
2. 편한 자세로 고요히 앉는다.
3. 눈을 감는다.
4. 발끝에서 시작해서 허벅지, 배, 어깨, 목과 머리 그리고 머리끝까지 점차 온몸의 근육을 이완한다.
5. 천천히 자연스럽게 숨 쉰다. 숨을 내쉴 때마다 초점어, 소리, 구절, 기도문을 읊조린다.
6. 수동적인 태도를 취한다. 잘하고 있는지 걱정하지 않는다. 마음속에 다른 생각이 들어오면 그냥 자신에게 '어쩔 수 없지.'라고 말하고, 부드럽게 다시 읊조림을 계속한다.
7. 이렇게 10~20분 동안 계속한다.
8. 이 과정이 끝난 후 즉시 일어서지 않는다. 1분 남짓 계속 고요히 앉아서 다른 생각이 들게 놓아둔다. 그 후 눈을 뜨고 1~2분 더 앉아 있다가 일어선다.
9. 이 기법을 매일 한두 번 한다. 아침식사 전과 저녁식사 전이 좋은 시간이다.

현대 명상 운동의 다른 주된 줄기는 존 카밧진에 의해 대중화되었다. 그는 학생 때 선불교 명상을 배웠고, 베트남의 불교 승려 틱낫한과 한국의 선스승 숭산을 비롯한 다른 불교 스승들과 명상을 계속 연구했다. 카밧진은 유대인으로 태어났지만 불교를 포함해 어떤 종교적 정체성도 가지지 않았다. 그 대신 자신이 받은 불교의 가르침을 의도적으로 세속화했다. 그는 1979년 스트레스 감소와 이완 프로그램을 시작했다. 그것은 그가 '마음챙김에 기반을 둔 스트레스 감소'라고 부른 수행으로 발전했고, 전 세계로 퍼졌다.

벤슨과 카밧진의 작업의 주된 차이는, 벤슨의 기법이 힌두교 전통에서 유래한 만트라 기반의 명상으로서 주의 집중 방식인데 비해, 카밧진의 마음챙김 명상은 순간순간의 경험을 반응하지 않고 관찰하기 때문에 열린 관찰 명상이라고 부르기도 한다는 것이다.

두 명상법의 공통된 점은 현재 순간에 주의를 집중하는 것이다. 만트라 혹은 몸의 감각에 대한 알아차림을 주목의 대상으로 삼는다. 그것은 생각, 느낌, 반추, 환상, 걱정을 멀리하는 효과가 있다. 이것들은 끊임없이 일어나지만, 명상하는 사람이 만트라로 돌아오거나 호흡과 다른 몸의 감각에 주의를 기울이면 현재의 알아차림으로 돌아올 수 있다. 그러면 명상하는 이는 다시 현재 순간에 있게 된다.

불교에서 유래된 또 하나의 명상법은 메타metta 명상이다. 자비심, 즉 살아 있는 존재들을 보살피려는 마음을 개발하는 데 집중하는 기법이다. 그것의 세속화된 형태를 자애심 명상이라 한다. 틱낫한 스님은 자비심 수행을 '참여불교'라 부르고, 그리스도교 전통의 자애심과 매우 유사하다고 말한다. 또한 그는 그리스도교에서 성령을 이해하는 것을 마음챙김의 경험에 관련시킨다. "그것이 언제 어디서 나타나든 우리는 성령의 존재를 인식할 능력이 있다. 그것은 또한 마음챙김과 이해와 사랑의 존재이기도 하다."

한편 여전히 종교 전통 안에서 다양한 형태의 명상이 교육되고 있다. 티베트 라마lama[티베트불교의 영적 지도자], 힌두교와 자이나교와 시크교의 구루, 수피 스승, 유대교와 그리스도교의 스승이 명상을 가르친다. 실로 모든 형태의 명상은 종교 전통에서 유래했다.

명상이
건강에
유익한 점

    1960년대 이래 과학 저널들은 명상이 건강과 행복에 미치는 효과에 대한 논문 수천 건을 출간했다. 그 효과는 불안의 감소, 알레르기 피부 반응의 감소, 심근경색증과 심부정맥의 감소, 기관지천식과 기침의 완화, 변비의 감소, 십이지장 궤양의 감소, 어지럼증과 피로의 감소, 고혈압 환자에서 혈압 저하, 통증의 완화, 불면증 감소, 생식력의 개선, 경도에서 중등도의 우울증 개선 등이다.

  명상하는 학생들과 대학생들에 대한 연구는 사회적 유능성과 행복에 상당히 긍정적인 효과를 나타냈다. 심지어 미해병대도 군대의 실행력을 향상하고자 '마음챙김에 의한 마음 건강 훈련'

을 이용하려 했다. 버지니아의 훈련소를 방문한 기자는 가혹한 훈련 과정 사이사이에 완전한 고요에 잠기는 순간들이 있다고 했다. "야전복을 입은 훈련병들이 라이플총을 등에 메고 결가부좌를 하고 앉아 있는 걸 볼 수 있다." 그 훈련은 전쟁의 압박 아래서 스트레스를 낮추고 정신적 실행력을 향상시키고 공감 능력을 개선하도록 고안되었다. 하지만 이는 세속적 마음챙김 명상이 그것이 유래한 불교로부터 얼마나 많이 멀어졌는지 보여 준다. 명상에 의해 향상된 군대의 효율성이 적군에 대한 자애심와 결합되는 것은 상상하기도 어렵기 때문이다.

또 명상은 미국 퇴역군인들에게 도움을 주고 있다. 한 연구에서 명상은 외상 후 스트레스와 우울증의 증상을 상당히 감소시켰고, 2015년에 15개 퇴역군인관리국 센터에서 명상이 제공되고 있었다.

많은 연구에서 마음챙김 명상이 경도에서 중등도의 우울증을 치료하는 데 적어도 항우울제만큼 효과적이라는 게 밝혀졌다. 게다가 명상은 비용이 더 적게 들고, 당연히 약물에 의한 부작용이 없다.

그렇다고 명상이 전혀 위험하지 않다는 건 아니다. 명상을 했던 많은 사람들 중 소수에게 부작용이 일어났다. 미국 국립보건원의 공식 지침에 따르면 "명상은 건강한 사람들에게 안전한 것으로 여겨진다. 하지만 정신병적 문제가 있는 사람들에게는 명상이 어떤 증상들을 일으키거나 악화시킬 수 있다는 드문 보고가 있었다." 이것은 새로 대두된 문제가 아니다. 대부분의 영성 전통에서는 영적인 길에 고난의 기간이 있을 수 있음을 오래전부터 알았다. 16세기 그리스도교 신비가 십자가의 성 요한은 그것을 '영혼의 어두운 밤'이라고 불렀다. 종교 전통들에서 수행할 때 능력 있는 스승의 지도가 필요하다고 매우 강조한 이유 중 하나가 그것이다. 세속적 상황에서 명상은 종종 자기계발을 위한 훈련, 스트레스 감소와 생산성 향상에 좋다고 선전되는 일이 많다. 명상을 빨리 보급하기 위해서 책과 온라인 강좌로 명상을 교육하는 경우가 많은 반면에, 경험 많은 스승에게 직접 도움을 받을 수 있는 기회는 드물다.

그럼에도 명상은 수백만 명에게 주관적·객관적으로 측정 가능한 유익을 가져다주었는데, 현대 서구 세계에서 가장 설득력 있는 측정 수단은 돈이다. 최근 큰 규모의 연구에서 명상을 비롯한 '이완 반응 회복력 프로그램'으로 훈련 받은 수천 명의 사람들과, 그들과 다른 면에서 유사하지만 그 훈련을 받지 않은 사람들 수천 명을 비교했고, 그들이 지불한 의료비를 살펴보았다. 4.2년의 중간기 동안 이완 훈련을 받은 사람들은 연간 43퍼센트 더 적은 의료비를 지출했다. 이는 통계적으로 매우 유의미한 효과이다. 또 그들은 응급실에 간 횟수가 절반밖에 되지 않았다. 그러므로 명상은 연간 수십억 달러를 절약할 수 있다.

명상은
뇌를
변화시킨다

명상은 반추, 강박, 갈망, 환상, 생각에 빠지는 걸 감소시키는 경향이 있다. 놀랄 것도 없이, 마음의 활동에서의 이런 변화는 뇌 활동의 변화와 연관되어 있다.

반추하고 생각에 빠져 있을 때, 그것과 연관된 뇌 부위가 활성화된다. 이는 '내정상태 회로Default Mode Network'라고 하며, 우리가 외적인 업무를 하지 않을 때 기본적으로 활성화되는 뇌의 상호작용 영역으로 이루어져 있다. 이 뇌회로는 백일몽, 딴생각하기, 자기중심적 사고, 과거를 기억하기, 미래를 계획하기, 다른 사람을 생각하기 등에 연관된다. 명상이 진행되고 명상에 더 능숙해짐에 따라, 내정상태 회로의 활성이 감소한다.

주의력을 조절하는 데 관여하는 뇌의 핵심 영역 중 하나는 머리의 뒷쪽 부근에 있는 후대상피질posterior cingulate cortex(PCC)인 것 같다. 이 뇌회로의 중요한 부분 또 하나는 내측 전전두피질medial prefrontal cortex(mPFC)이다(그림 1). 특정한 업무에 주의를 집중하면 이 뇌영역들이 비활성화된다. 반대로 주의를 집중하는 상태가 아닐 때, 이 뇌영역들이 활성화되며 내정상태 회로와 연결된다.

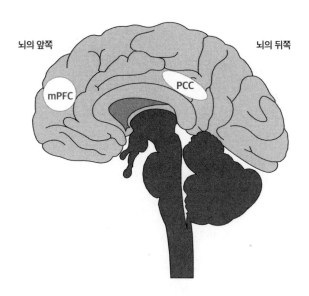

그림 1. 뇌의 단면도. 후대상피질posterior cingulate cortex(PCC)과 내측 전전두피질medial prefrontal cortex(mPFC)의 위치를 나타낸다.

명상은 내정상태 회로를 차단하는 가장 빠른 방법은 아니다. 육체적·정신적으로 어려운 활동을 하면 그 순간에 주의를 집중하게 되어 마음이 매우 빨리 변화된다. 내 친구 기포드 핀초 Gifford Pinchot의 말에서 그 예를 볼 수 있다.

-

나는 40대에 일에 너무 몰두해서 일에 대한 생각을 도저히 멈출 수 없었고, 업무가 끝난 후에도 마찬가지였다. 명상도 소용없었다. 그런데 암벽 등반을 할 때는 15미터를 올라간 다음, 설령 무슨 생각을 했다 해도 다음에 어떻게 움직일까 하는 것 말고는 아무 생각도 하지 않았다. 종종 나의 몸이 다음에 무엇을 할지 알고 있는 것같이 동작이 이어질 뿐이었다.

-

암벽 등반뿐 아니라 많은 스포츠와 다른 활동들이 우리를 현재로 데려온다. 육체노동, 음악 연주, 아이 돌보기, 노래하기, 춤추기 그리고 다른 많은 활동들도 우리의 주의를 현재 순간으로 돌린다. 그리고 내가 이 책의 다른 곳에서 논의하듯이, 그런 활동들은 영적 수행에서 한몫을 할 수 있다.

명상은 여러 면에서 과학자들이 조사하기에 가장 수월한 영적 수행이다. 명상하는 사람은 뇌연구자들에게 그야말로 '앉아 있는(혹은 누워 있는) 먹잇감'이다. 이 연구는 피실험자의 머리에 여러 개의 전극을 부착해서 뇌의 전기 활동을 측정하는 뇌전도검사 EEG를 하거나 피실험자가 누워서 가만히 있는 동안 기능적 자기 공명 영상법fMRI 기계 같은 크고 시끄러운 검사 기계에서 뇌를 촬영한다. 움직이는 사람은 연구하기가 훨씬 더 어렵다. 암벽 등반하는 사람을 fMRI 기계에 넣는 건 불가능하고 파도타기나 눈썰매타기를 하는 사람, 골프에서 샷을 하는 사람, 경기 중인 축구선수도 마찬가지다.

놀라울 것도 없이, 명상에 숙달된 사람은 명상할 때 초보자보다 뇌의 변화가 더 크게 나타난다. 달라이 라마와의 공동연구에서 뇌과학자 리처드 데이비슨Richard Davidson은 위스콘신대학교에 있는 실험실에서 명상에 숙달된 티베트 승려 8명을 연구할 준비를 했다. 그들은 15~40년 동안 대략 1만 내지 5만 시간 동안 명상 수행을 했다. 대조군으로는 명상을 한 적이 없는 학생 지원자들에게 1주 동안 명상을 배우게 한 후에 측정했다. 피험자들은 뇌전도를 측정하는 256개의 전극을 부착한 채로 잠깐 동안 명상을 하도록 했다.

데이비슨은 특히 감마파를 측정하는 데 관심이 많았다. 감마파는 뇌전도로 측정할 수 있는 가장 주파수가 높은 뇌파이며 초당 25~100사이클로 나타나는데 대개는 초당 40사이클 정도이다.

승려들의 뇌파는 속도가 빠르고 대개 강력한 감마파가 훨씬 더 크게 활성화되었고, 학생들보다 뇌파의 움직임이 훨씬 더 조직화되고 통합되어 있었다. 명상 초보자들은 명상하는 동안 감마 파 활성이 약간 증가했을 뿐인데 비해, 일부 승려는 건강한 사람에 게서 보고된 것보다 더 강한 감마파 활성을 일으켰다.

명상할 때 일어나는 뇌 활동의 변화는 일시적으로만 일어나 는 게 아니다. 뇌 구조의 변화도 함께 일어나는 것 같다. 하버드 의 과대학의 사라 라자르Sara Lazar와 동료들의 연구에서는 오랫동안 명 상한 사람의 뇌를 대조군과 비교했다. 명상가들의 뇌에는 청각 피 질과 시각 피질의 회백질이 증가되어 있는 것으로 밝혀졌다. 라자 르의 말처럼 그 실험 결과는 "타당하다. 마음챙김 할 때는 호흡, 소리, 현재 순간의 경험에 주의를 기울이고 있고, 인지를 차단하 고 있기 때문이다."

또한 명상가들은 기억을 담당하고 결정을 내리는 데 연관된 전 두엽 피질에도 회백질이 더 많았다. 라자르는 이렇게 말했다.

"나이가 들면 피질이 수축되고, 이해와 기억이 어려워진다 는 것은 잘 알려져 있습니다. 하지만 전전두엽 피질의 이 영역에 서 50세의 명상가는 25세의 청년과 같은 양의 회백질을 가지고 있 습니다."

이것이 단지 라자르의 팀이 연구한 사람들에게 선택 편향이 있었 기 때문일까? 그것을 밝히기 위해 그들은 전에 명상을 하지 않은 사 람들을 모집해서 8주 동안 마음챙김 명상 수행을 하게 했다. 그 후 그 들의 뇌에 일어난 변화를 명상하지 않은 대조군과 비교했다.

놀랍게도 단 8주 만에 명상한 사람들의 뇌에 주목할 만한 변화가 일어났다. 후대상피질(PCC, 그림 1), 왼쪽 해마hippocampus, 피질의 측면에 있는 측두-두정 연접부temporo-parietal junction(TPJ), 뇌의 후면쪽, 뇌교pons라고 하는 뇌간의 영역에서 회백질의 밀도가 증가했다. 연구자들은 해마에서의 변화가 감정 반응의 조절이 개선되는 것과 연관이 있을지 모르고, 후대상피질과 측두-두정 연접부의 변화는 '대안적 관점의 인지'와 연관이 있을지 모른다고 추정했다. 우리가 알고 있는 것처럼, 후대상피질은 주의력을 조절하는 데 관여한다.

역도 같은 운동이 근육의 물리적 변화를 일으킨다는 것은 놀랍지 않다. 반면 특정한 정신 활동의 결과로 뇌가 변하는 게 놀라운 까닭은, 단지 뇌과학자들이 성인의 뇌 구조는 다소 고정되어 있다고 믿어 왔기 때문이다. 하지만 지금은 뇌가 변할 수 있다는 점, 즉 신경가소성에 대한 인식이 널리 퍼져 있다.

뇌 활동에 대한 이런 연구들은 뇌에 대해 알려 주지만, 의식에서 무슨 일이 일어나는지는 알려 주지 않는다. 명상할 때 일어나는 의식의 변화는 머릿속에서만 일어나는 것일까? 아니면 명상하는 사람의 의식이 더 큰 마음, 의식의 근원 자체와 연결되는 것일까?

명상이
마음에 대해
알려 주는 것

현대 세계에서는 육상 선수와 불가지론자를 포함한 다양한 사람들이 명상을 한다. 아마도 명상하는 사람은 누구나 명상이 스트레스를 줄이고 마음의 본성에 대한 것을 밝혀 준다는 유익함이 있다는 데 동의할 것이다. 그런데 일상적 경험 너머의 고요와 기쁨의 순간을 해석할 때는 의견이 매우 분분하다.

유물론자들은 명상은 단지 뇌의 활동일 뿐이므로, 고도로 신비적인 경험을 비롯한 명상의 효과는 뇌에 한정된다고 여긴다. 그 주장은 언뜻 보기에 그럴듯해 보인다. 명상을 하면 정말 뇌와 몸의 다른 부분의 생리 작용과 활동이 변한다. 또 뇌조직의 구조적 변화도 일어난다. 하지만 그것이 명상에 의한 경험이 뇌에 국한된다는 걸 증명하지는 않는다. 내가 창문 밖의 나무를 내다볼 때, 나의 망막, 시신경, 뇌의 시각 처리 부위에는 특정한 변화가 일어난다. 하지만 그런 뇌의 변화는 나무가 뇌 활동의 산물일 뿐임을 증명하는 게 아니다. 나무는 실제로 존재하고, 뇌의 밖에 있다.

결정적인 물음은 명상이 우리의 마음을 그보다 비교할 수 없이 큰 마음 혹은 의식과 연결할 수 있는가이다. 명상가들은 전통적으로 그것을 믿었고, 그것이 명상을 하는 주요 동기였다. 명상은 우리의 마음과 존재를 초월할 수 있게 도울 수 있다. 지복, 열반 혹은 삼매의 경험은 단순히 행복해지는 것이 아니라 실재의 본성을 더 깊이 경험하는 것이다.

고대 인도의 현자rishi 혹은 선각자seer의 핵심 통찰은, 우리의 마음이 우주의 근저를 이루는 궁극의식과 본성이 같다는 것이었다. 예를 들어 《케나 우파니샤드Kena Upanishad》에는 이렇게 쓰여 있다.

—

말로 할 수 없지만, 그것으로 인하여 말하여지는 것. 그것만이 브라만, 영인 것을 알라. 이 세상 사람들이 숭배하는 것은 브라만이 아니다.
눈으로 볼 수 없지만 그것으로 인하여 눈이 볼 수 있는 것. 그것만이 브라만, 영인 것을 알라. 이 세상 사람들이 숭배하는 것은 브라만이 아니다.
귀로 들을 수 없지만, 그것으로 인하여 귀가 들을 수 있

는 것. 그것만이 브라만, 영인 것을 알라. 이 세상 사람들
이 숭배하는 것은 브라만이 아니다.

–

우리는 의식을 경험함으로써 그것에 대해 알게 된다. 브라만 혹
은 신 혹은 궁극실재는 '눈으로 보이는' 외부 실재를 과학적으로 관
찰해서 증명할 수 없다. 그보다, 말하고 보고 듣는 우리의 능력
은 궁극적 마음에 참여함으로써 생긴다. 그리고 그 궁극적 마음으
로부터 모든 다른 마음도 유래한다. 이에 대해 자주 언급되는 비
유는 여러 양동이에 담긴 물에 태양이 비치는 것이다. 양동이들마
다 태양이 비친 모습이 보이고, 그 각각은 다른 양동이들에 비친 모
습들과 분리되어 있는 것처럼 보이지만, 모두 같은 태양이 비쳐 보
이는 것이다. 이와 마찬가지로 모든 사람의 마음은 분리된 것처
럼 보이지만, 하나의 궁극적 마음 혹은 궁극적 의식의 반영들이다.

불교인은 이 궁극 실재에 대한 해석에서 힌두교인과 다르다. 힌
두교인은 궁극 실재가 브라만, 주ᄇ 혹은 신 혹은 영이라고 생각하
는 반면 불교인은 그것을 신이라 부르지 않는다. 붓다는 보리수 아
래에 앉아 깨달음을 얻었을 때 의식이 열반의 상태에 들었다. 열
반nirvana이란 세상의 모든 변화를 넘어선 궁극적 평화와 행복의 상
태다. 그렇지만 불교와 힌두교 두 전통 모두에서 궁극 실재는 우
리의 뇌보다 광대하게 크고 머릿속에 국한되지 않는다. 이와 유사
하게 유대교, 그리스도교, 이슬람교의 신비주의자들에게 있어 신

에 대한 신비적 체험은 단지 뇌 안에서 일어나는 것이 아니라 신의 존재와 직접 연결되는 것이다.

성 토마스 아퀴나스St. Thomas Aquinas(1225~1274)는 인간이 은총과 기쁨을 경험하는 것이 신의 존재를 공유하는 것이라고 보았다.

—

하지만 가장 고귀한 선은 모든 선의 본질적 근원인 신에게서 발견된다. 그에 따라 인간의 최종적 완성과 최종적 선은 신에게 충실한 것으로 이루어진다. … 은총이나 행복은 단지 완전한 선일 뿐이다. 그러므로 은총을 받은 모든 사람들은 반드시 본질적인 선 자체인 신의 은총을 받을 때에만 축복받는다.

—

이런 관점에서 명상은 단지 생리적으로만 유익한 것이 아니다. 명상은 우리의 마음이 궁극 실재에 더 가까워지도록 도와준다. 그것은 알아차리고, 사랑하고, 기뻐하는 것이다. 우리의 마음은 신으로부터 나왔고 신의 본성을 공유한다. 명상을 함으로써 우리는 그런 의식의 궁극적 근원과 직접 연결되어 있음을 알아차리게 될 수 있고, 그때 우리는 생각, 환상, 두려움, 갈망에 미혹되지 않는다. 그런 궁극적 의식과의 접촉은 본질적으로 기쁘다.

하지만 명상을 하기만 하면 반드시 그렇게 되는 것은 아니다.

세속적 불교의
모호성

현대 명상 운동에는 본래부터 모호함
이 있다. 극단적인 예는 혈압을 낮추고, 스트레스를 줄이고, 치유
를 돕고, 우울증을 예방하고, 심리학적인 큰 통찰을 주기 위해 배
울 수 있는 기법으로 명상을 사용하는 것이다. 명상은 기진맥진
해서 살고 있는 사람들을 도울 수 있다. 그것을 지지하는 과학
적 증거가 상당히 많다. 마음챙김은 마음이 머릿속에 있다고 여기
는 과학적 유물론의 철학과 온전히 양립할 수 있는 것 같다. 유물
론의 관점에서 명상은 정기적으로 운동하러 정신의 체육관에 가
는 것과 유사하다.

반면에 힌두교와 불교 전통은 전혀 다른 실재 관념에서 시작한

다. 세상이 괴로움, 고통, 갈등으로 가득 차 있다고 본다. 그런 세상에서 벗어날 수 있는 유일한 길은 영적 해탈을 얻는 것이다. 수행자들은 수직으로 이륙하듯, 태어남과 죽음의 끝없는 순환(윤회)에서 벗어남으로써 괴로움으로 채워진 세계에서 벗어날 수 있다. 해탈하거나 깨달음을 얻으면 선각자의 의식은 우주의 바탕이 되는 의식과 하나가 된다. 하지만 티베트불교 같은 대승불교 전통에서는 그런 해탈의 상태, 즉 불성佛性을 성취하는 사람에게 보살이 되라고 권유한다. 보살이란 죽은 후에 모든 중생의 해탈을 돕고자 자발적으로 다시 인간으로 환생하는 존재이다.

힌두교인들은 그런 의식을 신의 의식 또는 브라만의 의식이라고 여긴다. 그 궁극 실재는 삿-칫-아난다sat-chit-ananda이다. 삿sat은 존재, 칫chit은 의식 혹은 지식, 아난다ananda는 기쁨을 의미한다. 이 궁극 의식에는 아는 자(존재의 의식적 근거), 알려지는 것, 앎과 존재의 기쁨이 있다. 수행자가 자신의 마음이 신의 존재에 몰두하는 걸 경험하면, 신이 기쁘기 때문에 그들도 기쁘다.

불교인은 의식의 궁극 실재를 열반, 깨달음, 몸을 가진 존재로부터의 해탈, 기쁨과 자유에의 몰두라고 말한다. 명상은 그 자체가 목적이 아니라 해탈에 이르는 길의 일부인 것이다.

힌두교와 불교 전통은 다른 종교들처럼 인간을 초월한 의식의 세계가 존재한다는 걸 당연히 여긴다. 그들은 인간의 의식이 궁극적인 의식의 근원에서 유래하고 또 그것과 연결되어 있다고 여긴다. 반면에 유물론자들은 의식이 뇌 안에서 일어난다고 여긴다.

인간의 차원을 초월한 광대한 의식의 세계 같은 건 없다는 것이다. 그건 환상이고 비합리적인 신념체계에 불과하다.

명상하는 세속적인 사람들 대부분은 그런 갈등을 알지 못한다. 그들은 기본적으로 자신의 삶에 관심을 쏟는다. 하지만 '세속 불교' 운동이 이런 모호함을 더 명백하게 만들었다. '세속 불교인'은 불교의 명상을 이용하지만, 종교로서의 불교는 거부한다. 그들은 붓다의 출생 신화, 수많은 보살들과 다키니^{dakhini}[귀신의 일종]와 다른 영적 존재들에 대한 믿음과 관계를 맺지 않는다. 열반이 어떤 의미로든 '저기에' 있고, 인간의 마음과 동떨어져 존재한다는 생각을 거부한다. 붓다의 삶을 종교 지도자가 아닌, 삶의 길을 가르치는 철학자의 삶이라고 생각한다.

'세속 불교' 운동의 가장 극단적인 대표 인물 중 하나는 앞서 말한 샘 해리스이다. 그는 세속적 양육을 받으며 자랐고 학생 때 향정신성 약물을 경험한 후, 대학을 중퇴하고 자기 이해의 길을 찾아 인도에 갔다. 그곳에서 2년 넘게 여러 구루에게 배웠다. 그 후 미국으로 돌아와 공부를 다시 시작해 신경과학으로 박사학위를 받았고, 그 뒤에 호전적인 무신론자로서 새로운 경력을 시작했다. 자신의 첫 책 《종교의 종말$^{The\ End\ of\ Faith}$》로 '신新무신론자'의 일원으로서 세계적 명성을 얻었다. 그런데 그는 지금 다른 반종교 십자군들보다 더 나아가고 있다. 종교를 공격하는 새로운 길을 발견한 것이다. 그는 영성을 부정하는 대신 그것을 인수해서, 종교의 영역에서 제거하려고 한다. 그는 자신의 책 《나는 착각일 뿐이다》에서 "나의 목표는 비밀스러운 종교라는 똥더미 속에 묻혀 있는 다이아몬드를 캐내는 것이다."라고 말한다.

해리스의 주요 스승은 툴쿠 우르겐 린포체Tulku Urgyen Rinpoche 였다. 그는 20년 넘게 은둔하며 수행한 티베트불교 스승이다. 그의 칭호 툴쿠tulku는, 티베트 사람들과 그 자신이 그를 환생한 스승으로 믿었다는 의미이다. 더 정확히 말하면, 9세기에 구루 파드마삼바바Guru Padmasambhava의 제자였던 눕첸 상계 예셰Nubchen Sangye Yeshe가 죽은 후에 다시 '현현顯現'했다는 것이다. 우르겐 린포체는 족첸Dzogchen 전통의 스승이었고, 자기 초월의 경험을 한 제자에게 직접 전수할 수 있었다. 해리스는 스승으로부터 그것을 전수받았고, 단 몇 분 만에 그의 삶이 완전히 변했다.

하지만 그는 "이렇게 스승에서 제자에게로 지혜가 전수되는 데 초자연적이거나 신비로운 것조차" 없었다고 했다. 그는 이렇게 말했다. "툴쿠 우르겐이 내게 미친 영향은 오로지 그의 명쾌한 가르침에서 왔다. … 나는 티베트불교에서 카르마와 환생을 믿는 것을 받아들이거나 툴쿠 우르겐과 내가 만난 다른 명상 스승들이 마술 같은 힘을 가지고 있다고 상상할 필요가 없었다."

하지만 만일 그 놀라운 족첸 가르침의 전수가 단지 명쾌한 가르침일 뿐이라면, 어째서 해리스 혹은 다른 누구라도 책과 온라인 강의를 통해 그것을 전수할 수 없는가? 티베트불교 전통에서 스승으로부터 제자로 진리가 전수되려면 말만으로는 안 되기 때문이다. 생생하게 직접 접촉하는 것이 필요하다. 그것은 일종의 공명이며,

그것을 통해 스승은 자신의 의식 상태와 관련된 것을 전수 받는 제자 안에서 불러일으킬 수 있다.

해리스는 스승의 믿음 중 많은 것을 미신이라고 거부했다. 그는 달라이 라마도 근본적으로 잘못되었다고 믿는다. 왜냐하면 달라이 라마도 많은 티베트인들처럼 환생을 믿고 신탁을 청하기 때문이다. 그는 해리스와 달리 '비밀스러운 종교라는 똥더미 속에 묻혀 있는 다이아몬드'를 캐내지 않았던 것이다.

해리스의 기본 입장은 대부분의 무신론자 동료들이 지지하는 유물론적 의식 이론이다. 유물론자들은 의식이란 뇌의 활동일 뿐이라고 믿는다. 그런데 해리스는 그 이론에 전적으로 동의하는 건 아니라고 말한다. 그는 모든 종교들이 받아들이는 것처럼 뇌 너머에 의식이 있을 가능성을 인정하지만, 여전히 모든 종교에 대해 적대적이다.

–

'의식이 어떻게 물리적 세계와 연관되는가'라는 물음에 대해 나는 여전히 불가지론자이다. 인간의 마음의 다른 부분과 마찬가지로, 의식이 뇌 활동의 창발적 속성emergent property이라고 믿을 만한 충분한 이유들이 있다. 하지만 우리는 어떻게 그렇게 기적적으로 의식이 발생할 수 있는지 전혀 모른다. 그리고 만일 의식이 환원 불가능하다면—혹은 의식이 뇌와 분리되어 있어서 성 어거스틴에게 위로

가 된다 해도— 나의 세계관은 뒤집히지 않을 것이다. 나
는 우리가 의식을 이해하지 못한다는 것을 안다.

—

해리스는 지적인 무신론자이고, 우리가 의식을 이해하지 못한
다는 것을 인정한다. 하지만 그 다음에 그는 어떻게 인간의(그리
고 동물의) 의식만 존재하고 인간을 초월한 의식 있는 존재의 세계
가 없다는 걸 확신할 수 있는가? 그것은 분명히 추측이고 믿음이
며 무신론자의 맹목적인 신념일 뿐이다.

명상하는 이들은 대개 자신의 일을 할 뿐이고 이런 논쟁에 말
려들려 하지 않을 것이다. 하지만 이것은 단지 신학적 질문이 아
니며, 사람들의 동기에 영향을 준다. 명상은 그저 건강해지고 좋
은 몸매를 가지고 세상에서 원하는 걸 얻어 내는 능력을 키우는 방
법일까? 내가 명상하는 것은 단지 나에 관한 것일까? 아니면 더 고
귀하고 인간 너머의 의식 세계에 연결되는 것일까?

명상의 육체적·정신적 유익함에 대해서도 같은 질문을 할 수 있
다. 그것은 순전히 이완 반응의 생리학과 뇌 활동과 뇌 해부학의 변
화 때문인가? 아니면 그와 더불어 개별 인간을 넘어선 의식 있
는 존재의 근거와의 연결로부터 그런 유익함이 생기는가? 종교인
들은 이렇게 거대한 의식과 연결되는 것과 그것이 우리를 변화시
키는 잠재력이 있다는 것을 인정한다. 반면 무신론자와 세속적 인
본주의자들은 이를 인정하지 않는다. 하지만 그들이 계속 명상

을 하면 생각이 변할지 모른다. 나 자신이 그랬던 것처럼.

모든 종교 전통의 신비가들은 인간 너머의 의식과 연결되고 몰입하는 직접적인 체험을 했다. 하지만 무신론자들은 그런 경험은 뇌에서 일어난 환상이라고 주장한다. 인간의 차원을 넘은 어떤 것도 찾아볼 수 없다고 여긴다. 하지만 그런 직접 체험을 거부하지 않고 신뢰하면 어떨까? 결국 의식 자체를 통해서만 의식에 대해 알 수 있기 때문이다. 그리고 우리가 서로 관계 맺는 것처럼, 우리는 하나의 의식이 다른 의식들과 연결될 수 있음을 안다. 명상과 신비 체험을 통해 우리의 의식적인 마음은 인간 너머의 의식적인 마음과 연결되며, 궁극적으로 모든 의식의 근원과 연결된다. 사랑을 통해 그리고 함께 하는 활동에 참여함으로써 서로 간에 일종의 공명에 이를 수 있는 것처럼, 우리가 갈망, 환상, 두려움에 얽매이지 않으면 인간 너머의 마음과 공명할 수도 있다.

두 가지
명상 수행

명상

이미 명상을 하고 있다면, 여기서 다시 말할 건 없다. 전에 명상을 했지만 지금은 하지 않는다면, 매일 규칙적으로 다시 명상을 하기를 권한다.

전혀 명상을 해 보지 않았다면, 이완 반응을 일으키는 과정을 따라 해 볼 수 있다(52쪽). 혹은 명상을 소개하는 여러 책에 나오는 방법 중 하나를 시도해 본다. 또는 존경하는 스승을 찾을 수도 있는데, 기왕이면 자신의 영성 생활이나 종교 생활과 어울리는 스승이 바람직하다. 무신론자라면 샘 해리스[1]나 루비 왁

---

1) https://www.samharris.org/blog/item/how-to-meditate - 저자 주

스의 가르침을 따를 수 있고, 아니면 다른 많은 세속적 스승들 중 한 사람을 따르면 된다. 어떤 종교에 속해 있는 사람이라면 그 종교에 있는 분의 가르침을 따르는 것이 가장 편안할 것이다. 모든 주요 종교마다 명상 스승이 있다. 유대교[2], 그리스도교[3], 이슬람[4] 그리고 힌두교와 불교에 많은 스승들이 있다. 하지만 무엇보다도 열심히 수행해야 하고, 정기적인 수행 습관을 들여야 한다. 그렇지 않으면 바쁜 생활에 쫓겨 명상을 미루게 될 것이다.

규칙적으로 명상하면 더 행복하고 더 건강해질 수 있을 뿐만 아니라 기존의 믿음과 한계를 넘어갈 수 있는 여정을 시작하게 될 것이다.

침묵 속에서 시간 보내기

현대 세계에서는 소음과 산만하게 만드는 것들로 고요를 몰아낸다. 우리는 바쁜 데 익숙하고, 마음은 늘 조급히 달려가고 있다. 게다가 대부분의 사람들은 스마트폰같이 끊임없이 산만하게 하는 것을 잠시도 손에서 놓지 않은 채 살고 있다. 명상은 우리가 고요해지는 한 가지 길이지만, 다른 길도 있다. 이를테면 누군

---

2) 예를 들어 http://www.awakenedheartproject.org. - 저자 주

3) 예를 들어 http://wccm.org. - 저자 주

4) 예를 들어 http://islamicsunrays.com/islamic-meditation-for-relaxation-and-spiritual-comfort/. - 저자 주

가와 이야기를 나누며 시골길을 걷는다면, 말없이 걸을 때보다 훨씬 더 많은 것을 알아차리지 못한다. 정원에서 한담을 하면, 식물들을 보지 못하고 새소리를 듣지 못한다. 미술관에 가서 작품을 볼 때 곁에 있는 사람과 이야기를 나누면, 대화에 마음을 빼앗겨 작품을 제대로 감상하지 못한다. 침묵은 우리가 보이는 것과 소리와 냄새와 주위 세계에 보다 더 감각을 열도록 도와준다.

힌두교 요기와 티베트 성인聖人들은 전통적으로 산 속의 외진 동굴 속에서 명상한다. 예수는 언덕에 올라 기도하곤 했고, 유대교 예언자들은 광야로 갔다. 그리스도교 은수자5)와 수사들은 마을과 도시에서 멀리 떨어진 곳에 사는 경우가 많았고, 일부는 지금도 여전히 그렇게 산다. 항상 황량하고 고요한 장소가 있었고, 지금도 있으며, 특히 밤에 고요한 곳들이 있다. 그리고 마을과 도시에 있는 많은 성공회 교회와 로마가톨릭 성당은 예배가 없는 낮에 개방하여 정적의 오아시스를 제공한다. 바깥 거리에는 바쁘고 치열한 삶이 있지만, 종종 그런 종교 건물 안에는 두드러진 고요와 평화가 있다.

침묵할 수 있는 시간과 장소를 찾는 것은 우리의 감각적·영적 알아차림을 확장하는 가장 손쉬운 길이다.

---

5) **隱修者**. 숨어서 도를 닦는 사람.

Ⅱ

감사의

흐름

우리 대부분은 사랑과 도움과 환대의 선물을 받고 감사한 적이 있다. 그래서 감사함이 어떤 느낌인지 알고 있다. 모든 사람이 감사하는 데 우호적이고, 적어도 감사받는 데 우호적이다. 많은 어린이들은 어릴 때 "감사합니다."라고 말하는 게 예의라고 배운다. 감사를 말로 표현해야 한다고 여기지 않는 문화에서도 호혜의 행동은 표현해야 하는 것으로 여겨진다.

거의 모든 언어에 '감사'에 해당하는 말이 있고 모든 주요 종교들은 감사를 표현하라라고 권한다.

감사의 반대는 특권 의식이다. 돈에 기반을 둔 경제 체제에서 일상생활은 감사를 모르는 경향을 증가시킨다. 왜냐하면 서비스를 받은 대가로 돈을 지불했으므로 감사할 필요가 없다고 여기기 때문이다. 값비싼 호텔에 투숙하면 자동으로 수돗물이 나오고 깨끗한 침대보와 수건을 사용할 권리가 있다고 생각한다. 그런 것에 감사할 필요가 없고, 당연히 그래야 한다고 여긴다. 우리가 어떤 상품이나 서비스에 돈을 지불하면, 그것은 상호 교환의 일부일 뿐이다.

나는 집 부근 과일 노점상에게 사과를 살 때 현금을 낸다. 노점상과 나는 서로 "감사합니다."라고 말하고, 이따금 다정하게 이야기를 나눈다. 물론 노점상과 나는 그것이 선물이 아니라 경제적 교환이라는 걸 안다. 이와 달리 근처 수퍼마켓에서 자동결제 시스템으로 결제할 때는 "감사합니다."라는 말을 할 필요가 없다. 현금은 기계가 받고, 그 가게는 정기적으로 배당금을 받기 원하는 주주들에게 이익을 주는 것이 기본 의무인 회사의 일부일 뿐이다.

이런 비인격화는 감사하는 마음을 질식시키고, 소비자들은 곧 특권 의식을 갖게 된다. 즉 그들은 비용을 지불한 상품과 서비스를 받기를 요구할 수 있고 기대한 것을 받지 못했을 때 불평할 수 있는 법적인 권리를 가진다. 그리고 그들이 구입한 음식을 산출한 땅과 그것을 기른 농부 그리고 그것을 운송하고 준비한 사람들이 비인격화되고 너무 멀리 떨어져 있기 때문에 감사를 느끼지 않는다.

그런데 재난이 닥치면 관점이 변한다. 평소 우리는 부모, 남편, 아내, 자녀, 친구를 당연하게 여긴다. 하지만 그들이 죽으면, 특히 갑작스러운 죽음을 당하면 가족과 친구들은 죽은 이에게 많이 의존했고 죽은 이로부터 많은 걸 받았다는 걸 알게 된다. 사고로 시력을 거의 잃을 뻔했던 사람은 이전에 당연히 여겼던 눈을 가진 것이 얼마나 감사한지 절감한다. 개인 정보가 많이 들어 있는 컴퓨터나 스마트폰을 잃은 사람은 평소에 당연히 여겼던 그것을 되찾으면 감사하게 된다. 오랫동안 정전이 계속되거나 파업이 일어나 상품 운송이 중단되어 가게에서 음식을 살 수 없을 때, 상품이 다시 공급되면 많은 사람들이 감사한다.

모든 걸 당연히 여기기를 중단하면 곧 모든 것에 감사할 수 있음을 깨닫기 시작한다. 우리가 존재할 수 있는 까닭은 오직 생명의 기원까지 거슬러 올라가서, 조상들이 생존했고 자손을 낳는 데 성공했기 때문이다. 우리는 아기였을 때 생존을 다른 사람들에게 전적으로 의존했다. 그리고 단순히 오늘 이 나이까지 살아남기 위해서도 수백 명, 수천 명, 수백만 명의 다른 사람에게 도움을 받았다. 농부, 교사, 건축가, 전기기술자, 배관공, 의사, 간호사, 치과의사, 식료품점 상인, 컴퓨터와 스마트폰을 설계하고 생산한 사람들, 우리를 세계의 한 곳에서 다른 곳으로 데려다 주는 비행사와 승무원 등등이 그런 도움을 주었다.

게다가 우리가 여기 있는 것은 오직 지구가 존재하기 때문이고, 수십억 년 동안 지구의 생명이 진화해서 우리가 전적으로 의존하는 이 살아 있는 행성을 우리에게 주었기 때문이다.

그 다음, 지구는 태양계의 일부이고, 지구의 모든 생명은 영양을 주는 햇빛과, 안정적이고 생명 친화적인 지구 공전 궤도를 유지하는 태양의 중력에 의존하고 있다.

이어서 태양은 은하계에 의존한다. 태양은 수천억 개의 다른 별들과 더불어 광대한 은하계 전체의 세포 하나에 불과하다. 은하계의 중심에는 초질량, 고도의 에너지가 응집된 은하중심galactic center이 있다. 그것은 자기력선과 전류와 함께 이온화된 물질과 막대한 전자기장을 길이가 수백만 광년이나 되는 은하 팔galactic arms의 플라즈마plasma로 내보내고 있으며, 태양의 환경을 지탱하고 있다.

또 우리 은하는 은하 성단의 일부이며, 천문학자들은 그것을 '지역 집단Local Group'이라 부른다. 그것은 50개 이상의 은하로 이루어져 있으며, '처녀자리 초은하집단Virgo supercluster'의 일부이다. 우주에 퍼지는 전자기 복사에는 모든 항성과 은하에서 오는 빛이 포함된다. 우리는 그중 일부를 맨눈으로 볼 수 있고, 눈에 보이지 않지만 모든 방향에서 오고 있는 것은 빅뱅 직후에 나온 화석빛^{fossil} ^{light}(극초단파 우주배경 복사라고 알려져 있다)이다.

과학적인 창조 이야기에 따르면 전 우주는 130억 8,000만 년 전 빅뱅에서 시작되었다. 당시 우주는 바늘 끝보다 작은 크기에서 시작하여 줄곧 점점 커지고 확장되어 왔다. 일부 고대의 창조신화에서는 만물의 기원이 우주의 알이 부화한 것이라고 하는데, 현대 과학의 설명도 그것과 유사하다. 만물은 하나의 근원으로부터 나오고, 만물은 서로 연관되어 있다. 이 근원적 창조 사건이 없었다면 우주는 없었을 것이고, 우리도 존재하지 않을 것이다. 또 만일 아원자 입자와 원자의 특성, 자연의 힘이 조금이라도 지금과 달랐다면 우리가 아는 생명이 없을 것이고, 우리는 지금 여기서 이런 생각을 하지 못할 것이다.

감사와
세계관

우리는 이런 것들에 감사해야만 할까?
그것은 우리의 세계관에 달려 있다. 만일 우주가 외부의 고정된 자
연 법칙에 의해 지배되는 의식 없는 기계적인 체계일 뿐이라면, 만
일 생물의 진화가 우연과 필요의 맹목적 힘에 의해 발생한다면 그
리고 만일 우주에 전혀 목적이 없고, 생물의 진화에 궁극적 의미
가 없다면, 우리가 누구에게 무엇을 감사할 수 있을까? 그런 세계
관에 따르면, 은하계와 태양계는 아무 의식 없이 기계적 과정과 우
연한 사건에 의해 저절로 생성되었다. 지구의 생명은 일련의 우연
한 화학적 사건들에 의해 시작되었거나, 어쩌면 맨 처음 다른 행성
에 나타난 생명의 배아가 어떻게 해서든 지구까지 운반되었다. 그

런데 생명이 어떻게 기원되었든지 그 후부터 줄곧 우연한 돌연변이와 자연선택의 힘을 통해 진화했다. 그러므로 여기엔 감사할 것이 없고, 감사를 받을 대상도 없다. 우리는 운이 좋지만, 행운은 개인의 힘이 아니라 전적인 우연일 뿐이다.

이는 현대 과학적 유물론을 믿는 사람들의 관점이다. 유물론자들은 대개 무신론자이고, 무신론자들은 대부분 유물론자이다. 그들은 전 우주가 의식 없는 물질, 장場, 에너지에 불과하고 비인격적 수학법칙의 지배를 받는다고 여긴다. 만물은 저절로 생긴다. 진화는 의식 없이 일어난다.

한편 뇌가 점점 더 커지면서 고등동물계, 무엇보다도 인간에서 마음이 진화했다. 하지만 인간의 마음이 아무리 훌륭하다 해도, 머릿속에 국한된 뇌의 물질적 활동일 뿐이다. 뇌가 죽으면 마음은 소멸된다. 모든 종교에서 말하는, 몸의 죽음 후에 의식이 살아 있다는 것은 환상에 불과하다.

우리는 마음속에서 우주의 광대함과 아주 오래된 우주의 나이에 대한 통찰을 포함한 전 우주의 모델을 만들 수 있다. 이론은 맨 감각보다 공간과 시간으로 더 멀리까지 뻗어갈 수 있지만, 이 과학적 모델은 인간의 마음이 만든 것이므로 인간의 뇌 안의 의식적 생각으로서 존재할 수 있을 뿐이다. 인간이 소멸한다면 그 이론도 소멸할 것이다. 인간보다 오래 살아남는 다른 종에게 인간이 그 이론을 넘겨 줄 수 없다면 말이다.

그러므로 유물론자들은 자연이 수학적·물리적으로 놀랍다

고 여기지만, 감사함을 느끼지는 않는다. 왜냐하면 자연은 선물도 아니고, 선택하거나 목적이 있는 행위도 아니며, 맹목적인 법칙과 힘의 필연적인 결과일 뿐이기 때문이다. 우리는 자연을 당연한 것으로 받아들여야만 한다. 또 마음, 상상, 과학적 생각 자체의 존재도 당연한 것으로 받아들여야만 한다. 그것에 대해 감사할 대상이 없다. 자연, 우주, 창조의 힘에 감사하는 것은 인간 중심적 사고, 속성을 부여하는 존재, 생명 없는 자연의 목적과 의미의 희생물이 되는 것이다. 우리가 그것이 단순히 하나의 말하는 방식임을 이해하는 한, 그것은 낭만적 시에서는 허용된다. 객관적·과학적 진리에 관한 한, 우리는 자연이나 자연의 근원에 감사할 필요가 없다. 차라리 우리에게 더 높고 보다 객관적인 관점을 가지게 해 준 위대한 과학자들에게 감사해야만 한다. 신은 존재하지 않지만, 이제 인간은 과학과 이성 덕분에 신과 같은 힘을 가지고 있다.

그에 반해 많은 종교의 우주론에서는 전 우주가 신의 창조력에서 비롯되었다. 힌두교의 설명에 따르면, 세계는 비슈누 신의 꿈이고 그의 마음속에 있다. 유대교-그리스도교 전통에서는 신의 창조성에 대한 근본적인 은유가 '말씀'이다. 말이 구조, 형태, 의미, 상호 연결성을 부여한다. 말을 하려면 호흡이 필요하다. 우리가 일상의 경험에서 알고 있는 것처럼, 날숨의 흐름은 나의 말과 당신의 말을 나아가게 한다. 숨은 그리스어로 프뉴마pneuma이다. 이 말은 '숨'과 더불어 '바람'을 의미한다. 그에 해당하는 히브리

어는 루아흐ru'ach이고, 여성명사인 이 말은 바람, 숨, 영spirit으로 번역할 수 있다. 중국어 기氣도 유사한 의미이며, 인도어 프라나prana도 같은 의미다. 과학에서는 그런 활동성의 보편적 흐름을 에너지라고 한다. 신은 우주적 에너지의 흐름을 통해 그리고 형태, 패턴, 의미의 창조를 통해 끊임없이 세계를 창조하고 우리와 우리의 마음을 창조한다.

그리스도교, 이슬람교, 유대교, 힌두교에서 모두 믿는 것처럼, 신이 만물의 근원이며 신의 존재가 우주를 지탱한다고 믿는다면, 우리는 신이 존재한다는 사실 자체에 대해 궁극적인 감사를 드리게 된다. 불교, 도교, 유교는 신이라는 말을 모두 같은 의미로 사용하지 않지만, 궁극 실재에 대한 관념을 가지고 있다. 또 우리는 우리의 생명이 의존하는 우주, 우리 은하, 태양계, 지구, 식량을 제공해 주는 미생물, 식물과 동물 그리고 인간의 삶을 지탱하는 인간 사회와 문화에 감사한다.

종교 전통들에는 만물의 궁극적 근원인 신에게 감사하는 여러 방식이 있다. 구약 성경의 유대인들의 시가들은 신에 대한 찬양과 감사로 가득하다. 그와 똑같은 시가들이 그리스도교 예배에서 필수적인 역할을 하며, 신을 찬양하는 그리스도교만의 찬송가와 감사의 형식들이 많다. 그리스도인들은 전통적으로 식사 전에 감사기도를 했고, 일부 그리스도인들은 지금도 그렇게 한다. 유대인, 무슬림, 다른 많은 종교와 민족 전통의 사람들도 마찬가지다. 미국에서는 추수감사절 축제가 중요한 국가 문화이다.

그런데 유물론자와 무신론자에게는 이것이 모두 터무니없는 일이며, 기껏해야 시적인 공상일 뿐이다. 실재는 신이 준 선물이 아니다. 땅에서 얻은 농산물과 과일도 마찬가지다. 그것은 우연과 필연에 의해 그리고 인간의 과학과 기술과 힘들게 노력한 덕분에 생겼다. 부모들이 아이들을 돌보는 것조차 오직 자신을 퍼뜨리는 데만 관심이 있는 이기적인 유전자의 조작에 의해 유전적으로 프로그램된 반응에 불과하다. 따라서 부모의 사랑에도 감사할 필요가 없다. 부모의 사랑조차 유전자의 이기적 목적을 위해 프로그램된 것일 뿐이기 때문이다.

개인적인
차이

심리학자들의 연구는 우리가 이미 알고 있는 것을 보여 주었다. 즉 어떤 사람들은 기질적으로 다른 사람보다 더 잘 감사한다. 이런 차이점을 알아내는 잘 알려진 방법은, 사람들이 물이 반만 차 있는 유리컵을 보고 어떻게 반응하는지 보는 것이다. 감사를 잘하는 사람은 컵이 반이나 차 있다고 생각한다. 반면에 감사를 잘하지 못하는 사람은 컵이 반이나 비어 있다고 여긴다. 물론 대부분의 사람들은 상황에 따라 감사하기도 하고 감사하지 않기도 하며, 낙관적이기도 하고 비관적이기도 하다. 그리고 때로는 비관적인 것이 중요하다. 차의 연료가 거의 바닥난 것을 알았다면, 연료가 채워지는 마술이 일어나거나 연료 측정기가 고장이기를 바라면서 계속 운전하기보다는 최악을 예상해서 얼른 연료를 채우는 편이 더 낫다.

2000년 이후 긍정심리학이 성장한 덕분에 감사에 대한 과학적 연구가 진행되었다. 심리학자들은 설문과 척도를 개발하여 사람들이 감사하거나 감사하지 않는 정도를 측정했다. 그것으로 사람들의 평안함과 행복도 측정할 수 있었다. 연구가 거듭될수록 습관적으로 감사하는 사람들이 습관적으로 감사하지 않는 사람들보다 더 행복하다는 것을 보여 주었다. 감사하는 사람들은 덜 우울했고, 삶에 더 만족했고, 자기수용성과 삶의 목적의식이 더 컸다. 그리고 더 관대했다.

그런데 이것은 상관관계일 뿐이다. 행복한 사람이 행복하기 때문에 더 감사하는지, 아니면 감사하기 때문에 행복한지는 밝혀진 게 아니다.

긍정심리학자들은 그 인과관계를 찾으려는 실험을 했다. 한 실험에서 피험자들을 무작위로 세 집단으로 나누었다. 첫째 군 사람들에게는 지난주에 감사했던 일 다섯 가지를 간단히 말하라고 했다. 둘째 군 사람들에게는 지난주에 다툰 일 다섯 가지를 말하라고 했다. 셋째 군 사람들에게는 지난주에 영향을 받은 일 다섯 가지를 말하라고 했다. 이런 실험을 10주 동안 계속했다.

감사한 일을 말하게 한 실험군에서는 소중한 상호작용, 건강, 장애의 극복, 단지 살아 있기를 비롯해서 매우 다양한 경험에 감사했다. 연구자들은 다음과 같은 점을 발견했다.

–

감사하는 조건의 피험자들은 다른 두 군(다툼에 대해 말하게 했던 군과 그냥 있었던 일을 말하게 했던 군)에 비해 대체로 삶을 더 좋게 느꼈고 미래에 대해 더 긍정적이었다. 그뿐만 아니라 감사하는 조건의 피험자들은 대조군보다 건강 문제가 더 적었고 운동하는 데 더 많은 시간을 보냈다.

–

감사드릴 일이 얼마나 많은지 살펴보는 다른 실험도 유사하게 인상적인 결과를 나타냈다.

다른 종류의 실험은 피험자들로 하여금 삶에서 도움을 받았는데 감사를 표하지 않았던 사람에게 감사 편지를 쓰고 그 편지를 직접 전하게 했다. 대조군은 어린 시절의 추억에 대해 글을 쓰게 했다. 그 결과 감사한 군은 대조군에 비해 행복이 상당히 증가했고, 그것이 적어도 한 달간 지속되었다.

지금은 더 감사하는 법, 감사할 일이 얼마나 많은지 깨닫는 법, 감사를 통해 관계를 개선하는 법에 대한 자기계발서가 많이 나와 있다. 이런 방법은 아무 때나 모두에게 도움이 되는 건 아니지만, 대개의 경우 많은 사람에게 도움이 된다.

감사하는 게
잘못인가?

감사하는 사람은 대개 감사하지 않는 사람보다 더 행복하고, 다른 사람들에게 호감을 사는 경향이 있다. 그런데 감사하는 데 어떤 단점이 있을까?

아마도 있을 것이다. 인간의 다른 감정이나 기질처럼, 감사하는 사람이 부당하게 이용당할 수 있다. 자본주의 사회에서는 회사들이 긍정심리학으로부터, 특히 감사에 대한 연구로부터 배우는 데 큰 동기가 있었다. 많은 회사들이 사원들에게 긍정심리학의 자기계발서를 무료로 지급하고, 훈련 과정이나 동기부여 강좌를 지원하기도 한다. 긍정적이고 고분고분하고 감사해하는 직원이 사업에 도움이 되기 때문이다. 그리고 직원을 해고해야만 할 때, 긍정심리학 훈련을 받은 사람들을 고용해서 해고자들로 하여금 직장을 잃는 것이 경력을 쌓을 수 있는 큰 기회라고 느끼게 만들 수 있다. 그러면 자신들을 해고하는 회사를 조금만 원망하거나 전혀 원망하지 않게 된다.

작가 바버라 에런라이크Barbara Ehrenreich는 그런 수법에 대해 매우 비판적이다. 왜냐하면 구식 캘빈주의자가 사악한 생각을 감시한 것처럼, 그런 수법이 부정적인 생각을 걸러내는 정신 훈련의 형식으로 해결책을 제공한다고 여기기 때문이다. 에런라이크는 우리가 불의와 환경 파괴에 맞서 싸우려면 부정적인 생각이 필요하다고 주장한다. 나는 그녀의 주장에 동의한다.

사랑처럼 감사도 조작되고 남용될 수 있지만, 그렇다고 감사 자체의 중요성을 반박할 수는 없다. 일반적으로 사랑하고 감사하는 것이 사랑하지 않고 감사하지 않는 것보다 낫다. 사람들은 대개 사랑하지 않고 감사하지 않는 사람보다 사랑하고 감사하는 사람과 함께 있기를 더 좋아한다. 하지만 강박적으로 감사하고 사랑하는 건 위험과 파괴적인 인간 행위를 보지 못하게 하고 어떤 조치를 취하지 못하게 할 수 있다. 따라서 적절한 균형이 필요하다.

선물과
의무

우리는 종종 선물을 받지 않으려고 한
다. 왜 그런가? 선물을 받은 대가를 주어야 한다는 의무 때문이
다. 빚진 것처럼 느껴진다. 로비스트와 상인들은 상대방에게 선물
을 주면 보답을 해야 한다는 의무감을 유발하며 자신의 이익을 위
해 그런 생각을 이용할 수 있음을 잘 안다.

1953년 프랑스에서 처음 출간된 마르셀 모스Marcel Mauss의 《증
여론The Gift》은 이 주제에 큰 영향을 주었다. 그는 매우 많은 전
통 사회에서 아무런 대가 없는 선물 같은 건 없었음을 보여 주었
다. 한 부족이나 씨족이 선물을 주면, 선물을 받은 상대방은 그 보
답으로 비교적 빨리 선물을 주어야 하는 의무를 졌다. 때로는 이

자까지 붙여서 보답 선물을 하는 게 당연했다. 태평양 연안 북서부의 북아메리카 원주민들의 문화가 그랬다. 한쪽이 1년에 10개의 담요를 선물로 주었다면, 받은 쪽은 다음 해에 20개의 담요를 선물할 의무가 있다고 여겼다. 이런 의례적인 선물 주기 즉, 포틀래치potlatch 체계는 경쟁적이고 더 이상 지속할 수 없을 정도로 심해지는 경우가 많았고, 그 결과 축적된 부를 헤프게 파괴해 버리는 일이 잦았다. 예를 들어 왕자들의 집을 불태우고, 노예를 죽게 만들고, 귀중한 기름을 불사르고, 귀중한 구리 제품을 바다에 던져 버렸다.

종교적 맥락에서 인간이나 동물의 생명을 희생하거나 음식이나 다른 공물을 여신과 신과 하느님에게 바치는 것은 신들로부터 받은 선물을 되돌려 주는 것이었고, 그건 지금도 마찬가지다. 혹은 반대로 뭔가를 바치고 그 대가로 선물을 받기를 기대하는 것이다. 라틴어 구절 'do ut des(당신이 주었기 때문에 내가 준다)'에 그것이 잘 나타나 있다.

세속적인 현대의 삶은 돈에 기반을 둔 경제의 막대한 영향을 받지만, 우리는 여전히 서로 선물을 주고받는 역동성에 익숙하다. 선물은 사회적 유대social bond를 만들어 낸다. 우리는 적어도 "감사합니다."라고 말하는 것 같은 관습적인 감사 표현이 일반적인 사회적 행동의 일부임을 알고 있다.

감사가 사회적 미덕이라면, 감사하지 않는 건 사회적 악이다. 많은 사회적 모임에서 감사할 줄 모르는 사람은 인기가 없다. 귀족, 과두 정치인, 위계적 사회의 다른 권력자들에게는 특권의식, 즉 다른 사람에게 고마워할 줄 모르는 태도가 용인된다. 하지만 보다 평등주의적인 사회적 모임들에서는 특권의식은 환영받지 못한다. 어떤 이들은 감사를 표하지 않고도 다른 사람들로부터 보살핌을 받고 도움 받을 특권이 있다고 여긴다. 아주 어린 아기들에게는 그것이 유일한 생존 방식이다. 하지만 생후 6주가 되면 대부분의 아기들이 미소를 짓기 시작하고, 대개 그 미소는 감사를 표하기에 충분하다. 그리고 곧 어린이들은 말과 또 다른 방식으로 감사를 표하는 법을 배운다.

우리의 삶이 자연의 선물이라면 어떨까? 자연 자체가 선물이라면 어떨까? 그렇다면 우리는 우리와 다른 모든 것을 존재하게 해 준 힘에 대해 깊은 의무가 있고, 감사해야 할 중대한 이유가 있다.

모든 종교 전통에서는 모든 존재의 근원인 신을 찬미하는 찬송가와 감사하는 표현이 호혜성 상호작용reciprocal interaction의 일부다. 감사 의례는 생명 자체라는 선물의 근원과 다른 모든 삶의 은총에 우리를 연결해 준다. 그리고 그런 감사를 표하는 것은 우리가 받은 선물을 남들과 나누는 것이고, 우리가 의존하고 있는 흐름의 일부가 되는 것이다.

그런데 그것의 바람직하지 않은 면은, 우리가 우리를 초월한 힘에 전적으로 의존하고 있음을 알게 되면 감당하기 힘든 종교적 의무감과 그 의무를 제대로 감당하지 못한다는 죄책감에 빠질 수 있다는 것이다. 이렇게 자신이 부족하다는 생각에서 빠져나오는 한 가지 길은 무신론자가 되는 것이다. 모든 것이 저절로, 아무 의식 없이 일어난다면, 세상에 목적도 없고 신의 섭리도 없다면 감사해야 할 필요도 없다.

하지만 그런 자유는 비싼 대가를 치러야 한다. 감사하지 않을 때 불행이 따르는 일이 많기 때문이다. 유물론적 자연관을 믿는 사람들에게, 불행하게 사는 것은 영웅적 행동이며 고난에 굴하지 않고 객관적 진리에 충실한 것처럼 보일 수 있다. 하지만 철학적 유물론은 '진리'가 아니고, 하나의 세계관이자 신념체계일 뿐이다. 그것을 헌신적으로 따르는 사람들이 많지만, 유물론을 믿는 건 지적·논리적 필연의 문제가 아니라 이데올로기나 개인적·문화적 습관의 문제다.

은총과
감사

감사에 해당하는 라틴어는 명사 gratia(그라티아)이며, 여기서 grace(은총)이 파생되었다. 이와 밀접하게 연관된 라틴어 gratus(그라투스)는 '기분 좋은pleasing'이라는 의미다. 그리고 이 어근들로부터 graceful(우아한), disgraceful(수치스러운), gracious(정중한), gratification(큰 기쁨), gratuitous(무료의), congratulate(축하하다) 등 다양한 영어 단어가 나왔다.

은총이라는 말에는 몇 가지 의미가 있다. 첫째, 그리스도교 신학에서 은총이란 하느님의 선물, 신이 베푸는 은혜이다. "은총이 가득하신 마리아여Hail, Mary, full of grace"라는 기도에서 마리아는 하느님의 은총에 이르는 경로다. 신의 은총이 그녀를 통해, 그녀의 자궁을 통해 흐르는 것이다.

> 은총이 가득하신 마리아여, 주님께서 당신과 함께하시니
> 여인 중에 복되시며, 태중의 아들 예수님도 복되시나이다.

둘째, 은총grace이란 우아한 동작graceful movement, 우아한 몸가짐graceful manner처럼, 기분 좋은 비율 혹은 행동을 가리킨다. 마찬가지로 그것은 멋진 균형elegant proportion처럼, 마음을 끌어당기는 것과 매력을 의미한다. 그리스신화에서 미의 여신들the Graces, 여신 자매들은 아름다움을 주고, 그들 자신도 매우 아름답다.

셋째, 식사 전 감사기도saying grace처럼, 은총은 감사를 의미하기도 한다. 다른 언어에도 감사를 의미하는 비슷한 말들이 있다. 프랑스어 grace à는 'ㅇㅇㅇ에게 감사하다.'라는 뜻이다. '감사합니다.'는 스페인어로 gracias(그라시아스)이고, 이탈리아어로는 grazie(그라치에)이다.

이 의미들을 통합하는 것은 양쪽으로 흐르는 자유로움이다. 그리고 그 흐름으로부터 우아한 움직임 혹은 우아한 아름다움이 나온다. 감사하는 이와 감사 받는 이는 함께 연결되어 있으며, 성실·사랑·신뢰의 유대 같은 상호관계 안에 있다. 이는 또한 신과, 그를 사랑하고 신뢰하고 그에게 감사하는 사람들의 관계를 신학적

으로 설명하는 것이다. 마찬가지로 그것은 널리 퍼져 있는, 선물과 봉사를 상호 증여하는 인간의 상호작용을 가리킨다. 그런 증여의 상호관계가 가족과 다른 사회집단에서 관계의 바탕이 된다.

이런 상호 관계가 여전히 존재하고, 그것은 조직적인 무역과 돈에 기반을 둔 경제보다 훨씬 오래되었다. 매매 과정은 상호 증여를 정량화하고 체계를 갖추었다. 그런데 매매는 정량화된 규칙을 따르는 반면에 선물·감사를 증여하는 것과 보답으로 증여하는 것은 자발적이다. 그건 더 자유롭고, 더 개인적이고, 덜 기계적이고, 보다 의식적이다. 영spirit(나는 영이란 의식적 삶의 흐름이라고 생각한다)은 우리가 증여할 때와 감사할 때, 우리를 통해 흐른다. 나의 관점에서 영의 흐름은 모든 인간 사회의 근본적 측면이며, 또한 인간이 조상·성인·영·천사·신·여신들 그리고 유대교·그리스도교·이슬람에서 신이라 부르는 궁극 실재와 맺는 관계의 근본적 측면이다.

베스트셀러 저자인 신경학자 올리버 색스Oliver Sacks는 무신론자였고, 젊은 시절 자신의 유대인 가족이 그가 게이인 것을 받아들이지 않았을 때 신에게서 멀어졌다. 사후 2015년에 출간된 그의 마지막 책 《고맙습니다Gratitude》는 자신이 암으로 죽어 가고 있는 걸 알고 있을 때 썼다. 그는 자신의 감정을 이렇게 말했다.

—

나는 두렵지 않은 척할 수 없다. 하지만 주로 느끼는 감정은 감사함이다. 나는 사랑했고 사랑받았다. 많은 것을 받았고 그 보답으로 어떤 것을 주었다…. 무엇보다 나는 이 아름다운 행성 지구에서 사는 지각 있는 존재였고, 그건 그 자체로 대단한 특권이자 모험이었다.

—

우리는 감사할 때 이런 상호적이고 삶을 고양하는 흐름의 일부가 된다. 반면에 감사하지 않으면 우리는 그 흐름에서 분리된다. 일반적으로 그 흐름의 일부일 때가 그렇지 않을 때보다 더 행복하다. 스스로 무신론자라고 여기든 아니든 그것은 마찬가지다.

감사를 수행하면, 인간 세계에서는 우리를 증여와 감사에 보답하는 우아한 흐름과 연결해 주고, 인간이 아닌 자연—식물과 동물계, 생태계, 지구, 태양계, 우리 은하와 전 우주—에서 우리를 생명의 흐름과 연결해 준다. 그리고 열린 마음으로 감사할 때 우리는 감사를 통해 모든 존재와 의식과 형태와 에너지의 근원인 의식에 직접 연결된다. 이를 유대교, 그리스도교, 이슬람에서는 신이라 부르고, 힌두교에서는 삿 – 칫 – 아난다Sat-chit-ananda(존재 – 의식 – 은총)라고 부른다.

감사를
수행하는
두 가지 길

지금 누리는 행복에 감사하라

지금 누리는 행복에 감사하기를 규칙적으로 수행한다. 예를 들어 매일 잠들기 전에 감사한다. 혹은 일주일에 한 번 감사한다. 선조 때부터 무슬림이면 금요일에, 유대인이면 토요일에, 그리스도인이면 일요일에 그렇게 한다. 다른 종교들도 고유의 특별한 날이 있다. 글로 쓰고 목록을 만드는 게 도움이 된다면 그렇게 한다. 자신의 삶과 건강에 대해 감사할 수 있고, 가족에 대해, 선생님과 도움을 준 다른 사람들에 대해, 자신의 언어와 문화, 경제, 교육, 사회에 대해, 식물과 동물에 대해, 여러 형태의 어머니 자연 Mother Nature에 대해, 전 우주에 대해 그리고 모든 존재의 근원에 대해 감사할 수 있다. 이렇게 감사하는 수행은 당신이 받은 것에 당신을 연결해 준다. 더 많이 감사할수록 흐름을 더 많이 느끼게 되고, 당신은 더 많이 주고 싶어진다.

식사 전의 감사기도

우리 집에서는 가족들이 식탁에 앉아 식사하기 전에 서로 손을 잡는다. 이따금 감사 노래도 하고, 한 사람이 감사기도를 하기도 하고, 잠깐 동안 함께 고요히 있기도 한다. 나 혼자일 때는 침묵 속에서 감사드린다. 여러분의 집에서도 늘 식사기도를 하기를 권한다. 가족이나 친구 중 식사기도하는 게 불편한 사람이 있으면, 아무 말 없이 서로 손을 잡고 있기만 해도 좋다. 혹은 누군가가 노래든 말이든 자기 방식대로 감사를 표현할 여지를 제공하는 것도 좋다.

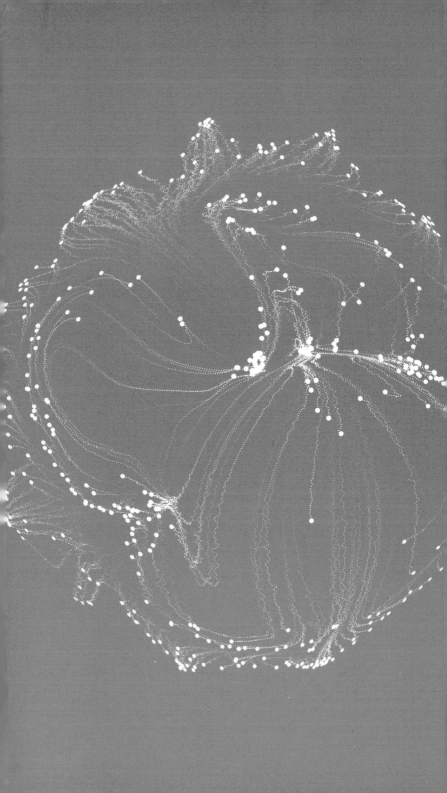

Ⅲ

인간 너머의 세계와 재연결하기

인간과
인간 외의
자연

우리는 자연의 일부이다. 우리는 지구, 태양, 우리 은하와 전 우주 없이 존재할 수 없다. 우리 은하의 역사는 수십억 년이나 되고, 우주의 진화에 기반하고 있다.

또 우리는 우리가 자연으로부터 분리되어 있음을 알고 있다. 사회·경제적 환경, 우리가 물려받은 언어와 문화, 우리가 사는 집과 도시, 우리가 상호작용하는 컴퓨터 스크린, 우리가 타는 운송 수단 등으로 이루어진 인간 세계는 나머지 자연과 구별된다. 분명 우주에는 우리 은하 너머의 수십억 개의 다른 은하를 비롯해서, 인간화된 자연보다 훨씬 더 광대한 인간 외의 자연이 있다.

우리 자신의 종과 나머지 자연을 구분하는 건 우리만이 아니다. 다른 동물 종들도 번식하기 위해 같은 종끼리 서로 인식해야만 한다. 공작 암컷은 짝짓기를 하기 위해, 자신과 다른 모습이지만 공작 수컷을 알아볼 수 있어야만 한다. 그리고 개미집의 개미들, 한 무리의 늑대들처럼 사회적 동물들은 그 집단의 다른 개체들을 알아보고 서로 밀접한 상호작용을 해야 한다. 그 집단은 주변 환경과 끊임없이 상호작용하고 있지만, 나머지 세계로부터 그것을 분리하는 경계가 있다. 그 집단과 그것이 의존하는 더 넓은 세계 사이에는 암시적인 구별이 있다.

인간 외의 자연을 분명히 생각하는 길은 인간 너머의 세계more-than-human world에 관해 생각하는 것이다. 이 구절은 1990년대 문화생태학자 데이비드 에이브럼David Abram이 처음 사용했다. 우리가 여기 존재할 수 있는 것은 오로지 지구, 태양계, 전 우주라는 인간 너머의 세계 덕분이다.

그런데 많은 사람들이 나머지 자연이 인간보다 열등하다고 생각하는 습관에 길든 것은 불행한 일이다. 은하, 행성, 생물 종, 분자, 원자, 아원자 입자는 과학적 이론에 자세히 나타나 있다. 우리는 마치 몸 밖에 있는 마음처럼, 자연을 외부에서 바라보는 것 같다. 학교에서 어린이들은 태양계에 대해 책과 모형으로 배울 뿐이고, 밤에 야외로 나가 실제 행성과 별자리를 관찰하지 않는다. 어린아이들은 유치원에서 살아 있는 동물, 식물과 상호작용할 수도 있지만, 학교에서 학년이 올라가면서 생물학 공부는 점점 더 실제 경험에서 멀어진다. 그리하여 곧 실제 동물과 식물

인간 너머의 세계와 3장
재연결하기

은 잊어버린 채, 교과서에 실린 물리적·화학적 원리에 대한 그림과 DNA 분자 모형, 뇌 스캔과 컴퓨터 모의실험에 초점을 맞춘다.

그래서 살아 있는 생물보다 과학적 모형이 더 중요해 보인다. 그리고 그것은 수학적인 모형으로 설명할 수 있는 물리적 과정에 의존하므로, 곧 수학이 궁극 실재인 것처럼 보인다. 살아 있는 자연은 마음이나 컴퓨터 소프트웨어에만 있는 정신적 추상으로 대체된다. 사실 이런 수학적 모형을 이해하는 것은 수학자, 수학적인 훈련을 받은 과학자, 컴퓨터 프로그래머 등 아주 소수의 인간의 마음뿐이다.

이와 달리 대부분의 사람에게는 인간 너머의 세계와 직접 연결되어 있다는 느낌이 훨씬 더 중요하고, 영적으로 생기를 주는 데 도움이 된다.

매일의
연결

우리 호모 사피엔스Home sapiens는 대략 10만 년 전에 나타난 것으로 여겨지고, 인류와 유인원의 공통 조상에서 진화한 수백만 년 전의 호미닌hominin 종[1]의 후손이다. 호미닌의 장대한 역사 동안 인류의 조상들은 집단생활을 했고, 식물을 채집하고 이따금 동물을 사냥해서 먹고 살았다. 그들은 수렵-채집인이었다.

수렵-채집인들은 동물, 식물, 지구, 하늘, 태양과 달, 강, 바다, 바람, 날씨 등 주변 세계가 살아 있다는 걸 당연하게 여겼다.

---

[1]   원숭이 같은 다른 유인 동물들과는 차별되는 초기 인류.

그들은 모든 것에 영혼이 있다고 믿었다. 그들의 신화는 생명과 자연 세계의 상호연결성, 인간과 인간 아닌 것들 사이의 끊임없는 영혼의 대화를 중요하게 여겼다.

아메리카 인디언 신화는 최초의 영적 실체, 원시 인류가 있었고, 그것으로부터 모든 것이 생성되었다고 여긴다. 인간은 동물에서 생긴 것이 아니라 동물이 인간 같은 존재로부터 생겼다는 것이다. 남아메리카의 인류학자 비베이로스 데 카스트로Viveiros de Castro는 그런 전통적 관점이 여러 면에서 우리 현대인들의 관점과 반대라고 지적한다. 우리는 인류가 동물에서 진화했고, 인간의 문화가 우리의 동물 같은 본성을 통제한다고 생각한다. 인류는 본래 동물이었으므로 '근본은at bottom' 여전히 동물이다. 반면 '아메리카 인디언의 생각으로는, 동물은 본래 인간이었으므로 비록 겉으로는 그렇게 보이지 않아도 여전히 인간임에 틀림없다.' 모든 동물은 내면의 본성은 인간과 같지만 몸은 인간이 아닌 형태이다.

페루 안데스산맥에 사는 캄파Campa족의 신화에서는, 원시 캄파족 사람들이 돌이킬 수 없게 여러 종의 식물과 동물로 변형되었다. 우주의 발달은 근본적으로 다양화의 과정이었고, 근원 물질인 인류로부터 모든 것이 생겨났다. 현재의 캄파족은 선조 캄파족의 후손이지만, 그런 변형을 피한 유일한 사람들이다.

그 반면에 유물론적 관점에서는 전 우주는 의식이 없고, 목적도 의미도 없다. 생물 종들은 유전적으로 프로그램된 기계다. 우리 인류는 맹목적인 물리적 과정의 결과로서 생겼다. 태양계, 행성, 동물과 식물은 물리적·화학적 힘에 의해 움직이는 마음 없는 기계에 불과하다. 인간 아닌 자연에서 마음, 영혼, 심리, 목적을 찾으려는 시도는 인간의 마음을 나머지 자연에 투사한 것일 뿐이다. 원시인과 종교인, 어린이들은 그렇게 한다. 세속적이고, 현대의 과학 교육을 받은 진보적인 사람들은 그런 관점에서 벗어나 더 발전했다. 적어도 그런 관점에서 '벗어나야만' 했다.

이렇게 세계관이 다르면 나머지 자연과 매우 다른 관계를 맺게 된다. 유물론적 철학에서 가정하듯이 자연이 의식이 없고 기계적이라면, 우리의 과학적 이해가 최고의 의식 있는 실재이다. 그리고 우리의 주관적 경험은 뇌 활동의 부산물일 뿐이다.

이와 달리 세속적 인본주의자인 진화생물학자 에드워드 윌슨Edward O. Wilson은 우리의 주관적 경험과 자연 세계 사이에 장벽을 세우는 건 실수라고 주장한다. 그는 인간은 장구한 진화의 역사에서 수렵−채집인이었으므로 본능적으로 동식물과 연결되어야 할 필요가 있다고 생각한다. 그는 이런 자연에 대한 본능적 사랑을 생명애biophilia라고 부른다. 그리스어 bios(비오스)는 '생명'을, philia(필리아)는 '사랑'을 의미한다. "인간이 잠재의식적으로 나머지 생명과 연결되려 하는 것"의 근저에는 인류의 조상에게서 이어받은 생명애가 있다.

현대 산업 문명에서도 많은 사람들이 인간 아닌 자연과 의식적으로 연결되는 것을 경험한다. 위대한 현존, 마음, 존재, 영적 실재, 신과 접촉한 것을 느낀 사람들이 많다.

수천 세대 동안 수렵–채집인이었고 많은 세대 동안 농부였던 인류의 조상에게 동물, 식물, 풍경, 날씨와 매일 접촉하는 것은 삶의 본질적인 측면이었다. 지금은 대부분의 사람이 도시에 살고 있지만, 반려동물을 기르는 집이 많다. 19세기에 대규모 산업화와 도시화가 시작되면서 반려동물을 기르는 사람들이 많아졌다. 반려동물 기르기는 자연과의 친밀함을 상실한 사람들의 애도라고 볼 수 있다. 그리고 스스로 먹거리를 기를 필요가 없는데도 많은 도시인들이 정원이나 주말 농장을 가지고 있고 창가의 화단과 실내의 화분에 식물을 기르고 꽃꽂이를 한다. 소도시와 도시 거주자 수백만 명은 여전히 공원, 숲, 시골을 산책하며 인간 아닌 자연 세계와 연결되고, 바닷가에서 휴일을 보낸다. 야외 운동을 하며 큰 만족감을 얻는 사람들이 많고, 자발적으로 유기농 농원이나 숲에서 일하거나 자연보호 운동에 참여하는 사람도 많다.

인간 너머의
자연에 노출될 때
유익한 점

자연 세계에 노출될 때의 효과는 과학적으로 연구되었다. 그런 연구를 최근 정리한 것에 따르면 "자연은 정신건강을 개선한다. 사람들은 녹색 공간에 쉽게 접근할 수 있을 때 덜 우울하다. 그 유익한 점에는 육체적 운동도 있지만, 그것만이 전부는 아니다. 자연환경에는 사람들을 더 평안하게 해 주는 어떤 것이 있다. 간단히 말해 … 자연 속에 있으면 기분이 좋다."

'삼림욕'에 대한 일본의 연구들에 따르면 숲속을 걸으면 몸과 마음이 차분해지는 효과가 있었다. 혈중 스트레스 호르몬인 코르티솔 양이 감소했고, 면역계의 활성이 증가했다. 요컨대 "숲속에 들어가면 스트레스가 줄어들어서 몸과 마음의 건강이 좋아진다."

스탠포드대학교와 캘리포니아대학교의 최근 연구에서는 피험자들이 무작위로 도시 혹은 자연환경에서 15분 동안 산책했다. 그리고 그들이 산책하기 전후 심리 검사를 했다. 자연에서 산책한 사람들은 산책하기 전보다 산책한 후에 불안이 덜했고 부정적인 반추에 빠지는 게 더 적었다. 반면에 도시에서 산책한 사람들은 산책 전후에 변화가 없었다. 자연에서 산책한 사람들은 작업 기억 working memory도 개선되었다. 간단히 말해, 그들은 더 행복하고 집중을 더 잘했다.

엄격한 과학자들은 주관적 인상만으로는 신뢰하지 않는다. 그들은 뇌에서 무슨 일이 일어나는지 직접 보기를 원한다. 후속 연구에서 스탠포드대학교 연구자들은 각각 도시와 자연에서 산책한 피험자들의 뇌를 정밀 촬영했다. 자연에서 산책한 사람들은 골똘히 생각하는 경향이 감소했다. 그리고 아니나 다를까, 번잡한 도시의 길을 산책한 사람보다 나무가 많은 자연에서 산책한 사람들에게서 골똘히 생각하기와 가장 연관이 깊은 뇌 부위인 슬하전전두피질subgenual prefrontal cortex이 덜 활성화되었다.

19세기에 자연보호운동을 시작한 사람들은 이런 결론을 보고도 그리 놀라지 않았을 것이다. 도시에 공원과 다른 녹색 공간을 마련한, 공공심 있는 운동가들과 통찰력 있는 도시계획자들도 마찬가지였을 것이다. 그들은 야외 여가 활동을 할 공간이 필요하다는 것을 잘 이해한다. 아래에서 그 점을 말하겠다.

그런데 이용 가능한 녹색 공간이 많이 있지만, 최근 영국에서의 조사에 따르면 인구의 60퍼센트는 정해진 주 동안 '자연 가까이에서' 조금도 시간을 보내지 않는다. 이는 공식적인 정부 정책이 '사람들과 자연의 연결을 강화하고, 특히 모든 어린이들이 자연환경 속에서 경험하고 배울 수 있게 한다.'라는 사실과 어긋난다. 이 정책을 시행하는 한 단계로서 정부는 2013년부터 2014년까지 영국 어린이의 야외활동에 대한 대규모 연구를 의뢰했다. 어린이의 88퍼센트가 지난해에 적어도 한 번 '자연환경을 찾아갔고' 70퍼센트가 적어도 일주일에 한 번 찾아갔다. 고소득 가정의 어린이들은 저소득 가정의 어린이들보다 더 많은 시간을 야외에서 보냈다. 당연히, 조사 대상 중 13, 14세의 가장 나이 많은 어린이들이 어른 없이 공원, 놀이터, 운동장에 가장 많이 찾아갔다. 그곳 중 11퍼센트 이상이 지역의 삼림지였고, 10퍼센트는 지역의 강과 호수, 7퍼센트는 지역의 시골이었다. 하지만 약 12퍼센트의 어린이들은 (영국 어린이 중 130만 명) 야외에서 시간을 전혀 보내지 않았다.

미국의 작가 리처드 루브Richard Louv는 어린이와 자연 세계의 단절을 '자연결핍장애Nature-Deficit Disorder'라고 불렀다. 그는 자신의 책 《자연에서 멀어진 아이들Last Child in the Woods: Saving Our Children from Nature-Deficit Disorder》에서 자연과의 연결 결핍을 요즘 어린이들의 주의력결핍장애, 우울증, 비만 같은 경향과 연관 짓는다. 평균적인 8세 어린이들이 가까운 곳의 나무나 동물보다 만화 등장인물을 더 잘 알아보는 것을 발견했다. 전형적인 4학년 어린이는 "전기 콘센트가 있는 실내에서 노는 게 좋아요."라고 말했다.

　루브가 인용한 연구에 따르면, 자연환경을 토대로 한 교육은 어린이들의 문제 해결력과 결정력을 발달시키는 데 도움을 주었다. 어린이들도 더 재미있어 했다. 하지만 불행히도 어린이들을 실내에 머물게 하는 동기가 더 많다. 2016년에 미국의 많은 어린이들은 텔레비전이나 컴퓨터 화면 앞에서 매일 5~7시간을 보냈고, 영국 어린이들은 6시간을 그렇게 했다. 현재 공식적인 지침은 어린이들이 2살이 될 때까지 텔레비전과 컴퓨터를 사용하면 안 된다고 권고하지만, 많은 어린이들이 사용하고 있다. 어린이들과 막 걷기 시작한 아기들은 미지의 영역이다. 텔레비전과 컴퓨터와 사회 매체social media의 인공적 세계가 유례없이 많은 어린이들을 빨아들이고 있다. 이것은 인류의 미래에 대한 광범위하고 통제되지 않은 실험이다.

어린이와
자연의
연결

도시화 및 디지털 매체의 증가와 부모의 염려 때문에 대부분의 어린이들이 이전 세대보다 야외에서 지내는 시간이 줄어들었다. 하지만 의심할 바 없이, 많은 어린이들은 기회가 주어진다면 인간 너머의 세계와 유대감을 느낀다.

진화동물학자 앨리스터 하디 경이 1960년대에 설립한 옥스포드대학교의 '종교 체험 연구소'는 영적 경험을 한 이야기들을 수천 건 수집했다. 이 많은 사례 중 15퍼센트는 어렸을 때 경험한 것부터 이야기를 시작했다. 더 질문하자, 그 이야기를 한 사람들 대부분은 그런 어린 시절의 경험이 이례적으로 믿을 만하고 뜻깊게 느껴졌다고 말했다. 대개가 당시에는 자신의 경험에 대해 교사나 가족들에게 이야기할 수 없었다고 말했다. 한 사람은 "이 내면의 지식은 흥분되고 매우 흥미진진합니다. 하지만 설령 내가 그걸 제대로 표현할 수 있었다고 해도, 아무도 이해하지 못할 것이기 때문에 말하지 않았습니다."라고 말했다.

'종교 체험 연구소'에서 수집한 어린 시절의 경험 중 하나를 소개한다.

-

(어렸을 때) 나는 꽃, 나무, 동물들과 보다 직접적인 관계를 가진 것 같아요. 아직도 기억나는 특별한 일이 있었는데, 붓꽃이 처음 핀 걸 보거나 아침밥 먹기 전에 이슬 덮인 잔디 속에서 데이지꽃을 꺾었을 때 큰 기쁨에 푹 빠졌습니다. 꽃들과 나 사이에 아무런 장애물이 없는 것 같았고, 그건 말로 설명할 수 없는 기쁨의 원천이었습니다.

-

다른 응답자들은 "모든 생명과의 영원한 합일감" "깊고 감당하기 힘들게 큰 감사함" "아침의 아름다움의 일부가 된 것 같은, 끝없는 평화와 안정감"을 느꼈다고 말했다.

그런데 중년이나 노년에 쓴 이런 회상들이 어렸을 때의 경험을 정확히 나타내는 것인가, 아니면 장밋빛으로 물든 안경을 쓴 채 지난 일을 되돌아본 것인가? 영국의 교사 마이클 패퍼드

Michael Paffard는 이 질문에 답하고자, 이와 관련된 경험이 있다고 여기는 10대 학생들에게 설문지에 자연과 연결되어서 기쁘거나 두려움이 일어났던 경험에 대한 이야기를 쓰게 했다. 400명의 학생 중 55퍼센트가 자연-신비적인 것으로 분류할 수 있는 경험을 이야기하려 했다. 그 경험을 말할 때 핵심 단어들은 '기쁜' '고요한' '황홀한' '신성한' '행복이 넘치는' '고양하는' '영원한' '평화로운' 등이었다. 그 학생들이 말한 경험은 훨씬 나이 많은 이들이 회상한 경험과 매우 유사했다.

일부 응답자들은 하늘, 산, 바다, 아무도 살지 않는 곳과 맞닥뜨렸을 때 유쾌함뿐만 아니라 두려움도 느꼈다. 기숙학교에 다니는 16세 소년은 다음과 같이 썼다.

-

나는 드넓은 염습지의 가장자리에 있는 에섹스Essex에 산다. … 가을이면 종종 방파제에 가서 앉아 늪지대를 건너다보며 저녁 시간을 보냈다. 기숙학교에 가 있는 동안 그곳의 외로운 황량함과 자유로움 그리고 그곳이 주는 자연의 힘을 그리워한다. 그곳은 어두워지면 무서울 정도로 황량하고 바닷물이 높아지기 시작해서, 그 자리를 떠나야만 한다. 하지만 나는 늘 그곳으로 돌아가야 한다.

-

119

패퍼드의 연구 중 67퍼센트의 이야기에서 학생들은 그 경험을 할 때 혼자였고, 주로 저녁이나 밤 시간에 경험했다. 그 경험은 대개 일부러 하려 했던 것이 아니라 저절로 일어났다. 일부 소년들은 언덕 꼭대기, 초원, 호수, 숲, 해변 등 영감을 준다고 생각하는 특별한 장소에 자주 갔다.

나는 어릴 때 야외에서 많은 시간을 보냈고, 자연 세계와 강한 유대감을 느꼈으며 소속감을 느꼈다. 그래서 과학 과목을 좋아했고 그중에서도 생물학을 공부하고 싶었다. 나는 과학 공부를 잘했지만, 내가 학교에서 배운 것은 생물의 삶에 대한 직접 경험을 토대로 교육하지 않았다. 실제로 고등학교와 대학교에서 공부한 식물과 동물은 모두 죽어 있었다. 우리는 연구하는 동물들을 죽였다. 예외는 생체 해부 실험을 하는 동물들이었는데, 그것들은 실험 후에 죽었다. 우리는 지렁이, 개구리, 돔발상어, 토끼를 해부했다. 꽃을 해체해서 기관들을 보았다. 현미경으로 생물의 조직을 관찰했다. 과학 연구를 하기 위해 동물을 죽이는 것을 가리켜 '희생시킨다sacrifice'라고 말했다. 글자 그대로 동물들은 과학의 제단 위에서 희생당하고 있었다.

이런 과학은 내가 경험한 것과 거의 관련이 없었다. 나는 자연 세계의 생명에 대한 나의 주관적 느낌을 비과학적인 것으로 여기고 잊어버리려 했지만, 그것은 사라지려 하지 않았다. 나중에 많은 사람들이 어릴 때 자연을 진정 살아 있는 것으로 경험하고, 말하는 동물들이 나오는 옛날이야기와 동화책 덕분에 그런 경험을 쉽게 하게 된다는 것을 알게 되었다. 아이였을 때 나는 어른들이 부추기는 물활론적animistic 세계에서 살았다. 하지만 더 성장하면서 그런 유치한 사고방식을 버려야 한다는 것이 매우 명백해졌다. 동물과 식물이 복잡한 기계 이상이라고 믿는 것과 자연이 살아 있다고 여기는 것은 요정이 있다고 믿는 것과 마찬가지였기 때문이다.

우리의 모든 문화는 종종 어린 시절에 확립되는 자연 세계와의 직접 연결되는 경험과, 과학 및 세속 사회를 지배하는 기계론적 자연관으로 분열되어 있다. 우리는 모두 이런 분열을 물려받았다. 직업·교육·사업·정치의 세계인 공식적인 세계에서는 월요일부터 금요일까지, 아침 9시부터 오후 5시까지, 자연은 기계론적으로 취급된다. 경제 성장을 위해 착취당하는 원자재인 생명 없는 자원으로 여겨지는 것이다. 이와 반대로 비공식적인 개인적 세계에서는, 자연은 도시와 반대인 시골, 무엇보다도 훼손되지 않은 야생으로 여겨진다.

19세기 이래 현재까지도 많은 사람이 필요하다면 자연 자원을 착취해서라도 부자가 되고 싶어 하고, 여유가 생기면 "모든 것에서 벗어날 수 있는" 시골에 땅을 사려 한다. 금요일 저녁이면 서구 세계의 도시 밖으로 향하는 도로는 자연으로 돌아가려는 수백만 명의 사람들이 탄 차로 꽉 막힌다. 그들은 도시를 빠져나가려는 의욕이 가득하다. 그들은 근본적인 욕구를 나타내고 있는 것이다.

자연은
어떻게 신으로부터
분리되었는가

이 분열은 어디서 비롯되었는가?

그 분열의 뿌리 중 하나는 유대인들과 그들이 살았던 성지the Holy Land[현재의 팔레스타인]의 관계에 있다. 팔레스타인에서 유대교 이전의 종교는 남신은 물론 여신도 있는 다신교였고, 유대인들은 나무, 작은 숲, 서 있는 바위, 산, 샘, 강 등 신성한 장소를 많이 알고 있었다. '성지'에서 살았던 초기에 유대인들은 계속 고대의 거룩한 장소에서 예배드렸다. 그런데 예루살렘에 솔로몬 왕의 신전이 세워지면서 변화가 생기기 시작했다. 다른 신을 섬기는 신전들을 억압하고 솔로몬의 신전이 독점하게 하려 했다. 유일신에게는 하나의 중심지만 있었다. 언덕 꼭대기, 거룩한 숲과 그 외의 고대의 성지에서 예배하는 것은 의심받거나 심하면 폭력적인 적대감에 부딪혔다.

유럽에서 그리스도교 이전의 종교는 팔레스타인의 유대교 이전의 종교들처럼 다신교였고, 성스러운 장소가 여러 곳 있었다. 하지만 유대교 예언자와 왕들이 하나의 거룩한 장소에서만 예배 의식을 하려 했던 것과 달리, 그리스도인들은 예배 장소를 독점하려 하지 않았다. 남신과 여신들을 섬겼던 근동과 유럽 사람들은 그리스도교로 개종하는 동안 많은 전통적인 거룩한 장소와 계절마다 열리는 축제를 그리스도화 된 형태로 존속시켰다. 아일랜드와 영국의 켈트Celtic 교회에서는 그 지역의 성인들이 과거의 드루이드교[1]와 새로운 종교[그리스도교] 사이에서 주목할 만한 조화를 이루었다. 예를 들어 성 커스버트St. Cuthbert(634~687)는 신성한 린디스판 섬의 수도원장이었지만 은수자의 삶을 선택했다. 《성 커스버트의 삶과 기적》을 쓴 가경자[2] 베데the Venerable Bede(672~735)에 따르면, 커스버트는 미래에 일어날 많은 일을 예언했고, "다른 곳에서 무슨 일이 일어나고 있는지" 말했다. 또 그는 바다에서 밤 시간을 보냈다. 한 수사는 밤에 몰래 빠져나가 숨어서 커스버트를 지켜보고 나서 이렇게 말했다.

---

[1]   Drudism. 고대 켈트족族의 종교. 영혼의 불멸, 윤회를 믿었다.

[2]   可敬者. 로마가톨릭교회에서, 신앙과 덕행이 뛰어난 사람이 죽었을 때 그에게 내리던 칭호.

—

그는 수도원에서 나가 저 밑에서 흐르고 있는 바다로 내려갔다. 그는 물이 목에 닿을 때까지 바닷물 속으로 걸어 들어가서 신을 찬양하며 밤을 보냈다. 새벽이 가까워 오자 그는 물속에서 나왔고, 무릎을 꿇고 다시 기도하기 시작했다. 그러는 동안 수달 두 마리가 바다에서 나와서 그 앞의 모래에 엎드려 그의 발에 입김을 불어 털로 닦아 주었고, 그 후 그의 축복을 받고 나서 그들의 근본 원소[바다]로 돌아갔다. 커스버트는 제 시간에 수도원으로 돌아가서 다른 형제들과 함께 평소처럼 찬송가를 불렀다.

—

과거 종교의 관습이 교황의 의도적인 정책에 따라 그리스도교에 동화된 경우도 있었다. 그리고 과거의 거룩한 장소에 성인과 연관된 새로운 장소를 더하기도 했다. 성인들이 환상을 본 곳, 살다가 숨진 곳, 그들의 유물이 안치된 곳 등이다. 이 점에 대해서는 7장에서 순례에 대해 말할 때 더 자세히 논의하겠다. 고대 종교의 요소를 그리스도교에 합병하는 것은 로마가톨릭 국가들과 그리스 정교 국가들에서 여전히 명백히 나타난다. 아일랜드의 성스러운 우물, 성스러운 크로프패트릭Croagh Patrick산, 하느님의 성모의 많은 유물 등이 그런 것들이다.

한편, 초기 그리스도교 신학에서 그리고 아리스토텔레스와 성 토마스 아퀴나스에 기반을 둔 중세 정통적 가르침에서, 자연은 살아 있었다. 태양과 행성들, 지구, 식물과 동물은 모두 영혼에 의해 살아 있었다. 살아 있는 하느님은 살아 있는 세계의 근원이었고, 끊임없이 세계와 상호작용 했다. 12세기의 신비가, 작곡가, 수녀원장이었던 빙엔의 성 힐데가르트St. Hildegard of Bingen는 이렇게 말한다.

"'말씀'은 살아 있고, 존재이며, 영이고, 초목으로 뒤덮인 녹지이며, 모든 창조성이다. 이 '말씀'은 모든 피조물에서 자신을 나타낸다."

중세 그리스도교 신학은 애니미즘적이고 하느님의 존재가 자연 존재의 기반이 되었다. 하느님이 자연 속에 있었고 자연이 하느님 안에 있었다. 자연은 살아 있었고, 생명이 없거나 기계적이지 않았다. 유럽의 위대한 대성당을 남겨 준 중세 그리스도교의 하느님은 살아 있는 세계의 하느님이었다.

16세기 종교개혁Protestant Reformation은 신성한 시간과 장소, 자연 세계에 대한 이런 그리스도교의 관계에 근본적인 파열을 일으켰다. 종교개혁가들은 로마가톨릭교회의 부패와 남용을 거부하고 정화된 그리스도교를 정립하고자 했다. 거기에는 개인적 신앙과 참회가 중요했다. 계절별 축제, 순례, 성모에 대한 기도, 성인 숭배는 이교도의 미신이라고 비난받았다. 존 캘빈John Calvin은 이렇게 말했다.

"수녀들은 베스타Vesta 여신을 시중드는 처녀들을 대체했다. 모든 성인의 교회는 판테온^{Pantheon} 신전을 계승했다. 기존 의례를 대체한 의례들은 그전과 그리 다르지 않았다."

그래서 종교개혁가들은 되돌릴 수 없을 정도로 태도의 변화를 일으키려 했다. 자연 세계에 만연한 영적 힘에 대한 전통적 사상을 제거했고, 특히 신성한 장소와 영적인 의미로 채워진 물건들에 깃든 힘을 제거했다. 그들은 종교를 정화하고자 했고, 그러기 위해서는 세상에 대한 환상을 깨뜨려야 했다. 영적 세계는 인간에게만 있다고 여겨졌다. 반면에 신의 법칙이 지배하는 자연 세계는 인간의 의식儀式, 간청, 의례에 응답할 수 없었다. 자연 세계는 영적으로 중립적이거나 무관심했고, 그 자체로 혹은 저절로 영적 힘을 전할 수 없었다.

그러므로 종교개혁은 다음 세기에 과학의 기계론적 혁명이 일어날 기반을 놓았다. 이미 자연의 환상이 깨졌고, 물질세계는 영의 생명으로부터 단절되었다. 우주가 광대한 기계라는 생각은 그런 종교개혁의 신학과 잘 맞았고, 영혼의 세계를 인간의 뇌라는 작은 곳에 한정하는 것도 마찬가지였다. 그 이후로 과학의 영역과 종교의 영역이 분리될 수 있었다. 과학은 인간의 몸을 비롯해 자연 전체를 자신의 영토로 삼았고, 종교는 인간 영혼의 도덕적·영적 측면을 담당했다.

17세기의 과학혁명에 의해 자연은 기계 같고, 의식 없고, 생명 없고, 고유의 목적이 없는 것으로 간주되었다. 세계라는 기계는 맨 처음 하느님에 의해 창조되었고 움직이게 되었지만, 그 다음에는 자동적으로 작동했다. 하느님은 주로 초자연적 세계, 천사의 세계, 영과 인간의 마음에서 자신의 역할을 했다. 하지만 여전히 이따금 자연 세계와도 상호작용을 했는데, 그때는 자연법칙을 잠시 보류하고 기적을 통해 개입했다. 아이작 뉴턴Isaac Newton은 초자연적인 힘이 개입하여 행성의 궤도를 가끔 조정해야 한다고 생각했다.

18세기 말이 되어 천상의 기계론은 더 복잡해졌다. 이론가들은 더 이상 기적이 일어나 기계 장치를 조정할 필요가 없다고 생각했고, 자연의 이치를 이해하는 데 신이 필요하지 않게 되었다. 신의 역할은 점점 더 시간의 시작과 끝에만 한정되었다. 신은 태초에 창조자였고, 종말의 때에 '최후의 심판의 재판관'이었다. 신의 종교적 역할은 주로 도덕적인 것이 되었다.

그에 따라 신은 점점 더 멀어졌다. 18세기가 되자 프랑스의 볼테르Voltaire, 미국의 토머스 제퍼슨Thomas Jefferson과 벤저민 프랭클린Benjamin Franklin같이 영향력 있는 많은 계몽주의 지식인들이 이신론理神論, Deism 3)을 받아들였다. 이신론에서는 신이 멀리 떨어져 있는 것이 명백했다. 신은 최초에 이성적 법칙과 설계에 따라 기계 장치 같은 자연을 창조했지만, 예배와 기도에 응답할 수는 없었다. 신은 그리스도교나 다른 어떤 종교의 정해진 관습의 근거를 제공하지 않았다. 이런 이신론은 무신론에 아주 가까이 있었다. 우주

---

3) 신을 세계의 창조자로 인정하지만 계시나 기적을 부인하는 이성적 종교관.

가 영원하고 더 이상 창조주가 필요 없다고 생각함으로써 남아 있
는 이신론의 신은 잉여가 되었다.

자연에 대한
낭만주의적인
반응

처음에 자연에 대한 기계론적 관점은 축하해야 하는 것으로 묘사되었다. 18세기의 합리주의자들에게 자연은 합리적인 질서 체계였다. 그것은 천체들의 뉴턴 운동에서 가장 명백히 반영되어 나타났다. 자연은 균일하고 균형 잡히고 조화로웠다. 우리는 이성에 의해 자연을 파악할 수 있었고, 자연은 실로 이성과 미학적 판단의 기반이었다.

–

먼저 자연을 따르라. 그리고 너의 판단력을 형성하라,

언제나 올바르고 변함없이 동일한 자연의 기준에 따라서.

오류 없는 자연은 언제나 신성하게 빛나고,

명확하고 불변하는 보편적인 빛이다.

알렉산더 포프Alexander Pope, 1711년

–

하지만 18세기 말에 이르자 사람들은 자연을 거의 반대 관점으로 이해하게 되었다. 이따금 어둡고 불안하게 하는 알 수 없는 존재 양태로부터 힘을 얻은 자연은 불규칙하고 불균형하고 무궁무진하게 다양했다. 영국에서는 이런 변화가 정원 조경술에서 나타났다. 정원사들이 나무를 잘라내고 다듬지 않고 전형적인 야생의 자연을 모방하려 했다. 그런 새로운 양식의 본보기 중 하나는 목가적인 풍경을 그린 회화 작품들이었고, 다른 하나는 중국의 정원 조경술이었다.

황량한 곳을 바라보는 태도 자체도 극적으로 변했다. 우리 선조들에게 숲, 산, 황무지는 위험한 곳이었다. 17세기에 여행자들은 산들이 '끔찍한' '흉측한' '거친' 곳이라고 말했다. 18세기 말까지도 대다수 유럽인들은 야생의 경작하지 않은 황무지를 아주 불쾌하게 여겼다. 1791년 윌리엄 길핀William Gilpin은 "자연의 고르지 못한 산물들보다 인간이 부지런히 경작하는 광경을 더 좋아하지 않는 사람은 거의 없다."고 썼다. 새뮤얼 존슨Samuel Johnson 박사는 대다수 사람과 관점이 같았는데, 스코틀랜드 고지대에 대해 이렇게 말했다. "꽃이 많은 목초지와 바람에 물결치는 농작물에 익숙한 사람의 눈은 그렇게 광대한 절망적인 불모의 땅을 보고 깜짝 놀라서 계속 바라볼 수 없다."

야생의 자연에 대한 새로운 취향은 복잡했고, 문학과 예술 양식에서 영감을 얻었다. 풍경은 그림처럼 보이기 때문에 그림 같이 아름다웠고, 또 아주 멀고 오래된 과거를 이야기하는 로맨스 문학의 가상 세계를 떠오르게 하기 때문에 낭만적이었다.

19세기에 접어들어 야생 자연에 대한 낭만주의적인 취향에 따라 사람들은 인간의 개입을 싫어하게 되었다. 화가 존 컨스터블John Constable은 1822년에 이렇게 썼다. "나는 신사들의 정원을 혐오한다. 그것은 자연이 아니므로 아름답지 않다."

낭만주의적 자연은 혼자일 때 가장 잘 경험할 수 있었고, 황무지의 매력의 일부는 도시와 산업 활동의 번잡스러움에서 멀리 떨어져 있다는 것이었다. 여행이 더 수월해지면서 많은 부유한 영국인들이 야생의 낭만적인 장소에 가는 것을 유례없이 중요한 일로 여기게 되었다. 계관시인 로버트 사우디Robert Southey는 1807년에 이렇게 썼다.

—

최근 30년 동안 그림 같은 풍경에 대한 취향이 갑자기 나타났다. 그리고 이제 사람들은 여름 여행을 필수적이라고 여긴다. … 유행의 한 무리가 해안으로 이동하고, 다른 무리들은 웨일즈의 산으로, 북쪽 지방의 호수로, 스코

틀랜드로 떠나간다. … 그것은 모두 그림 같은 것, 새로
운 과학을 살펴보기 위해서였다. 그것을 위해 새로운 언어
가 형성되었고, 영국인들은 그것으로 인해 자신 안에서 새
로운 의미를 발견했는데, 그것은 확실히 조상들이 소유하
지 않았던 것이다.

–

19세기 중엽이 되자 많은 사람들이 자연에 둘러싸여 혼자 있
는 것이 도시 거주자들의 영적인 재생을 위해 반드시 필요하다
고 생각했다. 개인들과 사회 전체의 건전한 정신을 유지하기 위
해 일부 황무지를 보존해야 한다는 의견이 나왔다.

영국 시인 중 윌리엄 워즈워드William Wordsworth(1770~1850)의 영
향력이 가장 컸다. 어린이들은 신성한 것과 초월적 세계에 마음
을 열고 있지만, 사람들이 그것과의 연결을 상실한 것을 워즈워
드는 자주 비탄했다. 그의 송가 〈어린 시절 추억에서 영혼 불멸
을 암시한다Intimations of Immortality from Recollections of Early Childhood〉는 이렇
게 시작한다.

–

초원과 숲과 시내,
대지와 온갖 평범한 광경이
천상의 빛으로 화려한 옷을 차려입은 듯이

보였던 때가 있었네….

아기 때는 천국이 주위에 펼쳐져 있다!

감옥의 그림자가 자라나는 소년을

덮기 시작한다.

하지만 소년은 그 빛과 그것이 흘러나온 근원을 본다.

그것을 알아보고 기쁨에 젖는다.

매일 동쪽으로부터 먼 곳으로 여행을 떠나야 할

젊은이는 아직도 자연의 사제이기에,

찬란한 환상이

그가 가는 길에 동행한다.

마침내 어른이 되면 그 빛이 잦아들어

흐릿해져 일상의 빛으로 변했음을 지각한다.

─

   유럽처럼 미국에서도 문학과 예술의 영향을 받아 자연에 대한 낭만주의적 시각이 많아졌다. 특히 1873년 출간된 랄프 왈도 에머슨Ralph Waldo Emerson의 에세이집 《자연Nature》이 자연 세계에 대한 인간의 관계에 대한 새로운 통찰을 전하는 데 도움을 주었다. 미국인들은 역사적으로 결정된 그들의 의식을 황무지에 부과하려는 대신, 대지와의 진정하고 생생한 관계를 인식할 수 있었다. 에머슨은 그렇게 자연을 공경하는 태도가 드물다는 것을 깨달았다.

–

사실을 말하자면, 자연을 볼 수 있는 어른은 매우 적다. …
자연을 사랑하는 사람은 내면의 감각과 외부의 감각이 진
정 서로 순응한다. 그리고 성인이 되어서도 어린아이의 정
신을 간직하고 있다. … 숲속에서 인간은 뱀이 허물을 벗
듯이 살아온 세월을 벗어 버리고, 인생의 어느 시기에 있
든 항상 어린이다. 숲속에는 영원한 젊음이 있다. 벌거벗
은 땅 위에서 서 있을 때 … 보편적 존재의 흐름이 나를 통
해 순환하며, 나는 신의 일부 혹은 한 조각이다.

–

1850년대에 이르러 철로가 열리기 시작하고 경제 발전이 가
속화됨에 따라 아직 식민지가 되지 않은 미국 땅에 접근할 수 있
게 되었다. 이제 황무지를 그대로 남겨둘 수 없게 되었다. 에머슨
의 제자 헨리 데이비드 소로우Henry David Thoreau는 인간의 발길이 닿
지 않은 자연이 위협받고 있음을 처음으로 느낀 사람이었다. 그
는 메사추세츠 주의 소도시마다 500에이커의 삼림지를 정해서 영
원히 야생으로 보존할 것을 제안했지만, 그의 뜻은 이루어지지 않
았다. 존 뮤어John Muir(1838~1914)는 에머슨의 뜻을 사랑하고 야생 자
연을 지킨 가장 위대한 인물이었다. 그는 시에라 클럽Sierra Club1)

1)   미국에서 가장 오래된 환경운동 단체.

을 설립했고, 요세미티국립공원을 보호하는 데 앞장섰다. (4장을 보라.)

낭만주의Romanticism의 핵심 특징은 자연을 기계에 은유하기를 거부한 것이었다. 자연은 살아 있고 유기적이며, 죽어 있거나 기계 같지 않았다. 시인 퍼시 셸리Percy Shelley(1792~1822)는 낭만주의 예술가였고, 영성이 아니라 종교에 반대했다. 자연의 살아 있는 힘을 의심하지 않았고 그것을 '우주의 영혼' '완전히 충분한 힘' 혹은 '자연의 영'이라고 불렀다. 그는 동물을 지각 있는 존재로서 존중했기에 선구적인 채식주의 운동가이기도 했다.

또 낭만주의적 이신론자들이 있었는데, 그중에는 진화론의 선도적 개척자도 있었다. 찰스 다윈의 할아버지 에라스무스 다윈Erasmus Darwin은 신이 생명 혹은 자연에 창조적 능력을 허락했고, 그 후부터 그것은 신이 인도하거나 개입할 필요 없이 표현되었다고 생각했다. 그는 1794년 자신의 책 《동물생태학Zoonomia》에서 수사학적으로 질문했다.

위대한 조물주the First Cause가 동물성과 더불어 새로운 부분을 획득할 수 있는 힘을 허락했고, 새로운 성향이 수반되었고, 자극·감각·의지·연관에 의해 지배당하고, 그에 따라 자신의 타고난 활동에 의해 끊임없이 개선하는 기능을 가지고 있고, 그 개선된 점을 세대를 거쳐 후손과 끝없는 세계에 전하는 기능을 가진, 하나의 살아 있는 사상체 filament로부터 모든 온혈동물이 생겼다고 상상하는 건 얼마나 대담한가!

–

에라스무스 다윈에게 살아 있는 존재는 자기 개선적이고, 부모의 노력의 결과가 후손에게 유전되었다. 이와 유사하게 장 바티스트 라마르크Jean-Baptiste Lamarck는 1809년 《동물학Zoological Philosophy》에서 동물들이 환경에 반응하여 새로운 습관을 개발하고, 그렇게 적응한 특성이 후손에게 전해진다고 제안했다. 생명에 내재된 힘이 점점 더 복잡한 유기체를 생성했고, 그것을 진보의 사다리 위로 올라가게 했다는 것이다. 라마르크는 생명의 힘의 근원이 '최고의 저자'라고 여겼다. 그리고 그것은 '우리가 보는 모든 것에 연속해서 존재를 준 사물의 질서'를 창조했다. 그는 에라스무스 다윈처럼 낭만주의적 이신론자였다. 로버트 챔버스Robert Chambers도 마찬가지였는데, 그는 1844년 무명으로 출간해서 베스트셀러가 된 책 《창조의 자연사의 흔적들Vestiges of the Natural History of Creation》에서 점진적인 진화 사상을 대중에게 널리 알렸다. 그는 자연의 모든 것들이 신이 준 '창조의 법칙'의 결과로서 보다 높은 상태를 향해 발전하고 있다고 주장했다. 그의 책은 종교적 관점과 과학적 관점에서 논쟁을 일으켰는데, 라마르크의 이론처럼 신이 설계자의 역할을 해야 하는 필요성을 제거했기 때문에 무신론자들에게 매력적이었다.

이런 여러 세계관을 아래와 같이 정리할 수 있다.

세계관	신	자연	진화
중세 그리스도교	쌍방향적	살아 있는 유기물	부정
초기 기계론	쌍방향적	기계	부정
계몽주의 이신론	창조만	기계	부정
낭만주의적 이신론	창조만	살아 있는 유기물	긍정
낭만주의적 무신론	부재	살아 있는 유기물	긍정
유물론	부재	기계	긍정
범재신론	쌍방향적	살아 있는 유기물	긍정

어떤 이들은 인간 너머의 본성에 대한 경험을 신과 동일시하고, 다른 이들은 그것을 자연과 동일시하며, 또 (나를 포함한) 다른 이들은 자연 안에서 신을 보고 신 안에서 자연을 본다. 이런 세계관을 범재신론panentheism이라 한다.

유물론의
숨겨진
여신들

자연은 여성적이다. 라틴어 natura(나투라)는 '출산birth'을 의미하는 여성 명사이다. 자연을 인격화하면 '어머니 자연Mother Nature'이 된다. '아버지 하느님Father God'에 대해 부정적 이미지를 가진 많은 사람들이 충성의 대상을 '어머니 자연'으로 바꾼다. 그들은 '하느님 아버지'가 아니라 '어머니 대자연the Great Mother'과 교감한다. 한편, 나를 포함한 다른 사람들은 '아버지'와 '어머니' 중 선택할 필요를 느끼지 않는다. 이런 성별화 된 은유를 사용하는 것 자체가 두 가지 모두 필수적임을 암시한다. '아버지'와 '어머니'는 상관관계가 있는 용어이며, 서로 상대방을 필요로 한다.

자연이 모든 생명의 유일한 근원이라면 그리고 생명이 진화했다면, '어머니 자연'은 점점 더 많은 자유와 창조성을 가진 것으로 인정받아야만 했다. 에라스무스의 손자 찰스 다윈은 자연의 창조력에 대한 이런 낭만주의적 관점을 시詩에서 과학 이론으로 바꾸는 데 성공했다. 찰스 다윈도 낭만주의자들처럼 '어머니 자연'을 온갖 종류의 생명들의 근원으로 여겼다. 자연은 엄청난 다산성과 자연 발생적인 변화의 힘과 자연선택의 힘을 통해 생명을 창조할 수 있었으며, 신이 기계를 만드는 것처럼 지적으로 설계할 필요가 없었다. 찰스 다윈은 습관적인 정직함으로 이렇게 말했다.

—

"간략히 말하자면, 나는 때때로 자연선택을 지적인 힘이라고 말한다. … 또한 종종 '자연'이라는 말을 인격화했다. 왜냐하면 그 모호함을 피하기가 매우 어렵다는 걸 알았기 때문이다."

—

그는 독자들에게 그런 표현 방식의 함의는 잊어버리라고 권했다. 우리가 자연을 의인화하는 것이 암시하는 바를 기억한다면, 자연을 그 자궁으로부터 모든 생명이 산출되고 또 모든 생명이 죽어서 돌아가는 '어머니'로 여기게 된다. 자연은 엄청나게 많은 생명을 낳지만, 동시에 잔인하고 끔찍하며 제 자손들을 게걸스럽게 먹어치운다. 다윈은 자연의 놀라운 다산성에 깊은 인상을 받았지만, 자연의 파괴적 측면을 근본적인 창조력으로 만들었다. 죽임으로써 작용하는 자연선택natural selection은 '끊임없이 작용할 준비가 된 힘'이었다. 인도에서 검은 여신 칼리Kali는 '어머니 대자연'이 생명을 파괴하는 이런 측면을 인격화한 것이다.

근대 유물론자들에게 자연 혹은 물질은 모든 것의 근원이다. 모든 생명은 자연으로부터 생겨나고, 또 모든 생명은 자연으로 돌아간다. 실로 유물론이 토대를 두는 matter(물질)이라는 말은 라틴어materia(마테리아)에서 유래했고, 그 말은 '엄마'를 의미하는 말 mater(마테르)에서 나왔다. 자연은 우리를 낳고, 우리를 둘러싸고 수용하며, 영양과 온기를 주고 보호해 주지만 또한 끔찍하고 무신경하고 무자비하기 때문에 우리는 전적으로 자연에게 휘둘린다. 자연은 우리를 집어삼키고 파괴한다. 유물론은 단지 철학적인 이론이 아니며, 그 속에는 '어머니 대자연'에 대한 무의식적인 숭배가 있다.

최근
애니미즘의
재유행

새로운 격변기에 일부 무신론자 철학자들은 자연에 대한 유물론에 도전하고 있다. 유물론은 물질에는 의식이 없으며, 물질만이 실재라고 여긴다. 혹은 보다 일반적으로 말해서, 물리주의physicalism라는 변형된 유물론에서 물리적 세계는 의식이 없고 유일한 실재이다.

이런 전제를 가지고 출발하면, 인간의 의식의 존재는 거의 설명할 수 없다. 뇌 안의 의식 없는 물질이 어떻게 의식을 발생시킬 수 있는가? 현대의 정신철학자들philosophers of mind은 인간의 의식의 존재를 '어려운 문제'라고 한다. 그중 일부는 의식이 아무것도 하지 않는 그림자 같다고 해서, 의식을 뇌 활동의 '부수 현상

epiphenomenon'이라고 묵살한다. 다른 일부는 의식이 존재한다는 것을 부정하거나 환상일 뿐이라고 묵살한다. 반면에 소수는 전통적인 이원론적 관점을 취해서, 물질과 의식을 전혀 다른 것으로 간주하고, 의식은 비물질이고 공간과 시간의 외부에 있다고 여긴다. 하지만 그렇다면, 물질과 의식이 서로 어떻게 관계를 맺고 상호작용하는지 설명해야 하는 문제를 안게 된다.

영국의 철학자 갈렌 스트로슨Galen Strawson과 미국의 철학자 토머스 네이글Thomas Nagel을 비롯한 점점 더 많은 철학자들이 유물론자─이원론자 딜레마에서 빠져나올 수 있는 유일한 길은 범심론이라는 결론에 이르렀다. 범심론汎心論, panpsychism이란 원자와 분자에도 원시적인 정신mentality 혹은 경험이 있다는 사상이다. (그리스어 pan[판]은 '모든'을 의미하고 psyche[사이키]는 '영혼' 혹은 '마음'을 의미한다.) 범심론은 원자도 인간처럼 의식이 있다는 의미가 아니라 원자에 정신 혹은 경험의 어떤 측면이 있다는 것이다. 보다 복잡한 형태의 마음 혹은 경험은 보다 복잡한 체계에서 생겨난다.

그런 철학자들은 탁자나 자동차 같은 모든 물질 대상에 마음, 경험, 목적이 있다고 주장하는 게 아니다. 탁자와 자동차는 스스로 형성되고 조직하고 유지하지 않고, 자신의 목적도 없다. 그것들은 공장에서 사람에 의해 인간의 목적에 쓰이도록 만들어진다. 이와 달리 원자, 분자, 결정체crystals, 세포, 식물, 동물 등 자기조직화 체계self-organizing system, 다시 말해 스스로 형성하고 조직하고 유지하는 체계에만 마음 같은 특성 혹은 경험이 있다. 그리고 그 정신적 측면이 반드시 의식적인 것은 아니다. 어쨌든 우리의 정신 활동도 무의식적인 것이 많다. 그런 이유로 우리는 '무의식적인 마음'이라는 말을 한다.

범심론 철학에 따르면, 자기조직화 체계에서 복잡한 형태의 경험은 저절로 생겨난다. 자기조직화 체계는 물리적(비경험적)이며 동시에 경험적이다. 다시 말해 그것은 경험이 있다.

스트로슨은 말한다. "옛날에 경험적인 동시에 비경험적인 기본 특징을 가진, 상대적으로 조직화되지 않은 물질이 있었다. 그것은 자연선택에 의한 진화를 비롯해 많은 과정을 거치면서, 경험적인 동시에 비경험적인, 점점 복합적인 형태로 조직화되었다."

유물론자들이 전혀 의식 없는 물질로부터 부수 현상 혹은 환상으로서 의식이 생겨난다고 설명하려 하는 것과 달리, 스트로슨과 네이글은 덜 복합적인 경험으로부터 더 복합적인 형태의 경험이 생겨난다고 제안한다. 정도의 차이는 있지만 전혀 다른 부류는 아니라는 것이다.

범심론은 새로운 개념이 아니다. 애니미즘animism의 다른 이름이다. 과거에 대부분의 사람들이 애니미즘을 믿었고, 아직도 많은 사람들이 믿고 있다. 중세 유럽에서 철학자와 신학자들은 세상에는 살아 있는 존재들이 가득 차 있다고 의심 없이 믿었다. 식물과 동물은 영혼을 가지고 있고, 별과 행성들은 지적인 존재가 다스렸다. 하지만 혼란스럽게도, 스트로슨은 범심론을 유물론의 최신판으로 간주한다. 네이글처럼 그는 아직 무신론자이고 물질만이 실재라고 생각하지만, 물질의 정의를 확장하여 물질에 경험 혹은 마음이 포함된다고 한다. 하지만 이렇게 확장된 애니미즘적 유물론은 곧 구식 유물론의 범주를 훨씬 넘어가게 된다.

자연이 살아 있다면, 우주가 기계보다 유기물에 가깝다면, 틀림없이 지구, 태양계, 은하계를 비롯한 모든 차원과 궁극적으로 전 우주에, 마음을 가진 자기조직화 체계가 있을 것이다. 인간 너머의 세계에는 이런 의식의 모든 차원이 포함된다.

우리의 시선을 지구에서 하늘까지 끌어올릴 때, 모든 천체 중 가장 중요한 것은 태양이다. 태양이 지구의 모든 생명을 지탱하고 있기 때문이다. 범심론을 진지하게 고려한다면 필연적으로 새로운 질문이 떠오른다. 태양은 살아 있는가? 태양에 의식이 있는가?

의식이 있는
태양

태양에 의식이 있는지 질문하자마자, 우리는 금방 과학의 금기를 위반하고 있음을 깨닫게 된다. 그 금기란, 우리의 선조들이 믿었던 것을 진지하게 생각하지 않아야 한다는 것이다. 대부분의 인간 역사에서 대부분의 사람이 태양에 의식이 있다고 믿었다. 인디언이나 고대 그리스인에게 태양은 신이었고, 일본인에게는 태양이 여신이었다. 북유럽인도 태양을 여신으로 여겼고, 라트비아와 리투아니아 신화에서는 태양을 여성 명사로 Saule[사울레]라고 했다.

이런 신화적 배경이 태양이라는 말의 성별에 나타나 있다. 게르만어에서 태양은 여성형이고 현대 독일어로 die Sonne이다. 서유럼 신화와 라틴어 기반의 언어에서는 태양은 남성형이고 현대 프랑스어로 le soleil이다. 어린이들은 은연중에 태양에 의식이 있다고 여기고 태양을 웃는 얼굴로 그린다.

현대 유물론의 관점에서 볼 때, 전 세계 사람들이 태양이 살아 있고 신이며 의식이 있다고 생각한다는 사실은, 그 생각을 진지하게 고려할 필요가 없음을 말해 준다. 그것은 유치한 미신일 뿐이고, 애니미즘처럼 인간의 감정을 생명 없는 대상에 투사한 것이다. 어린이들이 그렇게 생각한다는 것은 그 점을 증명해 줄 뿐이다.

그럼에도 20세기 초부터 의식 없는 태양을 숭배하는 광신적 교단이 크게 일어났고, 수십억 달러가 드는 여행 산업의 토대가 되었다. 햇빛이 많이 내리쬐는 해안은 수많은 관광객이 찾는 휴양지가 되었고, 거기에 가는 사람들을 '태양 숭배자'[햇볕 쬐기를 아주 좋아하는 사람]라고 부르기도 한다. 현대인의 삶의 이런 측면은 휴일과 주말에 일어나고, 우리의 문화적 분열의 낭만주의적인 측면이다.

17세기 이래 태양은 의식이 없다는 견해가 과학에서 확립되었다. 철학자 르네 데카르트René Descartes는 물질에는 의식이 없다고 '정의'했다. 그는 의식을 정신의 세계로 분리했고, 그것은 비물질적이라고 정의했다. 비물질적 세계에는 신, 천사, 인간의 마음이 있었다. 태양, 별, 행성, 지구, 모든 동물과 인간의 몸을 비롯한 자연에 있는 다른 모든 것은 기계적이고 의식이 없었다. 정의에 의하면 태양과 다른 별들에는 의식이 없었고, 과학적 관점에 따라 그 후 줄곧 그랬다.

하지만 우주가 기계가 아니라 유기물에 가깝다면, 우리 은하도 그렇고 태양도 그렇다. 태양은 내부와 표면에서 매우 복합적인 양상의 전자기적 활동이 일어나고 있다. 그 활동 양상은 우리 뇌의 전자기적 활동보다 훨씬 더 광대하고 복합적이다. 대다수 과학자들은 우리 뇌 안의 전자기적 활동이 몸과 마음의 접촉면이라고 믿는다. 이와 마찬가지로 태양의 내부와 표면의 복잡한 전자기적 활동 양상은 태양의 몸과 마음의 경계면일 수도 있다.

아마도 태양은 의식이 있고, 마치 뇌의 전기적 활동 양상을 측정할 수 있는 것처럼, 태양의 정신 활동의 물리적 측면을 측정할 수 있을지도 모른다.

나는 태양에 의식이 있다고 증명할 수 없다. 하지만 회의론자들도 태양에 의식이 없음을 증명할 수 없다. 따라서 독단적이지 않은 관점에서 태양에 의식이 있는지 없는지는 미결의 문제다.

이 질문은 다른 질문으로 이어진다. 만일 태양에 의식이 있다면, 왜 다른 별들이라고 의식이 없겠는가? 그리고 별들에 의식이 있다면, 전 은하는 어떨까? 은하는 은하 팔의 플라스마를 통해 거대한 전류가 흐르고 있고, 수백만 광년의 자력선에 연결된 복합적인 전자기 시스템이다. 은하 중심은 마치 은하의 뇌 같고, 별들은 은하의 몸에 있는 세포들과 같다. 태양의 더 제한된 마음보다 훨씬 광대한 은하의 마음이 있을지도 모른다. 그리고 은하의 마음의 거대한 전자기 활동이 나선형의 은하 팔을 통해 뻗어 나가고 있는 것이다.

나는 1997년 하지 때 영국 데번Devon의 헤이즐우드 하우스에서 '태양에 의식이 있는가?'라는 주제의 학술 토론회를 여는 걸 도왔다. 우리는 우주론자cosmologist, 물리학자, 신화 전문가, 인디언 철학자, 심리학자 등 몇 사람을 불렀다. 6월 21일 하지에는 아침 일찍 일어나 일출을 보려고 다트무어Dartmoor 고원에 올랐다. 구름이 많이 끼어 있었고 비가 내리고 있었는데, 갑자기 태양이 구름을 뚫고 나왔고 우리 뒤에 무지개가 아주 선명하게 떠올랐다.

만일 태양에 의식이 있다면, 그것은 무슨 생각을 할까? 어떤 결정을 내릴까? 우리는 한 집단의 결정은 더 넓은 몸인 태양계에 영향을 줄지 모른다고 생각했다. 태양빛은 태양계 전체에 퍼지고, 태양풍도 마찬가지로 퍼진다. 태양으로부터 밖으로 입자의 에너지가 흐르는 것이다. 태양 활동의 변동이 태양풍의 강도를 변화시킨다. 그것은 북극광과 남극광에 영향을 주고, 이온층과 무선 전송을 교란시키고, 번개의 빈도를 바꾼다. 태양 활동의 폭발적인 증가가 지구를 향할 때는 막대한 양의 하전 입자가 쏟아져서, 정전이 일어나고 사람들이 당황해서 어쩔 줄 모를 정도로 모든 전자 제품이 고장 날 수 있다. 미항공우주국NASA은 지구 위 우리 삶에 영향을 주는 태양 활동의 변화를 미리 알 수 있도록 정기적으로 우주 날씨 예보를 하고 있다. 만일 태양에 의식이 있고 그 몸을 통제할 수 있다면, 태양 플레어solar flare[태양 표면의 폭발]와 코로나 질량 분출1)이 언

1) coronal mass ejection, 태양 플레어 중에 태양 표면에서 방출되는 미립자 구름.

제 어디서 일어날지 선택함으로써, 지구 위의 삶을 포함한 전 태양계를 조절할 수 있을 것이다. 태양이 원한다면, 지구를 향해 그것을 분출하여 대규모 정전을 일으켜 전자 기기들을 꺼 버릴 수 있을 것이다. 우리는 영국국립전력망British National Grid 같은 장거리 전력 전송 체계를 세웠다. 그것은 이런 태양파의 변동solar pulse을 감지하는 안테나처럼 작동할 수 있다. 태양 활동의 큰 변동은 변압기들을 녹여 버리고 모든 지역의 전력망을 차단할 수 있다. 그것을 수리하려면 몇 개월이 소요될 것이다. 또 태양은 11년 주기로 태양 흑점의 활동이 오르내리고 태양의 자극磁極, magnetic pole이 역전되는 영향을 포함해서, 지구의 생명을 더 미묘하게 조절한다.

또 태양은 동료인 우리 은하, 은하수 안의 다른 별들을 염려할지도 모른다. 우리는 별들 사이의 의사소통 혹은 전 은하가 별들을 조율하는 것에 대해 거의 아무것도 모른다. 하지만 그것은 태양의 의식이 작동할 것 같은 또 하나의 영역이다.

우리는 태양이 어떤 수준의 의식을 가지고 있는지 모른다. 태양의 의식은 태양의 몸의 기능에만 관련되는가? 아니면 우리가 지금 하고 있는 것을 비롯해서 태양계에서 일어나고 있는 것을 아는 마음과 같은가? 아마도 태양은 전자기장을 통해 지구에서 일어나는 일을 직접 느낄 수 있을 것이다. 라디오와 텔레비전 전파, 스마트폰과 컴퓨터, 뇌와 온몸의 전기적 변화는 모두 지구의 전자기장 안에 있고, 다시 그것은 지구에서 일어나는 모든 것을 둘러싸고 있는 장인 태양의 전자기장 안에 있다. 만일 태양의 마음이 그 장을 통해 그 안에서 일어나는 것을 감지할 수 있다면, 지구는 물론 태양계 안의 어디서든 일어나는 일을 알 수 있을 것이다.

우리는 태양과 의사소통할 수 있는가? 분명히 많은 사람들이 태양을, 그 자체로 혹은 신의 빛에 이르는 통로로서 혹은 두 경우 모두로서 숭배하고 공물을 바치고 태양에게 기도한다.

요가에 '수르야 나마스카르surya namaskar', 즉 태양에 인사하기 자세가 있다. 나는 40년 넘게 아침마다 이 요가를 했고, 그래서 태양에 관심이 많기도 하다. 태양과 관련된 또 하나의 인도 수행은 나도 가끔 하는 가야트리Gayatri 만트라다. 이것은 신성한 태양빛이 우리의 명상을 비춰 주기를 기도하는 것이다.

수행의 관점에서 태양빛은 태양과 다른 모든 별들을 통해 빛나는 영Spirit의 빛이다. 일몰과 일출 그리고 빛을 흡수하는 장막을 통해 볼 때를 제외하면, 태양빛은 우리를 눈부시게 하고 압도한다. 성 안셀무스St. Anselm(1033~1109?)를 비롯한 많은 영성 작가들에 따르면, 태양은 하느님 같고 하느님은 태양 같다.

-

오, 주님, 진실로 그것은 우리가 다가갈 수 없고 당신이 거하시는 빛입니다. 진실로 다른 어느 것도 그 빛을 꿰뚫을 수 없으며, 당신을 거기서 볼 수 있기 때문입니다. … 그 빛이 너무나 밝게 빛나서 나의 이해는 그것에 이를 수 없습니다. 나의 이해는 그 빛을 이해하지 못하고, 나의 영혼의 눈은 그 빛을 오래 응시하는 걸 견딜 수 없습니다. 나의 영혼은 그 빛의 밝음에 눈부시고, 위대함에 압도당하며, 무한성에 꼼짝 못 하고, 거대함에 감탄합니다.

–

새로운 상황 -
자연관의
광대한 확장

우리는 유례없는 상황 속에 있다. 기계론적 과학의 우주로부터 신, 의식, 목적이 물러난 것과 더불어, 거대 하드론 충돌기Large Hadron Collider 내부에 무한소의 아원자 입자가 순식간에 나타났다 사라지는 것, 130억 년 이상 진화해 온 우주에서 우리 은하 너머 수조 개의 은하들을 발견한 데 이르기까지, 시공간에서 우리의 자연관은 광대하게 확장되었다. 이제 범심론의 재등장에 의해, 이렇게 광대하게 확장된 우주가 새로운 삶과 새로운 의미를 띨 수 있다. 인간 아닌 자연을 직접 경험하게 되면, 다시 우리는 제한된 자신을 넘어서 '인간 너머의 세계' 및 그 밑바탕을 이루는 '인간 너머의 의식'과 직접 연결될 수 있다.

하지만 멀리 떨어진 은하 혹은 초미세의 세계에 도달하기 전에, 가까운 집에서 시작하는 편이 가장 좋다.

인간 너머의
자연과
재연결하는 수행

앉는 자리 마련하기

야외에 혼자 조용히 방해받지 않고 앉아 있을 수 있는 장소를 찾는다. 숲이나 목초지, 강변 가까이 살면 그런 곳에서 앉을 자리를 찾는다. 혹은 정원이나 지붕 위 등, 사는 곳에서 가장 가까운 곳에서 앉을 자리를 찾는다. 앉는 자리를 가까운 곳에서 찾지 못하면 자주 그곳에 가서 시간을 보내는 게 매우 힘들기 때문이다.

이 수행은 단순하다. 그냥 거기에 있는 것이다. 밤과 낮 시간에 따라, 그날그날의 날씨에 따라, 계절마다 그 자리가 달라지는 걸 알아 간다. 주위 사방을 알아차리고, 태양이 하늘에서 움직이는 경로를 알아차린다. 거기서 자라는 식물과 그곳에 사는 동물과 그곳을 지나는 동물을 알아 간다. 바람 소리를 듣는다. 새소리를 듣고, 그것으로 어떤 새인지 알아내는 법을 배운다.

도보 여행가 존 영John Young은 우리가 20분가량 조용히 앉아 있으면 주변의 동물들이 우리에게 익숙해지고 불안하게 바라보지 않을 것이라고 말한다. 그러면 우리는 그 동물들, 특히 새의 경고 신호를 알아차릴 수 있게 될 것이다.

정원에 있으면 가까운 데서 고양이가 걷고 있다고 새소리가 경고할 것이다. 숲에서는 새소리가 사람이나 다른 동물이 움직이는 때와 장소를 알려 줄 것이다.

당신이 있는 곳에서 생명을 경험함으로써 당신은 자신의 생명을 인간 너머의 세계와 연결할 것이고, 곧 더 큰 유대감과 소속감을 느낄 것이다.

태양 의식하기

아침에 태양에게 인사하라. 날씨가 좋지 못한 날에는 구름 뒤에 숨겨진 태양을 돌아보라. 집에서 동쪽을 볼 수 없으면, 햇빛이 태양으로부터 와서 창문을 통해 들어온 것을 알아보라.

낮에 여유 시간이 생기면 태양을 향한다. 태양을 똑바로 보지는 말라. 하지만 일출이나 일몰 때 태양이 너무 눈부시지 않을 때는 태양을 똑바로 보고 햇빛과, 그것을 통해 빛나는 모든 빛의 근원에 대해 감사하라. 태양의 신성한 광휘가 당신의 명상을 비추어 주기를 요청하라.

IV
—

식물과 관계 맺기

약초의이자 약사였던 우리 아버지는 내게 다양한 식물을 알려 주었다. 어릴 때 내가 처음 한 일은 약초의 무게를 재고 상자에 담는 것이었다. 아버지 덕분에 나는 어릴 때 대부분의 나무 이름을 알았고 흔한 야생화를 알아볼 수 있었다.

게다가 나는 운이 좋아서 비밀 정원을 두 개나 갖고 있었다. 첫째 비밀 정원은 아주 어릴 때 생겼다. 고향인 노팅엄셔 주의 뉴어크온트렌트의 중심가 부근에 담으로 둘러싸인 곳이 있었고, 그 안에 정원이 여섯 개쯤 있었다. 우리는 그중 하나를 빌렸는데, 거리 쪽은 높은 돌담이었고 반대편은 키 크고 우거진 생울타리였다. 정원 안에 과수원이 있어서 사과, 배, 자두를 수확했다. 또 산딸기와 구스베리, 채소밭과 화단이 있었다. 원형 레일 위에 베란다가 달린 회전 나무 정자가 있어서, 그것을 돌리면 태양을 향하게 할 수 있었다. 그 정원은 봄과 여름에 나비와 새소리가 가득했다. 그리고 집에 딸린 정원과 달리 그 비밀 정원은 집에 대한 고려를 할 필요가 없었다. 걸어서 몇 분밖에 안 걸릴 정도로 가까웠지만, 하나의 다른 세계였다.

나는 아버지, 형과 함께 그리고 나중에는 혼자 거기서 많은 시간을 보냈다. 나는 정원에서 일하고, 놀고, 식물을 보고, 새들을 지켜보고, 책을 읽고, 공상에 잠겼다. 거기 있는 게 행복하다고 느낄 때가 많았다. 그런데 근처 학교의 운동장으로 그 땅이 필요하게 되었다. 그래서 정원은 깎은 잔디로 바뀌었고 철망 울타리로 둘러싸였다.

그 후 얼마 안 되어 대고모가 돌아가시면서 우리에게 뉴어크 Newark에 있는 집을 물려주셨다. 그것은 100미터 남짓 되는 곳에 분리된 정원이 딸린 집이었다. 그 정원도 한 쪽은 높은 돌담이고 나머지 세 면은 울타리와 생울타리로 둘러싸여 있었다. 이전 정원보다 더 넓은 그 정원은 2,000제곱미터(600평)쯤 되었고 매우 고요했다. 거기에는 과수원, 열매가 열리는 관목, 채소밭, 화단이 있었고 테니스와 크로켓croquet을 하고 놀았던 잔디밭이 있었다.

나는 그 정원에서 지내는 걸 무척 좋아했다. 또 뉴어크 부근 시골의 숲속과 냇물과 연못 옆에서 자전거를 타고 마음껏 다니며 많은 시간을 보냈다. 내 친구들과 나는 요즘 아이들이 누리지 못하는 자유를 만끽했다.

내가 말했듯이, 나는 늘 식물과 친밀한 유대감을 느꼈다. 고등학교에서 과학을 공부했고, 케임브리지대학교에서 식물학과 생화학을 공부했으며, 대학 식물학상을 받았다. 케임브리지대학교에서 10년 동안 식물 발달을 연구했다. 말레이시아대학교의 식물학과에 근무할 때는 열대우림 식물을 연구했다. 1974년부터 1985년까지는 인도의 국제농업연구소, 하이데라바드 부근에 있는 국제반건조열대작물연구소에서 선임 식물생리학자로 일했다. 또 나는 정원을 가꾼다. 그리고 식물에 대한 수십 편의 과학 논문을 썼다. 여기 4장에서는 꽃과 나무에 대해서만 논의하겠다.

식물과 관계 맺는 것은 수백만 년에 걸친 진화와 문화의 역사에 근거를 둔, 인간에게 몹시 강한 욕구인 것 같다. 대개 식물에서 식량을 얻거나 식물을 돌보는 것은 초월적인 일이 아니라 실제적이고 평범한 일이다. 하지만 식물은 다른 존재를 향한 문을 열어 줄 수 있다. 식물의 아름다움은 자연 세계의 풍부함과 다양성에 우리를 연결해 주고, 생명의 창조성을 상기시켜 준다. 원한다면 우리는 이 모든 것이 무의식적인 진화 기제일 뿐이라고 확신하려 노력할 수 있다. 하지만 식물의 형태를 직접 경험하면 생각의 영역 너머에 있는 인간 너머의 세계와 직접 연결될 수 있다.

꽃은 인류가 출현하기 전에 1억 년 동안 진화했다. 처음으로 꽃의 아름다움을 알아본 것은 곤충들이었다. 그런데 이런 미적 감각은 자연선택의 힘에 대한 무의식적이고 기계적인 적응이 단순 신경계에 일어난 것인가? 아니면 자연 세계에 충만하고 또 그것을 초월하는 동물의 마음과 꽃이 아름다움의 근원에 접근하고 있는 것인가?

꽃

사람들은 대개 꽃을 좋아하고, 수천 년 동안 많은 문화에서 신과 여신들, 하느님도 꽃을 좋아한다고 여겼다.

이집트의 룩소르Luxor에 있는 많은 신전 기둥들은 연꽃 조각으로 덮여 있다. 십계명에서 조각된 상을 만들지 말라고 금지했지만, 솔로몬 신전은 식물과 꽃을 새긴 조각들로 장식되었다. "그는 성전의 온벽을 돌아가며 천사의 형상과 종려나무와 활짝 핀 꽃 모양을 새겨 놓았다."(열왕기상 6:29) 이와 마찬가지로 이슬람 예술에서는 형상을 금지했지만, 꽃은 상관없었기 때문에 많은 모스크mosque[이슬람 사원], 묘지, 다른 신성한 건물들은 꽃의 형상으로 장식되어 있다. 타지마할Taj Mahal도 그런 건물이다.

많은 불교 사원에는 연꽃 문양이 있고, 붓다는 연꽃 위에 앉아 있는 모습으로 많이 그려져 있다. 연꽃과 다른 꽃들은 불교 사원에 공물로 바쳐졌다. 힌두교인들은 신전에서 신과 여신을 숭배하는 의미로 꽃을 바친다. 그리스도교 교회는 자주 꽃으로 장식된다. 영국의 마을 교회 현관에 걸린 공고문에서 가장 눈에 띄는 것은 주일마다 교회에 꽃을 가져다 장식할 사람이 누군지 알려주는 '꽃 당번표Flower Rota'다.

예수는 산상수훈에서 이렇게 말했다. "들의 백합화가 어떻게 자라는가 살펴보라. 수고도 하지 않고, 길쌈도 하지 않는다. 그러나 내가 너희에게 말한다. 온갖 영화로 차려 입은 솔로몬도 이 꽃 하나와 같이 잘 입지는 못하였다."(마태복음 6:28-29) 이 말씀은 하느님을 신뢰하면 내일 무슨 일이 일어날지 걱정하지 않고 현재를 살 수 있다는 말씀들 사이에 있다.

학자 대부분은 예수가 백합뿐만 아니라 모든 야생화를 말한 것이라는 데 동의한다. 요점은, 수백만 년 동안 그래 왔듯이 야생화가 혼자 스스로 자란다는 것이다. 반면에 정원의 꽃들은 대개 식물 육종의 결과다. 그 꽃들은 야생화 조상 안에 있던 숨겨진 잠재력을 드러낸다. 정원의 꽃은 대체로 선조보다 화려하지만, 인간이 선택해서 나온 것이고, 재배하려면 인간의 활동이 필요하다. 예수의 시대에도 농작물, 무화과나무, 포도덩굴은 이미 수천 년에 걸쳐 인간이 선택하고 재배한 결과였다.

야생화에 관심을 기울일 때의 이점 하나는 즉시 우리를 '수고

하고 길쌈하며' 일하는 인간 세계 밖으로 데려간다는 것이다. 인간이 재배하는 꽃들은 그렇지 않다. 나는 정원에서 일할 때 정원에 핀 꽃들의 아름다움에 대단히 감사하고, 그것을 돌보며 많은 시간을 보낸다. 하지만 나는 야생화를 바라보는 데 몰두하게 되는 것이 더 쉽다는 걸 안다. 왜냐하면 정원에 있으면 잡초 뽑기 같은 할 일이 금방 눈에 띄기 때문이다. 잡초는 있으면 안 되는 곳에 있는 식물인 반면, 야생화는 있어야 할 곳에 있고 내가 어떤 일을 해야만 한다는 생각이 들게 하지 않는다.

꽃에 관심을 기울이는 것은 아무것도 하지 않은 채 그저 꽃을 보기만 하는 것이 아니다. 그것은 꽃에 대해 뭔가를 아는 데 도움이 된다. 꽃에 관심을 기울이기 시작하면, 각 종마다 다른 종류의 꽃이 있음을 알게 된다. 스웨덴의 박물학자 칼 린네Carl Linnaeus가 18세기에 근대 식물 분류의 토대를 마련했을 때, 그는 식물을 꽃에 따라 과科, family로 분류할 수 있다는 걸 깨달았다. 그는 식물을 소위 '자웅 분류법sexual system'에 따라 분류했다. 꽃에는 식물의 생식기가 있기 때문이다. 그것은 꽃가루를 생산하는 수술의 꽃밥anther과 씨가 들어 있는 암술의 심피carpel이다. 이런 생식기 주위에 꽃잎과 꽃받침이 있다. 자웅 분류법을 처음 대하면 좀 당황스러운데, 겉모습이 매우 다른 식물들을 같은 과로 분류하기 때문이다. 예를 들어 완두콩과 강낭콩이 속한 콩과 식물pea and bean family, Leguminosae 혹은 Fabaceae에는 여러 가지 모양의 잎을 가지고 있고 형태와 크기가 매우 다양한 식물들이 포함된다. 콩과 식물에는 병아리콩 같은 1년생 초본 식물, 깍지콩 같은 덩굴 식물, 나무콩pigeon pea 같은 관목, 나도싸리laburnums와 아카시아 같은 교목喬木, tree이 있는데, 모두 유사한 꽃이 피고 꼬투리 속에 씨를 만든다.

꽃의 구조는 몇 가지 기본 분류로 나뉜다.

외떡잎식물monocotyledon, 줄여서 monocot이라는 큰 식물 집단에는 볏과 식물grasses, 대나무, 야자나무, 난초, 백합, 히아신스, 블루벨, 붓꽃이 포함된다. 이들은 매우 다르게 생겼지만, 그 꽃들은 기본적으로 3겹 양상이고, 꽃잎이 3개 혹은 3의 배수이다. 예를 들어 백합은 꽃잎이 3의 2배수인 6개이다.

꽃식물의 나머지 주요 집단은 쌍떡잎식물dicotyledon 혹은 dicot이라고 한다. 이 중 양배추과, 즉 십자화과Cruciferae 혹은 Brassicaceae 식물은 꽃잎이 기본적으로 4의 배수이며, 꽃무wallflower, 겨자, 양배추가 속한다. 쌍떡잎식물 중 장미과Rosaceae같이 기본적으로 5배수 꽃잎을 가지고 있는 것은 사과, 딸기, 검은딸기 등이다. 그리고 어느 과의 쌍떡잎식물은 데이지와 해바라기가 속한 국화과Compositae 혹은 Asteraceae처럼 많은 작은 꽃들이 합성되어 메타꽃meta-flower를 이룬다.

다행히 식물원에서 관찰해 보면, 누구든 한 과의 식물들에서 다양한 형태를 알아보기 쉽고, 또 같은 과 식물들의 유사한 점을 알 수 있다. 식물원들은 대개 소위 '과에 따라 분류한 화단systemic bed'을 갖추고 있다. 같은 과이면서 다른 종인 식물들을 함께 모아 놓은 것이다. 한 화단에 콩과 식물들이 모여 있고, 다른 화단에는 작약과Paeoniaceae 식물들이, 또 다른 화단에는 범의귓과Saxifragaceae 식물들이 함께 심어져 있다. 이 화단들은 사람이 재배한 것이지만, 거기 심어져 있는 식물들은 대부분 야생에서 채집한 것이다. 나는 런던 서부의 큐왕립식물원, 케임브리지대학교식물원과 옥스포드대학교식물원 등 좋아하는 식물원에서 이런 식물들을 바라보면서 많은 시간을 보냈다.

찰스 다윈은 《종의 기원》에서 이렇게 말했다.

-

만일 인간을 기쁘게 해 주기 위해서만 아름다운 사물이 창조되었다면, 지구 표면 위에 인간이 등장한 후보다 인간이 나타나기 전에 아름다운 사물들이 더 적었음을 증명해야만 한다. … 꽃은 자연의 산물 중 가장 아름다운 것에 속한다. 그런데 꽃은 푸른 잎과 대비되어 눈에 잘 띄었고 동시에 아름다웠기 때문에, 곤충들이 잘 볼 수 있었다. 꽃이 바람에 의해 수정되면 결코 화려한 색채의 꽃부리가 생기지 않는다는 것이 불변의 법칙임을 발견함으로써 나는 이런 결론에 이르렀다. ⋯ 그러므로 만약 지구 표면에 곤충들이 생겨나지 않았다면, 식물들은 아름다운 꽃으로 장식되지 않았을 것이고, 전나무, 떡갈나무, 개암나무, 물푸레나무의 꽃이나 볏과 식물, 시금치, 소루쟁이, 쐐기풀의 꽃처럼 바람의 작용에 의해 수정되어서 별로 아름답지 않은 꽃만을 피웠을 것임에 틀림없다는 결론을 내릴 수 있다.

-

다윈이 분명히 옳았다. 꽃은 그 역사의 대부분 동안 인류와 아무 관련이 없었다. 꽃은 적어도 1억 년 전 공룡이 살았던 시대에 처음 진화했다. 꽃은 곤충과 다른 동물들이 그것을 보기를 좋아했기 때문에 진화했음에 틀림없다. 꽃의 아름다움은 동물의 눈에 의존하며, 이는 분명히 동물이 색과 형태를 알아보는 능력을 가지고 있었다는 의미다. 동물은 미적 감각을 가지고 있었음에 틀림없다. 그렇지 않다면 어떻게 꽃의 진화를 설명할 수 있겠는가?

미적 감각의
진화

동물의 미적 감각은 무엇보다도 같은 종의 다른 동물과의 관계에서 진화했다는 것이 타당하다. 대부분의 동물 종은 꽃에 관심을 보이지 않으며, 가장 미적 관심의 초점이 되는 것은 같은 종의 반대 성을 가진 동물이다. 공작을 생각해 보자. 공작의 꼬리는 인간이 지구에 생겨나기 훨씬 전에 진화했다. 공작의 꼬리가 존재하는 이유는 암컷이 그것을 아름답게 여기며, 수컷 공작이 짝짓기를 위해 경쟁하기 때문이다. 인도에 살 때 나는 개 한 마리가 공작을 자꾸 쫓아다니는 걸 보았다. 그 공작은 도망갔고 느릿느릿 날았고, 며칠 동안 간신히 피할 수 있었을 뿐이다. 그러다 어느 날 개가 공작의 꼬리 깃털을 한 입 물었다. 이렇게 공작의 꼬리는 개나 다른 포식자로부터 도망갈 때 거추장스럽지만, 짝짓기 할 암공작을 유혹할 때는 제 역할을 한다.

다윈은 이런 현상을 '자웅 도태sexual selection'라고 했고, 공리주의적인 용어로 그것을 설명했다.

-

화려한 조류, 어류, 파충류, 포유류와 장엄한 색채의 나비류처럼 상당히 많은 수컷 동물들이 아름다움 자체를 위해 아름다워졌음을 나는 기꺼이 인정한다. 하지만 이는 사람들을 기쁘게 하기 위해서가 아니라 자웅 도태의 영향이다. 즉 암컷이 끊임없이 더 아름다운 수컷을 선호했기 때문이다.

-

하지만 다윈의 진화론은 생존 가치를 설명할지 몰라도 미적 감각 자체는 설명하지 못한다.

인간이 다른 많은 동물 종들과 공유하는 이런 미적 감각은 무엇인가? 그것은 어디에서 생겼는가? 당신을 만족시키는 대답은 출발점이 어디인가에 달려 있다.

당신이 유물론자라면 우주에는 의식이 없다고 여긴다. 우주에는 목적이 없고, 동물의 뇌 안의 신경 기제를 제외하면 아름다움을 알아보는 주체도 없다. 꿀벌과 나비의 경우에는 뇌가 무척 작다.

이것은 이어서 속성의 진화라는 문제를 제기한다. 색채, 형태, 냄새에 대한 동물의 반응은 단지 무작위적인 유전자 변이와 자연 선택의 결과일 뿐인가? 결국 감각 자극에 끌리거나 거부감을 느끼는 것은 그저 유전적으로 프로그램된 신경 기제의 결과일 뿐인가? 유물론자들은 이런 질문에 '그렇다.'라고 대답한다.

반면 의식이 자연에 본래 갖추어져 있다고 믿는 사람은 생각의 출발점이 다르다. 범심론의 관점으로는, 곤충과 다른 동물들은 아름다움을 알아차리며 아름다움을 감상할 수 있는 마음을 가지고 있다. 인간의 마음은 동물의 왕국에 만연해 있는 미적 감각을 공유하며, 다른 동물들의 관심을 끄는 형태와 색은 인간의 관심도 끈다. 다윈이 말했듯이, 꽃과 많은 동물들은 아름다움 자체를 위해 아름답다. 그렇다면 아름다움의 목적은 무엇인가?

아름다움의 근원은 자연에만 있는가, 아니면 자연을 초월하는가? 시간과 공간 너머에 초월적 마음이 있는가? 그리스 철학자 플라톤에게서 영감을 받은 전통에서는, 이런 궁극 실재에 진리, 선, 아름다움의 원형적 근원이 들어 있었다. 자연의 아름다움은 그 초월적 마음, 모든 형상의 궁극적 근원에서 생겨났다. 그리스도교 신학에서 그 초월적 마음은 하느님의 마음이다. 로마가톨릭교회의 교리문답서에 따르면 "진리, 아름다움, 선 등 피조물의 다면적인 완전함은 하느님의 무한하신 완전함을 반영한다."

비단 로마가톨릭교회뿐만 아니라 대부분의, 아마도 모든 종교 전통에서 동물의 마음과 인간의 마음은 궁극적으로 우주의 밑바탕에 있는 의식에서 생겨나며, 모든 자연에 존재한다. 한 마리 곤충의 마음은 궁극적으로 모든 의식의 근원에서 생겨나며, 매우 다른 방식이지만 우리 인간의 마음도 마찬가지다. 전 자연은 만물의 밑바탕에 있는 창조적 마음이 반영된 것이다. 이는 전통적인 그리스도교의 관점이고, 전통적인 이슬람교의 관점이며, 전통적인 힌두교의 관점이다. 녹색 같은 색채, 라벤더향 같은 냄새 등 우리가 경험하는 모든 속성은 신의 마음에 존재한다. 우리는 신이 그런 속성을 경험하는 데 참여하는 것이다.

신비가이자 신학자이고 1093년부터 1109년까지 캔터베리 대주교였던 성 안셀무스는 하느님이 "그보다 위대한 것을 상상할 수 없는 분"이라고 생각했다. 하느님 안에 우리가 생각할 수 있는 모든 가능성이 담겨 있다. 장미의 향기를 경험할 수 없는 하느님은 장미의 향기를 경험할 수 있는 하느님보다 못하다. 하느님 안에 장미 향기, 인간과 다른 동물들이 경험하는 모든 색과 형태와 다른 속성이 들어 있다. 모든 속성은 하느님의 마음 안에 있다.

이렇게 생각할 때, 곤충의 마음을 비롯한 동물의 마음은 꽃의 아름다움의 밑바탕이 되는 근거이며, 신의 존재에 참여한다. 그래서 동물의 마음은 꽃의 아름다움을 낳는 것을 돕는다. 동물의 마음과 미적 감각은 진·선·미의 궁극적 근원인 신의 본성에 참여한다. 일부 기계론적 신학자들이 제안하는 것과 달리, 신은 분리된 기계적인 세계를 창조하는 기술자와 같지 않다. 신은 자연의 세계 안에 있고, 그 모든 부분 안에 있다. 그리고 자연의 세계는 신 안에 있으며, 신의 존재와 의식에 참여한다.

"들의 백합화를 살펴보라."고 했을 때 예수는 야생화를 통해 나타나는 신의 현존 속에 살라고 우리를 초대한 것이다. 야생화를 살펴보면 자연에 있는 하느님, 하느님 안에 있는 자연을 직접 경험할 수 있기 때문이다.

신성한
숲과
국립공원

사람들이 정원을 가꾸기 오래전부터 신성한 숲sacred grove은 최초의 낙원의 속성들을 간직하고 있었다. 그것은 아직도 세계 여러 곳에 남아 있다. 인간이 거주하거나 농사를 짓기 위해 땅을 일구었을 때, 일부 땅은 인간의 손길이 닿지 않은 채 남았고 야생 생물의 성역으로, 또 영과 신과 여신들의 성역으로 보호되었다. 인도에는 아직도 수천 개의 신성한 숲이 있고, 신전이나 성지를 둘러싸고 있는 곳이 많다. 어떤 것은 인더스문명(기원전 3300~1700년)만큼이나 오래된 것 같다. 부족 지역에 있는 다른 신성한 숲은 그 지역에 부족이 처음 정착했을 때까지 거슬러 올라간다. 이런 신성한 숲들은 온갖 동식물이 풍부하고 멸종

위기종의 마지막 피난처인 경우도 있다. 유럽에도 그런 신성한 숲이 많다. 어떤 교회는 신성한 숲 안에 세워져 있다.

팔레스타인 '성지'에서 종종 언덕 꼭대기에 있는 신성한 숲은 "유서 깊은 나무들의 빽빽한 잎들이 그림자를 드리운" 성소聖所를 제공했다. 거기서는 고대 이스라엘인이 팔레스타인에 정착한 후 여러 세대 동안, 사람들이 "희생 제물을 바치는 데 의존했고 아주 오래된 상수리나무나 테레빈나무(피스타치오 나무의 일종)의 그림자 아래에서 죄가 없을 뿐만 아니라 신의 승인과 은총에 대한 내적 신념을 가진 경건한 예언자와 왕들이 헌납 예배를 이끌었다." 이것은 제임스 프레이저James Frazer가 흥미진진한 책인 《구약성경에 담긴 민간전승Folk-Lore in the Old Testament》에 담은 내용이다. 이런 예배는 기원전 10세기 예루살렘에 신전이 세워진 후에도 계속되었다. 하지만 기원전 7세기가 되자 히브리 예언자들은 신성한 숲에서 하는 예배를 비난했고, 유대 종교를 도시의 신전으로 집중시키려 했다.

내가 좋아하는 유럽의 신성한 숲은 프랑스 남부에 있는 생트봄Sainte-Baume의 성소다. 큰 언덕 옆에 깊은 동굴이 있는데, 성 마리아 막달레나St. Mary Magdalene가 삶의 마지막 30년을 보냈다고 사람들이 믿는 곳이다. 동굴 옆에 작은 수도원이 있고, 동굴 안에 성인聖人의 성지인 샘물과 제단이 있다. 이 석굴의 둘레는 오래된 낙엽수림이며, 너도밤나무, 상수리나무, 다른 종의 나무들이 있어서 습하고 시원하고 이끼 낀 미기후微氣候, microclimate[주변 다른 지역과 다른, 특정 좁은 지역의 기후]를 이룬다. 이는 그곳을 둘러싸고 있는 프로방스Provence 지방[지중해에 면한 프랑스 남동부 지방]의 건조하고 키 작은 초목들과 매우 다르다. 이 신성한 숲은 그리스도교에서 성소의 역할을 하기 오래전부터 있었던 것이 분명하지만, 그리스도교화 되었기 때문에 보존될 수 있었고 지금도 주요 순례지로 남아 있다.

신성한 숲의 가장 작은 형태는 신성한 나무 한 그루이다. 인도의 많은 마을과 신전에는 신성한 나무들이 있는데, 인도보리수나 반얀나무가 많다. 인도보리수pipal(보리수고무나무Ficus religiosa)는 '보리수bodhi tree1)'라고도 하며 붓다가 그 아래에서 깨달음을 얻었다. 반얀나무(벵골보리수Ficus benghalensis)는 무화과나무의 다른 종이고, 인도의 국가 나무다. 일본에서는 봄에 벚나무 꽃이 활짝 피면 꽃놀이가 벌어진다.

'성지'에서는 신성한 나무에 상수리나무와 테레빈나무가 포함된다. 하느님이 최초로 아브라함에게 나타난 일은 세겜Shechem 땅의 신탁을 받는 상수리나무 혹은 테레빈나무에서 일어났고, 아브라함은 그곳에 제단을 쌓았다. (창세기 12:6-9) 그 후 아브라함은 마므레Mamre의 상수리나무 혹은 테레빈나무 옆에서 살았고, 그곳에도 제단을 쌓았다. (창세기 18:18) 하느님이 다시 아브라함에게 나타나 그의 늙은 아내 사라Sarah가 아들을 잉태할 것이라고 약

---

1)   보리(菩提)는 '깨달음의 경지'를 의미한다.

속한 것도 그 나무들 아래였다. (창세기 18:1–10) 그러므로 아브라함의 신앙은 신성한 숲에 뿌리 내리고 있었다.

영국에서 상수리나무는 그리스도교 이전의 드루이드교의 신성한 나무 중 하나였으며, 많은 오래된 상수리나무들은 아직도 숭배받고 있다. 영국에서 가장 오래 살고 있는 나무는 주목나무yew인데, 역시 드루이드교 시대에 신성한 나무였고, 그중 가장 공경받는 나무들은 교회 경내에 있다. 영국 남서부 서머셋Somerset 주의 컴프턴 던던Compton Dundon 마을에는 수령 1,700년인 거대한 주목이 있다. 그 나무가 있는 교회가 750년가량 되었으므로, 옆에 교회가 지어질 때 그 주목은 이미 거의 천 살이었던 것이다.

초기 그리스 신전은 나무로 지어졌고, 기둥은 나무의 몸통이었다. 그 후 신전 기둥을 돌로 만들 때, 코린트 양식의 기둥은 기둥 머리에 나뭇잎 문양을 조각했다. 로마식 기둥, 비잔틴 기둥, 고딕 기둥에는 기둥 머리에 나뭇잎 장식이 조각된 것이 많아서, 기둥들이 본래 나무 몸통이었다는 것을 알려 준다. 그리고 많은 고딕 양식의 대성당에서 기둥과 그 위의 아치형 천장은 신성한 숲을 떠올리게 할 뿐만 아니라, 그 조각들 사이에 불가사의한 녹색인들Green Men이 숨겨져 있다. 그들은 얼굴이 나뭇잎으로 되어 있거나, 입에서 나뭇잎이 나오며, 식물의 영 같다. 신성한 숲은 대성당의 은유이고, 대성당은 신성한 숲의 은유이다.

북아메리카는 개신교 정착자들에 의해 비신성화되었지만, 19세기가 되어 점점 영향력이 증가한 소수의 사람들이 야생지를 자연보호구역으로 보존해야 한다고 주장했다. 그래서 신성한 숲이 다시 만들어졌다. 앞서 언급한 헨리 데이비드 소로우(1817~1862)는 《월든Walden》에서 메사추세츠 주 월든호수 주위 숲에서 야생 생물들과 친밀히 지낸 경험에 대해 썼다. "우리에게는 야생의 강장제가 필요하다."라고 그는 확신했다. 이웃의 콩코드 마을이 확장되고, 농장을 만들고 장작을 구하려 주위 숲의 나무들이 잘려 나가자, 그는 자연보호가 필요하게 되리라고 예견했다. "소도시마다 공원이 있어야 한다. 원시림이면 더 좋겠다. 면적은 2~4제곱킬로미터 정도 되며, 땔나무를 베지 못하게 금지하고, 교육과 휴양을 위해 영구히 공유재산으로 하여야 한다."

이런 생각은 소로우의 일생 동안 무시되었지만, 그는 미국에서 일어난 환경운동에 영감을 주었고 자신의 야외 경험을 종교적 차원으로 고양시켰다. "나의 직업은 늘 깨어 있으면서 대자연에서 신을 찾는 것, 신이 숨어 있는 곳을 아는 것 그리고 자연의 오페라와 오라토리오에 빠짐없이 참석하는 것이다."

존 뮤어John Muir(1838~1914)는 소로우를 따르는 사람이었고, 훼손되지 않은 자연이 신의 마음을 계시한다고 여기게 되었다. 그는 자연과 문명을 엄격하게 구분했고, "야생이 우월하다."라고 생각했다. 뮤어는 야생지를 보존하기 위해 매우 효과적으로 활동하는 환경보호 운동가였다. 그는 시에라클럽을 공동 창립했고, 성공적으로 캠페인을 벌여서 1890년 최초로 요세미티국립공원을 지정받았고, 이어서 세쿼이아국립공원과 다른 야생 지역을 보존했다. 사실상 그는 미국 국립공원 체계의 창시자였으며, 캘리포니아 주의 '뮤어 숲'과 '뮤어 해안'처럼 몇 개의 공원에는 그의 이름이 붙었다. 캘리포니아 주 시에라네바다 산맥에 있는 약 340킬로미터의 '존 뮤어 길John Muir Trail'은 몇 개의 국립공원을 통과하고, 거의 모두 지정된 야생지 안에 있다.

소로우와 뮤어는 그들이 그토록 찬미하는 야생지를 명시적으로 종교 건축물에 비유했다. 소로우는 그의 《일기Journal》에서 "숲 대성당의 고요하고 다소 어두컴컴한 복도"라고 묘사했고, 뮤어는 요세미티국립공원이 "자연의 대성당"이라고 생각했다. 실제로 산 하나는 이름이 '대성당 봉우리'이고, 뮤어는 그 산이 "일반적인 대성당 양식의 첨탑과 작은 첨탑으로 장식된 장엄한 신전"이라고 말했다. 뮤어에게는 산 풍경이 신의 걸작품이었다. "신은 여기서 항상 최선을 다하고 있는 것 같다. 열정에 불타오른 인간처럼 일하고 있다."

국립공원은 전례 없는 규모로 세워진 새로운 형태의 신성한 숲이었다. 실제로 뮤어는 국립공원이 재축성된 성소라고 여겼다. 요세미티국립공원은 "에덴동산을 상실한 것마저 무색하게 하는" 낙원이었다. 지금은 미국과 다른 많은 나라들에 국립공원과 지방공원이 많이 있다. 생태학자들은 그중 일부를 집중적으로 연구하고 있고, 그곳들은 영적, 미학적, 과학적인 관심이 중첩되는 장소이다. 매우 큰 공원도 있고 작은 공원도 있다. 영국에서 일부 작은 자연 보존 지역은 공식적으로 국립자연보호지 특별과학대상지

Sites of Special Scientific Interest(SSSI)로 지정되었다. 그런 곳이 4,500군데 이상이다. 몇 개의 특별한 지질학적 특성을 보존하기 위한 지질학적 대상지를 제외하면 대부분 생물학적 대상지이며 그 일부는 영원류 도룡뇽newts, 잠자리, 새 같은 특정한 동물군의 서식지를 보존하기 위한 곳이며, 다른 곳은 그렇게 보존되지 않으면 개발과 농업에 의해 파괴될지 모르는 습지, 백악 목초지chalk grassland, 삼림지대 개울 같은 식물 생태계를 보존하기 위한 곳이다.

그러므로 신성한 숲은 세속적인 현대 세계에서도 국립공원과 지방공원, 야생동물 보호구역, 자연보호구역, 과학연구구역으로 지속되고 있다. 많은 사람들이 영감을 얻고 영적 원기를 회복하기 위해 그런 곳을 찾아간다.

그런데 나무를 찾아 시골에 가지 않아도 된다. 도시의 공원과 정원에 나무들이 많이 있고, 나를 비롯한 많은 사람들이 나무들과 시간을 보내기를 좋아한다. 우리보다 나이 많은 나무들이 많고, 그 나무의 존재는 우리의 삶에 인간끼리의 상호작용에서 경험할 수 없는 관점을 제공해 준다. 나무들은 글자 그대로 우리 인간들보다 위대하다. 나무는 하늘과 땅 사이의 다리 역할을 하며, 땅속의 나무 뿌리는 흙의 풍부한 생명에 연결되고, 균근菌根2)의 살아 있는 진균망fungal network을 통해 다른 식물들과 상호연결되고, 나

---

2) 숙주 식물에 영양 물질과 물을 제공하고 숙주 식물로부터 탄수화물을 공급받는 균류 공생 생물체.

뭇가지는 하늘과 햇빛을 향해 뻗어 있고, 바람이 불 때마다 예민하게 반응하고, 새와 벌레와 다른 많은 살아 있는 유기체들의 집이 된다. 나무는 인간 너머의 자연의 생명에 직접 우리를 연결해 준다.

식물과
함께 하는
두 가지 수행

꽃으로 하는 수행

이 수행에는 작고 저렴한, 손잡이 달린 확대경이 필요하다. 가장 좋은 건 값도 가장 싼 10배 확대경이다.

확대경으로 볼 때는 한쪽 눈에서 1.3센티미터 정도 거리에 확대경을 들고 본다. 관찰 대상은 2.5센티미터 정도 떨어져 있어야 한다. 바짝 들여다보아야 한다. 자기 팔의 피부를 확대경으로 보는 연습을 하면 좋다. 확대경을 잘 사용하면, 맨눈으로 보는 것보다 피부의 구멍들과 털들이 훨씬 자세히 보일 것이다.

이 수행에서는 꿀벌의 시각으로 꽃을 보게 된다. 꿀벌은 먼 거리에서도 꽃을 볼 수 있고, 다른 동물들보다 더 꽃에 끌린다. 꽃 위에 내려앉고, 꽃 안으로 기어 들어간다. 그때 꿀벌은 에워싸는 듯한 색의 풍경 속으로 들어간다. 확대경을 이용해서 꽃 속으로 들어가 보면, 꿀벌의 시각으로 새로운 경험의 세계에 들어가게 될 것이다. 금련화와 디기탈리스처럼 꿀벌이 지나갈 수 있는 굴이 있는 꽃이 이런 관찰을 하기에 적당하다.

나무로 하는 수행

사는 곳에 가까이 있는 나무를 한 그루 정해 놓고, 계절에 따라 낮과 밤의 다른 시간에 자주 찾아가서 관찰한다. 꽃이 피는 나무라면, 꽃이 한창 피어 가장 아름다울 때 꼭 그 나무와 함께 시간을 보낸다. 할 수 있으면 그 나무 아래 앉아 나뭇잎 사이로 부는 바람 소리를 듣는다. 나무 뿌리가 땅속으로 뻗은 걸 상상한다. 뿌리는 적어도 나무 줄기에서 가지들이 뻗은 만큼 뻗었을 것이고, 아마도 그보다 훨씬 더 멀리 나갔을 것이다. 나무의 근계根系, root system는 공생적인 균근의 진균망에 연결되어 있다. 식물은 균근에게 당분을 공급하고, 균근은 흙에서 무기질을 흡수하여 식물에게 전해 준다. 뿌리는 흙에서 물을 끌어올리고, 나무 줄기는 하늘 높이 솟아 있고, 나뭇잎은 햇빛에 열려 있다. 나무는 정말로 하늘의 영역과 땅의 영역을 연결하고 있다. 팔로 나무 줄기를 안고 있으면, 목질 속에서 수액이 올라가는 것과, 뿌리에 영양을 주려고 나무 껍질 속에서 당분이 흘러내려 가는 것을 알아차릴 수 있다. 이런 양방향의 흐름은 뿌리와 새싹, 어둠과 빛이라는, 나무의 근본적인 양극성을 나타낸다. 수액은 뿌리의 어둠으로부터 위로 흘러 올라가서 잎과 꽃에 이르고 빛에 이른다. 당분은 잎으로부터 흘러 내려가 뿌리에 영양을 공급한다.

나무에게 질문하면 아마도 대답을 들을 것이다. 하지만 그것은 목소리가 아니라, 우리가 보거나 느끼거나 들을 수 있는 대답일 것이다. 화나거나 혼란스러울 때 나무에게 당신의 화, 걱정, 슬픔을 흡수해서 감정을 변화시켜 달라고 요청할 수 있다. 무엇보다도, 당신보다 크고 나이 많은 데다가 당신이 죽은 후에도 더 오래 살게 될 생명 형태인 나무와 관계를 맺으면, 나무는 당신의 삶과 문제들을 훨씬 더 넓은 관점으로 볼 수 있게 도와줄 것이다.

가족 과수원

영원한 조화의 장소인 낙원은 정원이었다. 아브라함의 신앙에서 낙원은 에덴동산이었다. 인간은 신의 은총을 잃기 전에 하느님, 식물, 동물과의 조화 속에서 살았다.

지금도 정원은 낙원의 이미지와 반영이고, 선과 아름다움을 상실한 이 세계에서 어떤 것을 재생하려는 시도이다. 특히 도시에서 그런 역할을 한다. 공공 정원이든 사유 정원이든 아름다운 정원은 수많은 사람들에게 기쁨을 준다. 보다 평범한 수준에서 원예(정원 가꾸기)는 인간 외의 세계와 관계를 맺는 가장 흔한 방식이다. 그리고 점점 더 많은 사람들이 원예를 하고 있다. 2014년 미국에서 집안일의 35퍼센트가 집이나 지역사회 정원에서 먹거리를 기르는 것이었다. 영국에서 원예는 가장 많은 사람들이 하는 야외활동이며, 전 인구의 약 50퍼센트가 즐기고 있다. 게다가 많은 사람들이 정원은 없어도 실내 화분에 화초를 키우고 있다. 그리고 꽃을 사서 꽃병에 꽂아 집안을 꾸민다.

영국에서 여러 규모의 정원들이 대개 집 옆에 붙어 있다. 또 집에서 좀 떨어진 곳에 시민 농장의 형태로 채소밭을 가진 사람들이 많다. 그런데 시민 농장은 대개 작은 규모여서, 보통 1/16~1/32에이커(약 40~80평)이다. 시민 농장은 매우 기능적이고 개방되어 있다.

나는 어릴 때 과일나무가 있는 비밀 정원을 가지는 드문 행운을 누렸다. 그리고 나는 오랫동안 현대 세계에서는 그런 행운이 불가능하다고 생각했다. 개발할 수 있는 도시의 땅은 너무 비싸고, 농장은 대개 수백 에이커씩 거래되기 때문이다. 하지만 지금은 가족 과수원이 가능할 뿐만 아니라 보다 많은 사람들이 이용할 수 있다고 생각한다.

토지 소유자의 관점에서 이 상황을 살펴보자. 당신이 읍내나 도시 부근에 경작 가능한 땅을 가지고 있는데, 그 땅이 경작지로 분류되어 있어서 건물을 지을 수 없다고 가정해 보자. 1에이커(1,224평)의 땅을 약 240평의 정원 5개로 나눌 수 있다. 그것은 과수원, 채소밭, 화단과 잔디밭이 들어갈 수 있을 정도로 충분히 넓다. 그 정원은 대략 30미터x27미터의 사각형이다. 정원은 산울타리로 둘러싸고 접근로를 마련할 수 있고, 자동차와 자전거 주차장을 두고, 바비큐 구이용 화덕이 있는 공동 소풍 장소도 마련할 수 있을 것이다.

그런 가족 과수원은 비용이 얼마나 들까? 2016년 영국에서 농경지는 땅값이 에이커당 9,000파운드 이상이었다. 계산을 간단히 하기 위해 에이커당 1만 파운드로 가정하자. 이 땅을 5개로 나누면, 각 과수원마다 2,000파운드가 들어간다. 여기에 길을 내고 산 울타리를 세우고 공동 구역을 마련하고, 또 물을 공급하는 펌프나 상수도를 연결하면 과수원마다 3,000파운드 가량 경비가 든다. 그러므로 1에이커를 나눈 5개의 가족 과수원은 각각 5,000파운드의 원가가 나온다. 그걸 얼마에 팔 수 있을까? 내 생각에 적어도 1만 5,000파운드에는 팔 수 있을 것이다. 그런 과수원을 원하는 사람들이 많아지고 공급이 부족하다면 더 비싸질 수도 있다. 다시 말해 이 계획은 토지 소유자들에게 경제적으로 이익이 되고, 정부의 허가를 받을 필요가 없고, 보조금을 받을 필요가 없을 것이다.

도회지에 가까운 땅을 소유하고 있는 농부나 지주는 땅을 팔기 싫고, 그 대신 과수원을 임대하기를 원할 것이다. 그럼 임대료를 얼마나 받을 수 있을까? 내 짐작으로는 과수원마다 적어도 주당 20파운드씩, 줄잡아 연간 1,000파운드는 될 것이다. 그리고 수요-공급 상황에 따라 임대료는 훨씬 더 올라갈지도 모른다. 이를 현재 경작 가능한 토지의 임대료가 에이커 당 연간 100파운드인 것과 비교해 보자. 반면에 1에이커를 5개 과수원으로 임대하면 적어도 연간 5,000파운드를 벌 수 있으므로, 토지 임대에 비해 50배나 더 많은 이익이 된다.

물론 과수원 임차인이 이웃 사람들이 과수원을 거주지나 쓰레기장으로 이용하지 못하게 하고 큰 소음을 내지 못하게 막을 수 있는 법률상의 규정이 있어야 할 것이다. 과수원 임차인 연합을 꾸려서 통로, 주차장, 상수도, 공동 바비큐장 같은 공통 구역을 공유할 수도 있을 것이다. 다시 말해 많은 아파트들과 유사한 방식으로 과수원 복합체를 세울 수 있을 것이다.

러시아에서는 소비에트 시대는 물론 오늘날까지도 수백만 명이 도시 외곽에 다차dachas(별장)를 가지고 있었다. 사람들은 주말과 여름 휴가철에 거기서 지내고, 정원에서 과일과 야채를 재배하고 닭을 기른다. 전형적인 다차는 면적이 180평(600제곱미터) 정도로, 여기서 제안하는 과수원보다 조금 작다.

이 가족 과수원 계획은 다차와 달리 거주지로 사용될 수 없고, 사용되어서는 안 된다. 그렇지 않으면 가족 과수원이 금방 주택개발지로 바뀔 것이다.

가족 과수원 계획은 거주 목적의 주택이나 건물을 짓는 게 아니므로 건축 허가를 받아야 하는 어려움이 있어서는 안 된다. 경작지는 원예지로 변경될 수 있다. 두 경우 모두 식물을 기르는 데 땅을 사용하기 때문이다.

가족 과수원 계획이 성공하면 어떤 일이 일어날지 상상해 보자. 가족 과수원을 하고 싶은 사람들이 급증할 것이다. 그러면 가족 과수원을 공급하는 데 많은 우대 조치가 시행될 것이다. 많은 가족들이 과수원을 가꾸면 아이들이 뛰어 놀 수 있고, 과일과 야채를 재배할 수 있고, 평화의 오아시스를 즐길 것이다. 과수원에 생울타리, 과일나무, 화단, 채소밭이 있으므로 한 가지 농작물만 재배하는 것보다 더 다양한 식물과 동물이 살게 되므로 생물학적 다양성이 훨씬 커질 것이다. 이런 가족 과수원은 가능하고, 그럴 듯하고, 바람직하다.

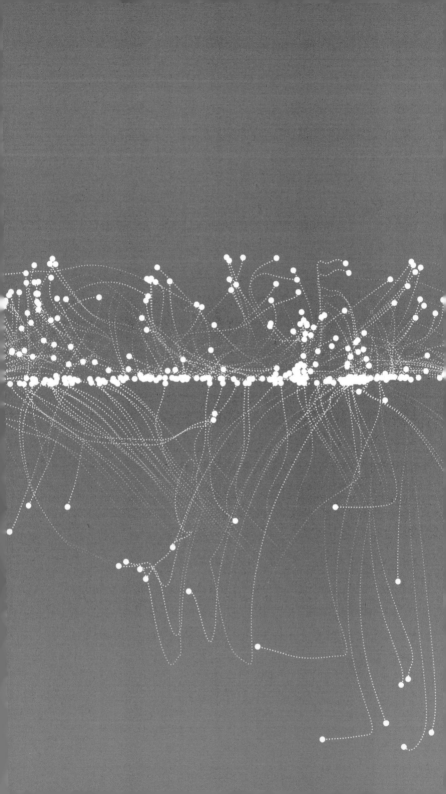

V

의
례
는

과
거
의

현
존
이
다

모든 인간사회에는 종교 의식儀式, 성례전, 국가적 의식, 계절별 축제, 출생·결혼·죽음에 관한 의식 같은 통과 의례와 성인식을 비롯한 의례들이 있다. 이런 의례들은 일반적으로 지역사회에 기반하며 전통적·공식적 절차를 따른다. 의례는 일종의 연속성, 그것을 행함으로써 과거 세대로부터 현 세대로 전해진 기억을 내포한다. 의례는 단순히 문화적으로 물려받고 맹목적으로 선례를 따르는 것인가, 아니면 더 깊은 의미가 있는가?

이 장에서는 다양한 의례들에 대해 논의한다. 그 후 형태 공명론morphic resonance 가설로 의례를 어떻게 조망할 수 있는지 보여 주겠다. 형태 공명론이란 기억이 자연에 본래 갖추어져 있다는 개념이다. 이 가설에 따르면 인간을 비롯한 모든 유기체는 집단 기억에 의지하고, 그 반응으로 그것에 영향을 준다.

기원,
신화,
의례

많은 사회는 그 사회가 토대로 삼는 신화에 일종의 기억이 전제되어 있다. 신화는 기원에 대한 이야기이다. 신화에서는 신, 영웅, 초인간적 존재들의 행위가 펼쳐진다. 신화는 사물들이 지금 이러한 이유는 그것들이 과거에 어떠했기 때문이라고 말한다. 현재는 과거를 되풀이한다. 이 되풀이는 반드시 어떤 일이 일어났던 최초의 시간까지 거슬러 올라간다.

현대 기술 시대에 우리는 급속한 변화들에 익숙하고, 어떤 문화의 사람들이든 스마트폰의 등장만 보더라도 이제 그런 변화를 알고 있다. 모든 사람들은 자신이 조상들은 몰랐던 새로운 세계의 일부임을 알고 있다. 실제로 세계 모든 국가의 정부들은 과학과 기술에 의한 경제 발전에 전념하고 있다. 진보라는 이데올로기는 모든 곳에 만연한 현대의 정통 신앙이다. 반면에 전통 사회에는 그런 이데올로기가 없었다. 현재는 늘 과거를 반복했다. 현대 사회에서도 의례들은 보수적이고 이미 확립된 형식을 따른다.

오스트레일리아의 인류학자인 테드 스트렐로우^{Ted Strehlow} (1908~1978)는 오스트레일리아 북부의 아란다 원주민들^{Aranda Aborigines} 사이에서 여러 해를 지냈고, 그들의 삶의 기본 원칙을 아래와 같이 정리했다.

—

구라^{gurra} 조상은 주머니쥐^{bandicoot}를 사냥하고 죽여서 먹는다. 그리고 그 아들들도 항상 똑같은 것을 찾아다녔다. 루카라^{Lukara}의 꿀벌레큰나방의 애벌레^{witchetty grub} 사람들은 일생 동안 매일 아카시아 나무의 뿌리에서 유충을 파낸다. 라지아^{ragia}(야생 자두나무) 조상은 끊임없이 라지아 베리를 큰 나무 그릇에 모아서 그것을 먹고 산다. 크레이피쉬 가재^{crayfish} 조상은 항상 그가 뒤쫓고 있는 물이 홍수처럼 흐르는 곳을 가로질러 새로운 둑을 만들고 있다. 그리고 언제나 작살로 물고기를 잡는 일을 한다. 북부 아란다 지역에서 수집한 신화를 다 모아 보면, 아직도 오스트레일리아 중부에서 사람들이 종사하고 있는 모든 일을 온전히 아우르는 매우 자세한 이야기를 발견할 수 있을 것이다.

–

과거를 영원한 모범으로 삼는다는 개념은 현대의 사고에는 낯설지만, 전 세계의 전통 사회에서는 신화적 태도가 두드러졌다. 신화는 다른 시대, '꿈의 시대'에 일어난 만물의 기원에 대한 이야기를 하지만, 그것은 현재에도 여전히 재현된다. 우리가 기법, 규칙, 관습을 따르는 까닭은 "조상들이 우리에게 그렇게 가르쳐 주었기" 때문이다.

많은 의례의 목적은 참여자들을 그 의례가 기념하는 원 사건과 연결하는 것이고, 또 과거에 그 관습에 참여했던 모든 이들과 연결하는 것이다. 그러므로 의례는 시간을 가로질러 과거를 현재로 가져온다.

모든 문화에서 사람들은 조상에게서 전해 받은 그대로 의례를 치러야 효과가 있다고 믿었다. 즉 의례는 본질적으로 전통을 준수해야 하는 것이다. 의례에서 몸 동작과 행위는 올바르게 해야만 하고, 의례에 쓰이는 언어는 일상생활에서 사용되지 않더라도 보존되었다. 예를 들어 이집트 콥트 교회Coptic Church의 전례는 다른 면에서는 사멸된 고대 이집트어를 사용하고, 러시아 정교회의 의식은 오래된 슬라브어로 거행되고, 인도의 브라만 의식은 산스크리트로 이루어진다.

기억의
의례

기억의 의례를 행할 때, 현재의 참여자들은 그 의례가 기념하는 최초의 창조의 순간에 연결된다. 그리고 거듭해서, 그들 이전에 그 의례에 참여했던 이들과 연결된다. 유대인들의 명절인 유월절은 유대인들이 이집트의 속박에서 벗어나 광야를 지나 '약속된 땅'에 이르렀던 여정을 떠나기 전날 밤에 있었던 최초의 유월절 저녁식사를 상기시킨다. 그날 밤, 아홉 가지 무서운 저주가 잇달아 발생한 후에, 이집트에 대한 마지막 열 번째 저주에서 이집트의 모든 첫째로 태어난 아들과 소가 죽었다. 반면에 유대인들은 집집마다 숫양이나 숫염소를 희생시켜 그 피를 집의 문설주에 뿌려 놓았기 때문에 그 저주를 면했다. 유대인들은 희생된 동물에 맛이 쓴 허브를 넣어 서둘러 요리해서 먹었고, 다음 날 아침 출발할 준비를 했다. 이 의례에 참여하고 그것에 관련된 이야기를 들음으로써, 현재의 참여자들은 자신이 유대인이라는 정체성을 받아들이고, 첫째 유월절까지 거슬러 올라가서 과거에 이 전통에 참여했던 모든 유대인들과 연결되어 있음을 긍정하게 된다. 또한 그들 이후에 그 의례에 참여하는 세대와도 연결된다.

이와 마찬가지로 그리스도교의 성찬식은 그 참여자들을 예수가 제자들과 함께 한 '마지막 저녁 식사'(그것도 유월절 저녁식사였다)와 연결해 주고, 또 그 이후 성찬식에 참여했던 모든 사람들과 연결해 준다. 이것이 '모든 성인들의 통공Communion of Saints'이라는 교리의 기반이 되었다. 가톨릭 미사의 신성한 시간은 과거의 많은 미사들과 연결되고, 또 미래의 많은 미사들과 연결될 것이다. 종교사학자 미르체아 엘리아데Mircea Eliade는 이렇게 말했다.

또 (미사는) 처음 (미사를) 제정했던 순간부터 현재까지 거행된 모든 미사의 연속으로 간주될 수 있다. … 그리스도교 예배 시간에 진실인 것은 모든 종교, 마술, 신화, 전설의 시간에도 똑같이 진실이다. 하나의 의례는 단순히 그 이전에 행했던 의례(이것도 원형의 반복이다)를 단순히 반복하는 것이 아니라, 그것과 연결되고, 그것을 계속 이어 가는 것이다.

-

    기억은 유대교의 모든 전례와 의례의 핵심이다. '최후의 만찬'에서 예수가 "나를 기억하여 이것을 행하라."라고 말했을 때, 그는 철저히 유대교적으로 말한 것이다. 신학자 매튜 폭스Matthew Fox는 이렇게 말했다. "종교의 핵심이자 의례의 핵심은 건전하게 기억하는 것이다. 하지만 그것은 유월절, 출애굽, 인간의 해방 같은 인간적 사건을 기억하는 것만이 아니다. 그것은 또한 초승달, 주야 평분시equinox1), 지至, solstice2), 계절 등 창조 사건을 기억하는 것이다." 이런 종교 의례는 하느님의 창조를 기억하고 다시 재현하는 요소를 가지고 있다.

    이러한 기억의 원리와 미래에 대한 희망은 많은 세속적인 국가 의례에도 반영되어 있다. 이를테면 미국의 추수감사절은 뉴잉글랜드의 순례자 정착민들이 1621년 첫 번째 추수를 한 후에 감사하기 위해 열었던 축제를 상기시킨다. 또한 그것은 영국에서 개신교 종교개혁자들이 로마가톨릭교회의 수많은 종교 축제들을 대체하기 위해 제정한 추수감사절 전통이었다.

    많은 다른 나라들은 획기적인 역사적 사건이 일어난 날을 기

---

1)   춘분과 추분처럼 밤과 낮의 길이가 같은 때.
2)   하지 혹은 동지처럼 태양이 적도로부터 북 또는 남으로 가장 멀어졌을 때.

념하고, 국가 설립일을 축하한다. 프랑스에서 7월 14일 프랑스혁명 기념일Bastille Day은 1789년 그날 파리에 있는 요새이자 감옥인 바스티유를 습격한 사건을 기념한다. 그것은 프랑스혁명의 전환점이 되었다. 인도 독립기념일 8월 15일은 1947년 대영제국으로부터 인도가 독립한 것을 기념한다. 멕시코 독립기념일인 9월 16일에는 미겔 이달고Miguel Hidalgo 3)가 스페인에 대한 반란을 촉발한 '독립의 외침'을 했던 날을 상기하면서 불꽃놀이, 파티, 음악으로 축하한다. 소비에트 연방에서는 9월 9일에 러시아의 첫 공산주의 정부를 설립시킨 1917년 혁명을 기념했다. 소비에트 연방의 해체 후에는 '승리의 날'인 5월 9일이 1945년 나치 독일군에 대한 승리를 상기시킨다. 이런 세속적인 국가 의례들은 종교 의례나 부족 의례와 마찬가지로 그 의식에 참여하는 사람들의 정체성을 규정한다. 또 참여자들을 과거에 죽은 사람들, 미래에 올 사람들과 연결해 준다.

3) "멕시코 독립의 아버지"로 평가되는 멕시코 독립 초기 지도자.

의례는   5장
과거의 현존이다

성인식과
통과 의례

성인식은 이를테면 소년기와 남성기의 경계, 미혼 상태와 기혼 상태의 경계를 넘는 것과 관련된다. 그것은 통과 의례이다. 그러므로 그 의례들은 공간과 시간의 경계를 넘는 것, 한 나라에서 다른 나라로 넘어가는 것, 한 해에서 다음 해로 바뀌는 것과 연관된다. 탄생 의례와 죽음의 의례들도 마찬가지다.

매우 다양한 문화들에서 통과 의례를 연구한 인류학자 아놀드 반 게넵Arnold van Gennep에 따르면 통과 의례에는 전형적인 세 단계가 있다. 먼저, 초기 상태가 제거된다. 성숙 의례에서는 아동기의 상태를 벗겨 낸다. 많은 장례 관습에서 죽은 이는 삶의 책임에서 벗어난다. 살아 있는 사람의 의무를 지지 않고 통상적인 사회적 역할을 할 필요가 없다. 개인은 자신의 초기 상태에서 분리되어 전환기에 놓여진다.

그 임계 상태는 위험하고 종잡을 수 없다. 성인식에서는 멀리 떨어져 있는 관목숲이나 숲에 들어가는 것 혹은 위험한 시험과 시련을 겪는 것으로 그 상태를 상징한다. 마지막으로 통합 의례로 그 단계를 끝맺고, 그/그녀가 새로운 상태로 통합되었음을 강조한다. 그런 의례들은 여러 문화에서 유사한 점이 많다. 세례, 삭발, 할례, 다른 신체 절단은 분리를 상징한다. 개울과 다른 장애물을 건너는 것 혹은 황무지에서 혼자 지내는 것도 마찬가지로 분리를 상징한다. 반면에 기름 부음, 식사, 새 옷 입기는 통합을 나타낸다.

성인식은 개인을 사회적 경계나 종교적 경계 너머로 건네 주고, 동시에 그 경계를 정의하고 명백하게 한다. 우간다의 기수Gisu 부족민들은 소년들에게 성인식을 치르게 해서 남성이 되게 함으로써 소년들이 풋내기로 남아 있지 않게 된다고 말한다. 이런 의례는 신체 성숙도가 제각각인 소년들이 함께 치르는 것을 볼 때, 단순히 생물학적으로 성숙했음을 표시하는 게 아니라 문화적 경계를 넘는 것과 연관된다. 성인식은 그것이 전제하는 범주를 명시한다.

일부 아메리카 원주민 집단의 전통적인 통과 의례에서는 어린 남자가 음식도 물도 거처도 없이 황무지에서 혼자 지내야 한다. 그들은 종종 위험에 처하고 고통을 당하기도 한다. 그런 분리 상태에서 그들은 나중에 남성이 되어 돌아갈 때 그들과 공동체에 도움을 줄 징조, 꿈, 환상을 찾으려 한다. 이런 통과 의례를 '비전 퀘스트vision quest'라고 한다. 현대 서양에서는 몇몇 단체들이 그런 전통적 관습을 본뜬 비전 퀘스트를 개발하여 사람들을 이끌고 있다.

세속적인 관습 중에도 성인식의 특성을 반영하는 것이 많다. 시험을 통과하는 것, 학교에서 수료증을 주는 것, 대학 졸업 시험과 졸업식에서 학위를 얻는 것, 전문직 시험에 합격한 후 전문가 단체에 들어가는 것, 군사훈련을 받은 후 군장교로 임명받는 것 등이다.

나는 제2차 세계대전 후 영국군에 의무 징병되지 않은 첫 연령 집단이었다. 나보다 나이 많은 젊은이들에게는 군복무가 일종의 통과 의례였다. 내가 케임브리지대학교에 갔을 때, 나와 같은 학년의 학부생들 중 절반가량이 징병 의무를 막 마쳤고, 그중 많은 사람들이 실제 전투에 참여했거나 말라야, 케냐, 사이프러스 등 생명이 위험한 곳에서 복무했다. 그들은 상징이 아니라 실제로 목숨을 잃을 뻔한 위험에 빠졌었다.

이와 달리 현대 사회에는 젊은이들이 죽음을 직면해야 하는 통과 의례가 없다. 하지만 통과 의례는 끊임없이 다시 고안된다. 갱단들은 새로운 갱이 들어올 때 시련을 주어서 시험하는 위험한 통과 의례를 치르게 한다.

현대 사회의 많은 젊은이들이 환각제를 복용하는 한 가지 이유는 환각제가 통과 의례의 역할을 하기 때문이다. 악몽 같은 환각 체험은 몹시 무서울 수 있고, 일부 환각제는 임사체험을 일으킨다. 가장 강력한 환각제 중 하나인 디메틸트립타민 dimethyltryptamine(DMT)은 특히 그 효과가 강하다. 하지만 그런 통과 의례는 전통적인 통과 의례와 달리 무분별한 경우가 많고, 재통합 의례 없이 위험하고 혼란스러울 수 있다. 전통 사회에서는 소년에서 성인으로 통과 의례를 거친 사춘기 소년은 성인식을 거친 남성 집단에서 환영받는 게 일반적이다. 마찬가지로, 성적 성숙과 연관된 통과 의례를 거친 소녀들은 여성 집단에서 환영받는다. 이와 같은 것을 종교 의례에서도 볼 수 있는데, 그리스도교의 견진성사와 유대교의 '바르 미츠바bar mitzvah'[13세 소년의 성인식]와 어린 여성을 위한 '바트 미츠바bat mitzvah'[12~13세 된 소녀의 성인식]이다.

이와 달리 환각제를 복용하여 전환의 경험을 하는 사람들은 사회에서 환영받거나 재통합될 수 없다. 왜냐하면 대부분 국가에서 환각제는 불법이고, 환각제가 좋지 않다고 여기는 사람들이 많기 때문이다. 하지만 합법적인 그리스도교 사이키델릭 교회인 브라질의 산토다임교회Santo Daime Church 같은 몇몇 종교 단체들은 의례를 행할 때 환각 음료(이 교회의 경우는 아야화스카ayahuasca)를 마신다. 그리고 경험 있는 선배들이 참가자들을 가르치고 안내하고 도와준다. (나는 이 책의 속편으로 환각제의 영적인 역할을 논의하는 책을 쓸 예정이다.)

임사체험과
익사시키는
의례

자연스럽게 임사체험을 했던 사람들이 많다. 그리고 실제로 관상동맥 소생술과 현대의학 덕분에 임사체험을 하는 사람들이 과거 어느 때보다 더 많다. 과거에는 그대로 숨졌을 사람들이 지금은 다시 살아나는 경우가 많기 때문이다. 임사체험에 대해 연구가 많이 있었고, 이 주제를 다룬 책도 많다. 에번 알렉산더Eben Alexander의 베스트셀러 《천국의 증명: 신경외과전문의의 사후세계 여행Proof of Heaven: A Neurosurgeon's Journey into the Afterlife》도 그중 하나인데, 저자가 뇌수막염으로 혼수 상태에 빠졌을 때 경험한 임사체험에 대해 말한다.

거의 죽을 뻔했던 사람들이 모두 임사체험을 하는 건 아니다.

12~40퍼센트의 사람들만이 임사체험을 한다. 하지만 그 비율만 해도 수백만 명의 사람들이 임사체험을 한 셈이다. 그리고 임사체험은 대개 매우 기분 좋은 일이지만 몇몇 사람에게는 그렇지 않다. 어떤 사람들은 긍정적인 임사체험과 똑같은 경험을 할 때, 그것에 저항하고 무력감과 분노를 느끼거나 두려워한다. 다른 사람들은 공허감 속에 심한 외로움을 느낀다. 또 다른 이들은 극심한 고통을 받고 있는 다른 인간의 영들과 함께 자신도 고통의 장면 속에 있는 것을 본다.

많은 긍정적인 임사체험에는 공통된 기본적 특징이 있다. 그것은 먼저 몸 밖으로 둥둥 뜨는 경험으로 시작되는 경우가 많다. 공중에 떠서 자기 몸을 내려다보면, 누워 있는 자신을 간호사와 의사가 보살피고 있는 게 보인다. 그 다음에는 빛의 터널을 지나가고, 사랑의 현존 안에 있다고 느끼는 일이 많다. 과거에 죽은 가족을 만나기도 하고, 빛의 존재들을 만나는 경우도 있다. 어떤 이들은 삶을 되돌아보는 경험을 하는데, 평생 동안 있었던 일들이 눈앞에 빠른 속도로 지나가는 것을 본다. 그 경험에서 깊은 행복을 느낀다고 말하는 사람이 많다. 하지만 그 후에, 그것이 죽음의 경험이 아니라 임사체험이므로, 그들은 육체의 몸으로 다시 끌려들어 간다. 일부 사람들은 자신이 죽었다가 다시 태어났다고 말한다.

임사체험은 긍정적인 변화를 일으키는 경우가 많다. 죽음에 대한 두려움이 줄어들고, 영적인 태도와 사랑하는 태도가 증가한다. 이런 변화를 경험한 사람들은 종종 임사체험이 인생에서 가장 심오하고 유익한 경험이었다고 말한다.

임사체험이 일어난다는 데는 모든 사람이 동의하지만, 학계에서 임사체험에 대한 해석은 뜨겁게 논쟁 중이다. 유물론자들에게 의식이 뇌에서 분리될 수 있다는 건 상상도 할 수 없고, 육체의 죽음 뒤에 의식이 살아 있는 건 불가능하고 미신일 뿐이다. 따라서 임사체험은 틀림없이 환각이며, 죽어 가는 뇌가 산소 부족 상태에서 필사적으로 활동할 때 생기는 현상이다. 하지만 어떤 사람들은 수술실에서 뇌를 모니터하고 있을 때 임사체험을 했는데, 그때 뇌는 명백한 전기적 활성을 보이지 않았다. 즉 모니터에서 뇌파가 '편평'했다. 그럼에도 유물론자들은 임사체험자들이 임사체험을 했다는 바로 그 이유 때문에, 비록 뇌 활동을 탐지할 수 없었지만 임사체험을 일으키는 뇌 활동이 있었음에 틀림없다고 주장한다.

그것은 정말 경험적 사실에 대한 과학적 논쟁이 아니라 신념 체계의 문제이다. 완고한 유물론자에게는 의식적인 경험이 뇌에서 분리될 수 있다는 증거가 아무리 많아도 소용없을 것이다. 그것은 유물론 철학과 모순되기 때문이다. 반면에 종교를 믿는 사람들은 그런 증거를 환영한다.

일부 전통적인 통과 의례들은 임사체험이 함께 일어날 수 있고, 임사체험에 대한 최신 과학 연구는 그런 의례들에 대해 많은 것을 밝혀 줄 수 있다. 예를 들어 신약 성경에 묘사되어 있고 초기 교회에서 시행된 성인식의 중요한 관습인 침례(온몸을 물속에 담그는 세례)를 임사체험 현상을 통해 재해석할 수 있다. 침례를 베푸는 사람의 원형은 세례자 요한이었다.

만일 세례자 요한이 익사시키는 사람이었다면 어떨까? 그는 요단강 물속에 사람들을 빠뜨려서 세례를 베풀었다. 예수도 그에게 세례를 받았다. 요한이 세례 받는 이들을 임사체험을 할 만큼 오래 물속에서 나오지 못하게 붙들고 있었다면 어떨까? 그들이 거의 익사하는 것 같은 경험을 하고 돌아왔을 때, 죽었다가 되살아났다고 말하는 경우가 많았을 것이다. 빛을 보았고, 죽음을 두려워하지 않게 되었다고 말했을 것이다. 그러므로 이런 침례는 손쉽고 간단하고 빠르고 효과적으로 죽음과 부활의 경험을 통해 삶을 바꾸는 길이었을 것이다. 나는 이런 상상을 한다. 적절히 준비된 사람들이 요단강 둑에 줄지어 서 있고, 세례자 요한이 한 사람씩 세례를 베풀었다. 그리고 곁에서 돕는 이들이 세례 받은 사람들의 회복을 도왔다. 그들 중 몇 사람은 죽었을지도 모른다. 하지만 당시는 '건강과 안전 법률'과 배상 소송이 만연하는 시대가 아니었다.

세례 받는 사람들이 임사체험을 했다면, 신약 성경에서 세례의 경험에 대해 말하는 모든 것이 이해될 수 있다. 이와 다른 이해 방식은, 세례 받을 때 죽음과 부활의 경험이 상징적이라고 주장하는 것이다. 하지만 그것이 상징이려면 익사해서 죽음 직전에 이르는 경험의 상징이어야 한다. 그런데 사람들이 실제로 죽음을 경험할 수 있는데 왜 상징이 필요하겠는가?

의례는
과거의 현존이다   5장

초기 그리스도인들은 세례자 요한의 전통에 따라 성인 세례를 시행했다. 그런데 기원후 2세기 무렵에 이미 유아 세례가 널리 시행되었고, 3세기에는 정규적인 관습으로 굳어졌다. 비록 성인들은 오늘날처럼 머리에 물을 세 번 부어서 세례를 받을 수 있었지만 말이다.

종교개혁의 놀라운 측면 중 하나는 침례를 다시 시행한 것이다. 16세기 영국과 독일의 종교적 동요 속에서 몇몇 급진적 종교개혁자들은 성인 세례에서 세례 받는 사람을 완전히 물속에 담그는 침례를 되살렸다. 그들을 재세례파Anabaptist라고 불렀다. 그리스어 접두사 ana(아나)는 '다시' 혹은 '도로'를 의미한다. 초기 재세례파 운동으로부터 메노나이트Mennonites와 현대의 침례교를 비롯한 다양한 교회들과 종교 공동체들이 생겨났다. 그들은 지금도 십대 청소년과 성인이 세례 받을 때 침례를 시행한다.

나는 16세기와 17세기에 재세례파들이 익사에 의해 임사체험을 한다는 걸 재발견한 것으로 생각한다. 오늘날에도 모든 그리스도교 종파 중에서 죽음과 부활의 경험—다시 태어나는 것—에 대해 가장 적극적으로 말하는 건 침례교인들이다. 현대는 건강과 안전에 대한 관심이 높기 때문에, 현대의 침례교인들 중 침례에서 임사체험을 한 사람은 아마도 거의 없겠지만, 과거에는 죽음과 부활을 직접 경험하는 것이 실수로 익사할지 모른다는 두려움보다 훨씬 더 중요하게 여겨졌을지도 모른다.

죽음과 부활의 침례 의식을 기괴하게 악용한 사례는 미국 정보국에서 물고문을 하는 것이다. 10~12도 기운 경사판에 피해자[victim1)]를 얼굴을 위로 향해서 머리보다 다리를 더 높게 묶어 놓고 물로 고문하는 방법이다. 천으로 덮은 얼굴 위에 물을 부어서 구역반사를 일으키고 마치 익사하는 것 같은 공포를 일으킨다.

역설적이게도 이런 고문 행태는 16세기에 스페인 종교재판에서 발명되었는데, 로마가톨릭과 주류 개신교로부터 이단으로 박해받은 재세례파들을 다루는 방법이었다. 재세례파는 유아 세례의 가치를 인정하지 않았기 때문에 성인 침례가 필요하다고 믿었다. 1527년 스페인 왕 페르디난드는 재세례파를 그가 '셋째 세례'라고 부른, 익사시키는 사형에 처하는 것이 적절하다고 선언했다. 윌리엄 쉬바이커[William Schweiker]는 최근 간행된 신학 학술지에 실린 글에서 이렇게 말했다.

-

종교재판에서 그것은 보통 말하듯이 익사시키는 게 아니라 익사하는 것 같은 위협이었고, 상징적으로 침례를 위협하는 것이었다고 말할 수 있다. tortura del agua(스페인어로 '물고문') 혹은 그에 수반되는 toca(스페인어로 '얼굴을 가리는 천')는 물고문처럼, 입에 쑤셔 넣은 천에 물을 쏟아부어 피해자에게 강제로 물을 먹여서 익사하는 것같

---

1) 영어 victim에는 '피해자'와 '산 제물' 두 가지 의미가 있다.

이 느끼게 한다. … 그것은 분명히 말하건대 그리스도교 신앙과 상징의 최선의 정신을 소름 끼치게 뒤집은 것이다. 그것은 다음과 같은 질문을 제기한다. … 물고문은 정치 행위로 위장된 강제 개종이며, 그럼으로써 적을 악마화 하기 위해 국가의 손에 쥐어진 가장 강력한 도구가 아닌가? 그것은 비도덕적인 목표를 위해 종교 의례가 부패한 이후로 정치·군사 행위에서 악마의 출현을 알리는 것이 아닌가? 이런 의문은 대중의 담론에 깊이 묻혀 있어서 그 온전한 의미를 거의 인식할 수 없다. 경건한 그리스도인들도 마찬가지다.

–

지그문트 프로이트라면 그것을 '억압받은 자들의 귀환'이라고 불렀을지도 모른다. 그는 자신의 책 《모세와 일신교Moses and Monotheism》에서 "잊힌 것은 소멸된 것이 아니라 '억압'되었을 뿐이다."라고 썼다. 억압된 것은 "변질되지 않고 원활하게 의식으로 들어가지" 않는다. 언제나 왜곡되는 걸 견뎌야만 한다.

그런 왜곡이 있더라도 우리는 임사체험을 하는 사람들에게 대개 전환이 일어난다는 사실에 눈감아서는 안 된다. 그러므로 임사체험은 대단히 긍정적인 가치가 있다 .

성경의 이야기에 따르면 예수가 하느님을 사랑하는 아버지로 경험한 바탕에는 익사시키는 의식을 치르는 통과 의례가 있었다. 예수는 세례자 요한에게 세례를 받아서 깨달아 하느님과 직접적인 관계를 맺게 되었다. 마가복음에서는 이렇게 말한다. "예수께서 물속에서 막 올라오시는데, 하늘이 갈라지고, 성령이 비둘기같이 자기에게 내려오는 것을 보셨다. 그리고 하늘로부터 소리가 났다. '너는 내 사랑하는 아들이다. 내가 너를 좋아한다.'" (마가복음 1:10-11)

희생
제의

최근까지도 일부 전통 사회에서 인간을 희생 제물로 바쳤는데, 현재 그 관습은 어디에서나 법률로 금지되어 있다. 하지만 그것은 '의례적 살해ritual murder'라고 불리며, 여전히 일어나고 있다. 2006년 델리Delhi시에서 85킬로미터가량 떨어진 인도 북부 유타르프라데시 주의 쿠르자 지역에서 칼리Kali 여신에게 수십 명의 어린이들을 희생 제물로 바친 사건이 일어났다고 지역 경찰이 발표했다. 2008년에는 아프리카 서부 국가 라이베리아 내전의 반군 지도자가 전투의 승리를 기원하는 전통 의식에서 인간 희생 제물을 바치는 데 가담했음을 시인했다. 그는 그 희생 제의에서 "우리는 순진무구한 어린이를 죽여서 심장을 꺼내 잘

게 잘라 먹었다."라고 말했다.

많은 경우에 동물 희생 제물은 분명히 인간 희생 제물 대신 바치는 것으로 여겨진다. 히브리 성경에 나오는 아브라함과 그의 아들 이삭에 대한 이야기가 그것이다. 아브라함은 하느님이 그의 아들 이삭을 희생 제물로 바치기를 원한다고 믿었기 때문에 아들을 죽이려고 했는데, 바로 그때 하느님의 천사가 그를 중단시켰다. 그 대신 아브라함은 거세되지 않은 숫양을 희생 제물로 바쳤다(창세기 22:2-8).

유대인들의 유월절 이야기에서는, 하느님이 이집트인들에 대한 열 가지 저주 중 마지막으로, 맏이로 태어난 아들과 첫째로 태어난 송아지를 모두 죽이는 가장 무서운 저주를 막 내리려 할 때 (출애굽기 11:4-6) 모세가 말한 대로 한 유대인들은 그 저주를 피했다. 유대인들은 모든 집마다 어린 숫양을 잡아서 그 피를 문설주와 상인방에 뿌리거나 바른 것이다. 어린양을 잡은 행위는 유대인 아기와 소의 죽음을 대신한 것이었다. 또한 유대인들은 공동체의 모든 죄를 염소에게 지우고, 그 염소가 황야에 나가 죽게 함으로써 그들의 죄도 함께 가져가 버리게 하는 의식을 행했다. 이것이 속죄의 염소(희생양)의 기원이었다(레위기 16:8).

현대의 세속적 관점으로 보면, 다른 사람들을 구하기 위해 한 사람이나 동물 한 마리가 희생되어야 한다는 생각은 말이 안 된다. 하지만 진화의 측면에서 보면, 그것은 뿌리 깊은 경향이다. 사자 같은 맹수들은 동물 무리를 공격할 때, 어리거나 늙거나 다리를 저는 등 가장 허약해 보이는 한 마리를 찾아서 죽인다. 그렇게 해서 맹수들이 허기를 채우고 나면, 무리의 다른 동물들은 안도한다. 당분간은 안전하기 때문이다. 무리 중 한 마리의 죽음이 나머지 동물들을 구한 것이다. 이와 똑같은 주제가 용의 전설의 밑바탕이 된다. 용이 마을을 모두 파괴하려 할 때, 대개 어린 처녀인 어린아이를 제물로 바쳐서 용을 달랜다. 그 아이는 다른 사람들을 위해 죽는다. 자신의 죽음으로써 마을 사람들을 구하는 것이다.

바버라 에런라이크는 《피의 제의Blood Rites》에서 대부분의 인류 역사에서 인간은 사냥꾼보다는 맹수가 먹고 남긴 고기를 먹는 존재였고, 끊임없이 잡아먹히는 두려움을 느끼면서 살았다는 것을 설득력 있게 주장한다.

―

인간과 그 이전의 인류의 조상인 호미니드hominid는 박물관에 전시된 입체 모형에 묘사된 대로 언제나 자신감 넘치는 포식자일 수 없었다. 인류의 조상 호미니드들이 성큼성큼 걸었던(보다 가능성이 많기로는, 조심스럽게 기었던) 사바나 지역에는 잡아먹을 수 있는 유대류뿐 아니라 무시무시한 맹수들도 많았다. 그중에는 검 같은 송곳니가 난 큰 고양이과 동물들, 사자·레오파드·치타의 조상 동물들이 있었다. '사냥하는 인간'의 시대 이전은 물론 그 시대에도 '사냥당하는 인간'이 있었을 것이다.

-

종교사학자 발터 부르케르트는 희생 제의가 비롯된 '의례화되지 않은 실제 상황'을 상상했고, 그것에 대해 이렇게 말한다.

-

한 무리가 맹수들에게 둘러싸여 있다. 늑대들이 쫓아온 인간들 혹은 레오파드들에게 쫓긴 유인원들이다. … 이때 대개 그들이 구제받을 수 있는 유일한 방법이 있다. 무리 중 하나가 허기진 육식 동물의 먹이가 되어야만 하는 것이다. 그러면 나머지들은 당분간 안전하다. 국외자, 병약자, 어린 동물이 가장 먹이victim가 되기 쉽다.

-

오늘날도 침팬지 같은 영장류들은 맹수들의 먹이가 되는 일이 많다. 숲에 사는 침팬지들에 대한 최근 연구에 따르면, 레오파드에게 잡아먹히는 것이 죽음의 주요 원인이었고, 사자에게 죽임을 당하는 경우도 상당히 많았다. 사바나에 사는 개코원숭이떼는 맹수들의 공격을 자주 받고, 매년 무리의 4분의 1을 잃는 경우도 있다. 개코원숭이들이 사바나에서 이동할 때는 젊은 수컷들이 가장자리를 둘러싼 방어 태세를 갖추고 움직인다. 병약한 개코

원숭이는 뒤쳐지고, 무리를 따라잡으려고 애쓰다가 지칠 대로 지쳐서 결국 맹수의 먹이가 된다. 때로는 젊은 수컷이 무리를 지키기 위해 글자 그대로 자신을 희생한다. 그 결과, 야생 영장류에서 젊은 수컷들의 상당수가 성년까지 생존하지 못한다.

이것은 비단 야생 동물에게만 일어나는 일이거나 원시 인간 사회의 낡은 사고방식이 아니라 오늘날에도 계속되고 있다. 군인, 선원, 항공기 승무원들은 모두 다른 사람들을 구하기 위해 목숨을 버릴 준비를 하고 있는 잠재적인 희생자victim이다. 20세기에 적어도 2,000만 명의 젊은이들이 두 번의 세계대전 동안 그렇게 죽었다. 그리고 오늘날에도 정규 군대, 반란군, 자유의 전사¹⁾, 지하드 전사²⁾, 자살특공대원들은 다른 사람들을 보호하기 위해 궁극적 자기 희생으로서 자신의 목숨을 바친다. 그들이 구하고자 하는 사람들에게 그들은 영웅이자 순교자들이다. 희생이라는 미사여구가 그들이 위험을 감수하도록 동기를 부여하고, 또 그들이 싸워서 보호하려는 집단의 사람들이 그들의 죽음을 인정하고 감사하게 한다.

그리스도교의 여러 측면 중에서 세속적인 마음을 가진 많은 사람들이 가장 당혹스러워하는 것은 예수가 다른 사람들을 구하기 위해 십자가 위에서 죽음을 당하는 모습이다. 그리고 실제로 인

---

1) freedom fighter. 반정부 무장 투쟁을 하는 사람들을 그 지지자들이 칭하는 이름.
2) jihadist. 이슬람교를 지키기 위한 성전(聖戰)인 지하드에 참여한 군인들.

류 전체에 있어서, 특히 유대 역사에서 희생 제의의 역사적인 전통을 알지 못하면 예수의 죽음을 이해하기 어렵다. 어떻게 예수가 희생양처럼 죄를 짊어질 수 있는가? 그는 유월절의 희생양 혹은 속죄의 염소 같은 역할을 하는 것이다. 그리스도교의 이런 비유를 이루는 한 요소는, 유대인들이 매년 공동체의 죄를 글자 그대로 속죄의 염소에게 내려놓고, 그것을 황야로 보내 죽게 하는 의례였다. 가톨릭 미사에서는 빵과 포도주를 예수의 몸과 피로 거룩하게 변화시킨 후에 '천주의 어린양Agnus Dei'을 노래하거나 기도한다.

-

천주의 어린양, 세상의 죄를 없애시는 주님,
자비를 베푸소서.
천주의 어린양, 세상의 죄를 없애시는 주님,
자비를 베푸소서.
천주의 어린양, 세상의 죄를 없애시는 주님,
주님의 평화를 주소서.

-

희생 제물로 바쳐진 예수의 죽음은, 많은 종교에서 발견되는 동물을 희생 제물로 바치는 의례의 맥락에서만 이해할 수 있다. 그중 유대교에서는 그리스도교에서 예수의 죽음을 해석하는 역사적인 맥락을 제공한다. 아브라함과 이삭의 이야기에서 숫양이 인간 희생 제물을 대신했다. 그리고 유월절에 어린 숫양의 죽음이 유대인 맏아들들을 보호했다. 숫양을 죽여서 인간의 맏아들이 희생 제물로 바쳐지는 걸 대신한 것이다. 그런데 예수는 이 과정을 거꾸로 바꾸었다. 숫양과 숫염소 대신 인간의 맏아들이 희생 제물로 바쳐졌고, 이로써 동물을 희생 제물로 바치는 것이 끝났다.

오늘날에도 유대교와 이슬람에서 동물 희생 제의가 계속되고 있다. 유대인들은 지금도 유월절에 양을 도살한다. 무슬림들은 '바크르 이드Bakr-Eid'라고도 하는 '이드 할 아드하Eid al-Adha3)' 때, 아브라함이 아들 이삭 대신 어린양을 제물로 바친 일을 기념하여, 소, 양, 염소, 낙타를 제물로 바친다. 이와 달리 그리스도인들에게는 예수의 십자가 처형이 동물 희생 제의를 뒤바꾸고 종식시켰다. 동물 희생 제물은 온전하고 최종적인 인간 제물인 십자가 위의 예수의 희생으로 대체된 것이다.

---

3) 이슬람력 제12월 10일에 지내는 이슬람교의 축제.

과학의
제단에 올려진
희생 제물

현대의 세속적 관점에서는 대체된 희생
제물이라는 개념이 어처구니없어 보이지만, 오늘날 그것이 전례없
이 큰 규모로 일어나고 있다. 이 희생은 전통적인 종교의 희생 제
의처럼 공개적으로 일어나지 않고, 문이 굳게 잠긴 과학 실험실 안
에서 은밀히 벌어지고 있다. 미국만 보더라도 생물의학 연구에
서 해마다 척추동물 2,500만 마리가 죽임을 당하고 있다. 주로 생
쥐, 쥐, 새, 제브라피시, 토끼, 기니피그, 개구리이고 그보다 수
가 적기로는 개, 고양이, 원숭이, 침팬지 등이다. 이들은 인류를 위
해 과학의 제단에서 희생당한다. 사실 실험실에서 이런 동물을 죽
이는 것을 전문용어로 '희생시킨다sacrifice'라고 한다. '쥐를 희생시켰

다.'라는 구절이 들어간 과학 논문을 구글 스칼러Google Scholar로 검색해 보면 약 6만 8,000개의 결과가 뜨고, '생쥐를 희생시켰다.'라는 구절로 검색하면 약 10만 8,000개의 결과가 나온다.

생물학을 공부하는 학생들에게는 첫 실험 동물을 희생시키는 것이 일종의 통과 의례다. 의대생들에게 인간의 시체를 해부하는 것이 통과 의례인 것과 같다. 희생시키기와 해부하기를 하려면 정상적인 인간의 정서와 감정에서 분리되어야 한다. 그리고 그 통과 의례를 거친 사람은 과학적인 초연함의 페르소나persona를 취한다. 젊은 과학자 앨리슨 크리스티Alison Christy는 설득력 있는 블로그에서 자신의 경험을 이렇게 돌아보았다.

-

처음 설치류로 실험할 때 나는 고등학생이었는데, 사우스 앨러마대학교에서 신경과학 연구 프로젝트에 참여하고 있었다. 뇌 조직학을 명확히 이해하기 위해 우리는 실험 동물에 식염수를 주입해야 했다. 즉 크고 하얀 동물인 쥐에게 일종의 마취제를 주사했고, 그 쥐가 플라스틱 통 주위를 달리다가 정신을 잃고 뒤뚱거리다가 결국 가만히 눕는 걸 지켜보았다. 그러면 우리는 쥐를 판에 놓고 십자가형을 하듯이 네 발에 핀을 박았다. 그러고는 앞니를 묶은 끈으로 쥐의 머리를 뒤로 고정했다. 우리는 반짝이는 미세한 가위를 들고 그 동물의 피부를 잘랐고 바로 흉

곽으로 들어갔다. 그 안에는 검붉은색으로 아직 박동하고 있는 심장이 있었다. 동물이 죽으면 즉시 뇌 안의 피가 응고되기 시작한다. 그래서 우리는 깨끗한 뇌 시편을 얻기 위해서 동물이 아직 살아 있을 때 피를 빼내야 했다. … 동물에게 식염수를 주입하기 위해 아직 고동치고 있는 심장의 좌심실에 주사바늘을 삽입하고 가위로 우심방을 자른다. 그 후 용액을 밀어 넣는다. … 곧 간이 허옇게 되고 발, 코, 꼬리가 창백해진다. 이제 동물에서 피가 완전히 다 빠졌다. 뇌는 피로 오염되지 않을 것이다.

–

크리스티가 지적했듯이, 대부분의 과학 연구자들은 이런 과정에 익숙해진다. 그녀는 의대생들도 똑같은 일을 겪으면서 사체를 해부하는 데 익숙해진다는 걸 알게 되었다. 처음에 학생들은 조용하고 심각하고 심지어 졸도하거나 토하기도 한다. "하지만 일주일만 지나면 그들은 실험 파트너들과 잡담하고 웃으면서 사체의 심장 혈관 주위로 손가락을 이리저리 움직인다. 몇 달이 지나면 주저하지 않고 사체의 얼굴을 해부할 것이다. … 그들은 불과 몇 달 전에 해부실험실에 들어온 사람들과는 전혀 다른 사람처럼 행동한다."

세속적 인본주의자들은 인간이 신에게 구원받을 수 있다는 생각을 거부하고, 그 대신 인간의 과학과 이성을 신뢰한다. 많은 과학자들은 자신이 무지와 고통으로부터 인류를 해방시키는 구원자인 것처럼 여긴다. 하지만 아주 먼 옛날의 희생 제물의 원형은 아직 사라지지 않았다. 과학 자체가 희생 제물에 의존하고 있기 때문이다. 또, 세속 세계에서 신과 여신들을 추방했지만, 대격변에 의한 파괴가 일어날 수 있다는 두려움도 사라지지 않았다. 인류는 기후변화와 환경파괴에 의해 생존을 위협받을 뿐만 아니라, 궁극적인 홀로코스트를 초래할 수 있는 핵폭탄이 가득한 거대한 무기고의 그늘 아래 살고 있다.

그 본래 의미에서 홀로코스트holocaust는 동물을 불로 완전히 태워서 바치는 희생 제물이었다. (그리스어 holo는 '전체', kaustos는 '불태워진'이라는 의미이다.) 고대 세계에서는 비교적 적은 수의 동물들이 제물로서 제단 위에서 불태워졌지만, 현대 과학의 홀로코스트는 대량살상무기를 이용해 수백만 명의 사람들과 셀 수 없이 많은 동물들을 희생시킬 것이다. 그것은 무엇을 위한, 누구를 위한 희생인가? 신이나 어머니 지구를 위해서가 아니라 인간의 권력을 과시하는 것이다. 신화와 전설 속의 어떤 복수심 깊은 신이나 여신보다 인간 집단이 잠재적으로 더 복수심이 깊고 무시무시하다. 우리가 파괴적인 행동을 할 잠재력이 훨씬 더 크다. 게다가 신들이 파괴하는 이야기는 과거의 일이므로 안전하다. 반면에 과학에 의한 홀로코스트는 미래에 일어날 일이므로 안전하지 못하고, 우리는 그것을 피할 수 있을지 어떤지 알지 못한다.

집단 의례와
개인 의례

모든 종교에는 집단적인 숭배 행위와 감사의 예식이 있다. 특히 신성한 날과 축제에 그런 의식이 많다. 모든 종교에는 결혼 의식, 장례 의식, 아기의 이름을 짓는 의식이 있다. 세속적 인본주의자들은 그런 의례의 필요성을 인식하고 그들의 의례를 제정했다.

많은 사람들이 가족 안에서 식사기도 같은 의식을 행한다. 개인적인 의식을 행하는 사람들도 있다. 혼자서 기도하고, 명상하고, 요가, 기공 체조, 태극권 수련, 다른 영적 수련을 한다.

일상생활에는 다소 무의식적인 의례적 요소들이 많이 있다. 악수도 그중 하나다. 관례에 따르면 악수는 왼손이 아니라 오른손으로 해야 한다. 고대 그리스의 돌조각을 보면 악수하는 관습은 기원전 5세기에도 있었다. 악수는 오른손에 무기가 없음을 나타내는 평화의 몸짓으로 시작되었을지 모른다. 현대 세계에서 악수는 안부, 이별, 동의, 축하 등의 간략한 의례의 일부이다.

우리는 대개 헤어질 때 서로 축복한다. 하지만 우리가 무엇을 하는지 알아차리지 못한다. '잘 가goodbye'라는 말은 '신이 함께하기를God be with you'이라는 축복의 인사말이 변형되고 짧아진 것이다. '안녕farewell'은 원래 '잘 되기 바래fare thee well'라는 말이었고, 역시 축복하는 의미이다. '잘 가'의 프랑스 말인 '아듀Adieu'는 글자 그대로 à dieu, 즉 '신에게to God'라는 뜻이고, '당신을 신에게 추천합니다 I commend you to God'라는 의미를 암시한다. 스페인어 adiós도 같은 의미다. 의례화된 다른 이별의 인사말 '다시 만나요see you'는 다시 만날 때까지 변함없기를 기원하는 마음을 암시하는 기도를 담고 있다. 프랑스어로는 au revoir, 독일어로는 auf Widersehen, 이탈리아어로는 arrivederci이다.

의례는 삶의 일부이다. 우리는 의례 없이 살 수 없다. 하지만 우리는 어떤 의례에 참여할지 선택할 수 있고, 참여하는 의례의 정신을 선택할 수 있다. 의례는 무미건조하고 습관적일 수도 있다. 반대로 활기차게 하고 영감을 주고 영적인 보람이 있을 수도 있다.

형태 공명

어째서 대다수 사람들은 의례가 효과적이려면 과거에 행한 것과 유사하게 행해야만 한다고 믿게 되었는가?

우리가 의례를 이해하는 길은 자연의 본질에 대한 전제에 달려 있다. 의례 활동은 마음과 자연이 어떻게 움직이는가에 대한 뿌리 깊은 관념과 관련되기 때문이다. 자연, 사회, 마음이 일종의 기억을 가지고 있다면 그것은 의미가 무척 잘 통하지만, 그렇지 않다면 의미가 잘 통하지 않는다.

과학에서 일반적인 전제는 자연의 근본적인 지배 원리, 소위 자연법칙은 고정되어 있다는 것이다. 그것은 우주의 나폴레옹법전처럼 우주가 존재하기 시작한 빅뱅Big Bang의 순간에 완전한 형태로 이미 존재하고 있었다. 별, 원자, 분자, 결정체, 생물체들은 그런 외부의 법칙의 지배를 받기 때문에 지금처럼 행동한다. 그리고 그 법칙은 모든 시대, 모든 장소에서 일정하다.

이런 전제는 16, 17세기의 신학에 기반하고 있다. 당시에 코페르니쿠스, 케플러, 갈릴레오, 데카르트, 보일, 뉴튼 및 다른 근대 과학의 설립자들은 로고스logos, 즉 신의 영원한 마음이 자연을 지배한다고 가정했다. 자연의 영원한 수학적 법칙은 영원한 신의 마음에 있는 관념이었다. 그렇기 때문에 그 법칙은 눈에 보이지 않고 물질적이지 않지만 어디에나 존재했다. 그 법칙은 신의 불변하고, 무소부재하고, 전능한 본성을 공유했다.

영원한 법칙은 비진화적인 세계관과 비진화적인 신학의 맥락에서 의미가 통했다. 하지만 이제 우리의 우주관은 근본적으로 진화론적이고, 많은 과학자들은 자연법칙을 지탱하는 비물질적이고 만연한 마음이라는 개념을 거부한다. 그럼에도 불구하고 영원한 법칙은 초기 설정 같은 과학의 전제로 남아 있다. 왜냐하면 대다수 과학자는 다른 대안이 없다고 생각하기 때문이다. 하지만 20세기가 시작된 이래 일부 철학자들과 과학자들은 인간의 법률이 발전하는 것처럼, 자연법칙이 발전할지도 모른다고 제안했다. 혹은 덜 신인동형론적神人同型論的인 비유를 하자면, 소위 자연법칙은 습성과 더 비슷할지 모른다. 기억은 자연에 본래부터 있는 것일지도 모른다. 별, 원자, 분자, 결정체, 생명체들은 이전 것들이 과거에 그렇게 행동했기 때문에 지금처럼 행동하는지도 모른다. 모든 생물 종은 각 개체가 의지하고 기여하는 집단 기억을 가지고 있을 수 있다. 본능은 그 종의 습성 같을 것일지 모른다. 어린 황금무당거미는 수없이 많은 이전의 거미들로부터 거미줄 치는 기억을 물려받았기 때문에 배우지 않아도 거미줄 치는 법을 아는 것일 수 있다.

자연의 습관 기억이 내가 '형태 공명morphic resonance'이라 부르는 과정을 통해 작용한다는 것이 나의 가설이다. 그것은 공간과 시간을 넘어 유사한 것에 대한 유사한 것의 영향력과 연관된다. 유사한 양식의 활동이나 진동은 과거에 유사한 양식으로 일어났던 것을 익히게 된다. 과거에 어떤 양식의 활동이 더 자주 일어났을수록, 다른 조건이 같다면, 그것은 다시 일어날 가능성이 더 많다. 반복이 더 많을수록 습성의 골이 더 깊기 때문이다. 습성이 매우 뿌리 깊을 때, 수소 원자나 질소 분자의 반응처럼 그것은 변화하지 않는 것처럼 보이고 외부의 법칙에 의해 지배받는 것처럼 보인다. 오랫동안 확립된 현상만을 고려한다면, 그것이 외부 법칙인지 오래된 습성인지 구별하기가 불가능하다. 왜냐하면 두 경우 모두 같은 현상이 반복해서 똑같은 방식으로 일어나기 때문이다. 따라서 전에 한번도 일어나지 않았던 새로운 현상을 고려할 때 두 가지 해석의 차이를 실험적으로 관찰할 수 있을 것이다.

예를 들어, 화학자들이 새로운 화합물을 만들어 그것을 결정화할 때, 외부 법칙 이론에 따르면, 그것은 처음이든 천 번째든 백

223

만 번째든 똑같이 결정화되어야 한다. 왜냐하면 양자이론, 전자기학, 열역학 등의 관련 법칙들은 항상 어디서나 똑같기 때문이다. 반면에 자연에서 습성이 형성된다면 그 물질은 처음으로 결정화되기가 매우 어려운데, 왜냐하면 그런 결정이 이루어지는 습성이 아직 없기 때문이다. 하지만 그 결정이 더 자주 만들어질수록 새로운 습성이 형성됨에 따라 전 세계에서 그 결정이 만들어지기가 더 쉬워진다.

형태 공명에 의해 둘째로 그 결정이 만들어질 때는, 다른 조건이 같다면, 그것은 첫째 결정의 영향에 의해 더 쉽게 만들어진다. 셋째 번은 첫째와 둘째 결정의 영향 때문에 더 쉽게 만들어진다. 또 넷째 번은 첫째, 둘째, 셋째 결정의 형태 공명 때문에 더 쉽게 만들어진다. 계속 이렇게 이어진다. 마침내 이 누적된 기억이 깊은 습성의 골을 따라 결정들이 이루어지게 하고, 결정화되는 속도가 최대치에 이르게 된다.

실제로 어떤 일이 일어나는가? 실제로 한곳에서 결정이 더 많이 만들어질수록 다른 곳에서도 결정이 더 잘 만들어진다는 것은 잘 알려져 있다. 당의 일종인 튜라노스turanose는 수십 년간 액체로 여겨졌다가 1920년대에 처음으로 결정화되었다. 그리고 그때부터 전 세계에서 결정을 형성했다. 이런 경우들을 검토한 후에 미국의 화학자 세일러는 "결정화의 씨앗들이 먼지처럼 지구의 이쪽 끝에서 반대편 끝까지 바람에 실려 날아간 것 같았다."라고 말했다.

이전의 결정의 작은 조각들이 '씨앗'이나 '핵'으로 작용하여 과포화 용액에서 결정화 과정을 용이하게 할 수 있다는 것은 의심의 여지가 없다. 그런 이유로 화학자들은 새로운 결정화 과정이 퍼지는 것은 질병이 전염되듯이 실험실에서 다른 실험실로 씨앗이 전해지는 데 달렸다고 가정한다. 그러므로 새로운 결정이 형성되는 것은 형태 공명 가설을 시험하는 하나의 길이 될 수 있다. 방문하는 화학자들이 실험실에 접근하지 못하고 먼지 입자들을 공기에서 거르더라도, 결정화 속도가 증가되는 것을 관찰할 수 있어야 한다.

형태 공명 가설을 행동에도 적용할 수 있다. 런던에 있는 쥐들이 새로운 장난을 배우면 전 세계의 쥐들이 그 장난을 더 빨리 배울 수 있어야 한다. 단지 런던의 쥐들이 그것을 배웠기 때문이다. 더 많은 쥐들이 그 장난을 배울수록 다른 곳의 쥐들도 더 쉽게 그것을 배운다. 실험실 쥐들로 실험해서 이 놀라운 결과가 일어났다는 증거들이 이미 있다. 이와 유사하게, 사람들이 이미 배운 것은 다른 사람들이 더 쉽게 배워야 한다. 그리고 실제 그렇다는 과학적 증거가 있다.

형태 공명의 열쇠는 유사성이다. 그것의 일반적인 효과는 유사성을 강화해서 습성을 형성하는 것이다. 반면에 의례들은 이 과정을 반대로 한다. 의례에서 활동 양식은 의도적으로, 의식적으로 과거에 행해진 대로 시행된다. 습성에서 이전의 활동 양식은 무의식적으로 반복되는 반면에, 의례에서 이전의 활동 양식은 의식적으로 반복된다. 습성에서 과거의 존재는 무의식적으로 반복되는 데 비해, 의례에서 과거의 존재는 의식적으로 반복된다.

형태 공명을 통해 의례는 과거를 현재로 가져온다. 현재 의례와 과거 의례의 유사성이 클수록 공명하는 연결이 더 강해진다. 그러므로 형태 공명은 전 세계 전통들에서 발견되는 반복적인 의례들을 자연스럽게 설명해 주고 의례들이 현재의 참여자들을, 그 의례가 처음 거행되었을 때까지 포함해서 이전에 그 의례를 행했던 모든 사람들과 연결시켜 주는 길을 밝혀 준다.

그런데 의례들은 단지 시간을 가로질러 연결해 주는 것만이 아니다. 또한 의례들은, 과거에 사람들이 영적 세계에 문을 열었던 것처럼 현재의 영적인 세계에 문을 여는 것이다. 같은 행위를 반복하면 같은 영적 연결을 일으키는 데 도움이 될 것이다. 추수감사절 축제에 참여하는 미국인들은 현재의 신에게 감사하며, 신에게 감사했던 이전 세대의 미국인들과 연결된다.

의례에
참여하는
두 길

안부와 이별의 의례

우리는 안부와 이별 의례를 보다 명확히 의식하게 될 수 있다. 악수할 때, 그것을 평화의 몸짓으로 볼 수 있다. 키스하거나 껴 안을 때, 그 신체의 연결에 오래된 생물학적·사회적 뿌리가 있다 는 걸 알아차리게 될 수 있다. 보노보 같은 유인원은 서로 자주 키 스하고, 개와 고양이들은 친밀감과 신뢰의 표시로 서로 혀로 핥 고 코를 비벼 댄다. 성인 늑대가 새끼에게 하듯이 입에서 입으 로 음식을 교환하는 동물들이 있고, 일부 문화에서는 인간 어머니 가 음식을 씹어서 바로 아기의 입에 넣어 준다. 물론 키스는 관능 적일 수 있지만, 많은 문화에서 키스는 안부와 이별 인사의 광범위한 사회적 역할을 오랫동안 해 왔다. 고대 페르시아, 이집트, 유대, 그리스, 로마가 그런 문화였다. 초기 그리스도인들은 '평화의 키스'를 나누었고, 현대의 로마가톨릭교회와 영국성공회 교회의 예배에 모인 사람들은 친교 전례를 할 때 '평화의 표식', 키스, 포옹이나 악수를 나눈다.

많은 형태의 인사가 평화로운 의도를 명백히 표현한다. 무슬림 인사 '앗살람 일라이쿰assalaamu alaikum'은 '평화가 당신과 함께 하기를'이라는 의미이고, 이와 유사한 유대인들의 인사 '샬롬 일레캄shalom aleichem'은 '당신에게 평화가 있기를'이라는 의미이다. 힌두교인들의 경우, '당신에게 절합니다'라는 의미의 '나마스떼namaste' 혹은 '나마스카namaskar'라는 인사를 '안잘리 무드라anjali mudra'라는 합장하는 자세와 함께 할 때, '당신 안의 신성에 절합니다'라는 의미를 전한다. 이 모든 경우에 그 의례를 단순한 관습으로 다룰 수도 있다. 하지만 그것의 보다 깊은 의미를 더 알아차리게 되면, 그 의례들이 새로운 힘과 의미를 띠게 된다.

이와 마찬가지로 '잘 가요goodbye' '아듀adieu' '아디오스adios' '신이 축복하기를God bless you' 같은 이별의 의례들도 거기에 담긴 함축적이거나 명백한 축복의 의미를 인식할 때 더 큰 의미와 힘을 지닐 수 있다.

저녁예배

저녁예배Choral Evensong는 성공회의 저녁 시간 예배인데, 합창을 하고, 시가를 찬트 하고, 고대 시가와 기도들을 낭송한다. 주중에는 대개 45분가량 하고, 일요일에는 설교가 포함되어 1시간가량 걸린다. 대성당, 대수도원, 교회, 예배당의 성가대는 16세기 엘리자베스 1세 여왕 시대부터 저녁예배에서 노래를 불렀다. 그것은 아름다운 16세기 영어와 풍요로운 곡조를 간직한 성공회 교회의 위대한 문화적·종교적 보물이다. 토머스 탈리스Thomas Tallis와 윌리엄 버드William Byrd 같은 엘리자베스 여왕 시대의 위대한 음악가들은 저녁예배를 위한 매우 아름다운 다성악곡을 만들어 냈고, 그때부터 줄곧 새로운 곡조들이 작곡되었다.

수백 개의 교회와 성당에서 매주 일요일 저녁에 '저녁예배'를 드린다. 비단 영국만이 아니라 아일랜드, 미국, 캐나다, 오스트레일리아, 뉴질랜드 그리고 다른 영어권 나라들에서 '저녁예배'를 드린다. 많은 성당, 수도원, 대학 예배당에서는 주중에도 '저녁예배'가 행해지는데, 고도로 숙련된 성가대가 엄청나게 아름다운 곡을 노래하면 그 소리가 신성한 예배 장소에 울려 퍼진다. 이 예배를 드릴 때는 촛불을 켜고, 오르간 연주가 이어지는 경우가 많다. 로마가톨릭 성당과 수도원에서는 이와 유사한 저녁예배가 '성무일도 저녁기도Choral Vespers'이다.

이런 묵상적이고, 차분하고, 평화를 부르는 예배들은 모든 사람들에게 자유롭게 개방된다. 그리스도인이거나 그리스도교의 배경을 가진 사람들에게는 그 언어가 자신의 경험과 공명하고, 선조들의 전통의 경험과 공명할 것이다. 아마도 '저녁예배'는 무신론자이거나 불가지론자에게도 영감을 주고 정신을 고양시켜 줄 것이다. 그리고 다른 종교 전통에 있는 사람에게 저녁예배는 그리스도교 전통을 맛보는 기회가 될 것이고, 거기에 쉽게 참여할 수 있는 길을 제공할 것이다. 모든 종교인들과 무종교인들이 환영받는다. 웹사이트 www.choralevensong.org를 방문하면 영국과 아일랜드에서 '저녁예배'와 '성무일도 저녁기도'를 드리는 곳과 시기, 성가대와 그들이 부르는 곡의 세부 사항을 볼 수 있다.

'저녁예배'와 '성무일도 저녁기도'에 참석하면 시간을 초월한 강한 지속성의 감각을 주고 그것을 공유하는 모든 사람을 축복할 수 있는, 오랜 세월 지속된 의례에 수월하게 참여할 수 있다.

의례는   5장
과거의 현존이다

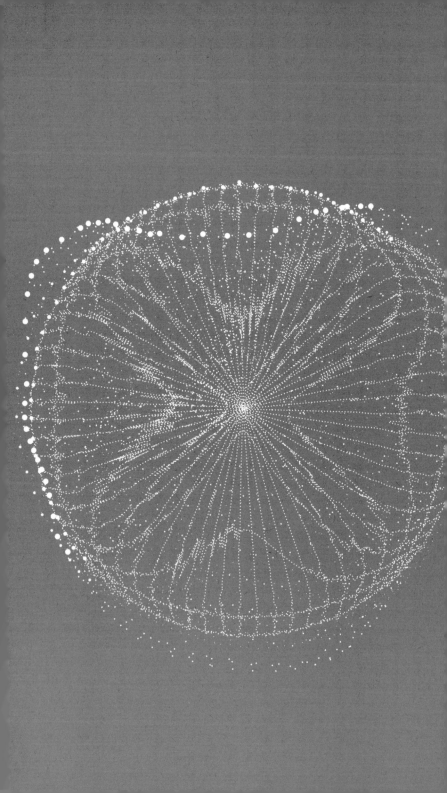

VI

노래하기, 그리고 음악의 힘

찬트 하기

나는 태어나서부터 계속 음악에 흠뻑 빠져서 살았다. 하지만 내가 특별히 달랐다고 주장하지는 않는다. 인간의 역사에서 거의 모든 인간은 음악에 빠져 있었다. 모든 전통 사회에서 노래와 춤은 그 집단의 공동생활의 일부이다. 음악은 모든 종교 전통의 일부분을 담당한다. 현대의 세속적 사회에서도 가정마다 음악이 라디오, 텔레비전, 음향 기기에서 흘러나오고, 많은 공공장소에서도 들을 수 있다. 쇼핑센터나 호텔의 배경음악으로도 음악은 어디에나 있다.

우리 어머니는 피아노를, 아버지는 플룻을 연주했고, 할아버지는 교회 오르간 연주자이자 성가대 지휘자였다. 작은 아버지도 할아버지와 같은 역할을 했다. 나는 다섯 살 때 피아노를 배우기 시작했고, 15살에 오르간을 배웠다. 나는 성공회 사립초등학교와 성공회 중고등학교에 다닐 때 성가대에서 노래하고 찬트 했다. 케임브리지대학교 학부생일 때는 무반주 다성가곡madrigal 성가대에서 노래했다. 그즈음 나는 무신론자였고 정기적으로 교회 예배에 참석하지는 않았다. 그렇지만 '저녁예배'에 가는 건 좋아했다. 또 대학교에서 오르간을 연주했다.

나는 학부생일 때 어느 방학 동안 리버풀 부근에 사는 친구네 집에 머물렀다. 우리는 거기 있는 케이번Cavern클럽에서 아직 스타로 벼락출세하기 전의 비틀즈를 처음 보았다. 비틀즈는 내게 음악을 경험하는 새로운 차원을 열어 주었다. 그리고 얼마 안 있어 롤링스톤스가 등장했다.

인도의 하이데라바드에 살면서 연구할 때, 나는 마을과 사원에서 힌두교 신자들이 여신과 남신에게 바치는 노래인 바잔bhajan[크리슈나를 찬양하는 종교적 찬가]을 노래하는 것과 수피 사원에서 황홀경의 음악을 자주 들었다. 또한 나는 인도의 타밀 나두Tamil Nadu에 있는 그리스도교 아쉬람에도 살았는데, 거기서 하루에 다섯 차례 노래하고 찬트 했다.

1982년 인도에서 아내 질 퍼스를 처음 만났다. 질은 그때 찬송과 소리 치유 워크숍을 이끌고 있었는데, 지금도 그 일을 한다. 그녀는 몽고와 투바Tuva 공화국의 오버톤 찬트 하기를 비롯해 여러 다른 문화 전통에 의지해서 집단 찬트 하기를 되살리는 작업의 개척자이다. 그녀의 워크숍에서는 전 세계 여러 전통이 공유하는 찬트의 근본 원리를 강렬하게 직접 체험할 수 있다.

우리는 모두 자신의 음악의 일대기를 간직하고 있고, 그것은 모두 다르다. 신경과 의사 올리버 색스는 이렇게 말한다.

"사실상 모든 사람에게 음악은 엄청난 힘을 발휘한다. 우리가 일부러 음악을 찾아 듣든 그렇지 않든, 자신이 특별히 '음악적'인 사람이라고 생각하든 그렇지 않든 상관없다. 이런 음악적 성향은 유아기부터 나타나고, 모든 문화에서 명백하며 핵심 역할을 한다. 아마도 인류가 처음 시작될 때부터 그랬을 것이다. 그런 '음악에 대한 사랑musicophilia'은 인간의 본성에 새겨져 있다."

이 6장에서는 노래하기, 찬트 하기, 춤추기의 진화적 기원에 대해 말하고 그다음에는 그것이 인간의 행복, 참가자들의 생리적 상태 그리고 집단의 유대에 미치는 영향에 대해 말한다. 이어서 물리학과 의식의 맥락에서 음악을 살펴보고, 마지막으로 왜 대부분의 문화에서 남신, 여신, 천사, 정령, 하느님이 음악과 같다고 여기는지 질문하겠다. 그것은 단지 인간의 투사일 뿐인가? 그게 아니면, 궁극적 실재의 본성에 대한 통찰인가?

노래하기와
음악의
진화

노래는 화석을 남기지 않는다. 그러므로 오래전 조상들이 어떻게 노래했는지 구체적인 증거는 없다. 하지만 다른 종들과 화석들과 고고학적 유물들을 살펴보고, 인간의 음악 전통을 비교함으로써 많은 것을 배울 수 있다.

찰스 다윈Charles Darwin은 음악의 진화에 대해 생각하는 길에 앞장섰다. 자신의 저서 《인간의 유래와 성 선택The Descent of Man, and Selection in Relation to Sex》에서 다윈은 매우 다양한 동물들에게 "노래하는 능력과 음악에 대한 사랑"이 있다고 주장한다. 일부 곤충과 거미의 종들은 주로 다리에 있는 특별한 구조를 비벼서 리듬 있는 소리를 낸다는 점을 그는 지적한다. 대부분의 종에서 수컷만 그런 소리를 낸다. 그런 소리를 내는 이유는 주로 "암컷을 부르거나 유혹하기 위해서"라고 그는 생각했다. 어떤 물고기 종은 산란기에 수컷이 소리를 낸다. 공기를 호흡하는 척추동물들은 공기를 들이쉬고 내쉬는 호흡관을 가지고 있으므로, 진동 기관을 통해 공기의 흐름을 조절하여 소리를 만들어 낼 수 있다. 양서류, 특히 개구리와 두꺼비는 산란기에 개골개골 소리를 내고 노래한다. 이따금 합창도 한다. 일부 파충류와 많은 조류도 소리를 낸다. 다윈은 이렇게 말한다.

"거북 중 수컷만 소리를 내고, 번식기에만 그런다. 수컷 악어도 번식기에 으르렁거린다. 많은 새들이 구애의 의미로 발성 기관을 이용해서 소리 내는 것을 우리는 잘 안다. 일부 조류는 기악곡 같은 연주를 하기도 한다."

그 예로, 도요새는 구애 행위의 일부로 공중에서 떨어지면서 꼬리 깃털을 진동시켜 기계적인 드럼 소리를 낸다. 딱따구리는 짝을 유혹할 때 노래하지 않고 나무를 울린다. 공명하는 물체를 부리로 쪼아서 특정한 유형의 소리를 만들어 내는 것이다. 또한 다윈은 생쥐와 긴팔원숭이를 비롯해서 음악 같은 소리를 내는 포유류에 주목했다.

많은 생물 종들이 소리를 만들어 낼 뿐만 아니라 음악에 끌리는 것 같다. 왜 그런가? 다윈도 그 이유를 알지 못했다.

—

하지만 특정한 맛과 냄새를 좋아하는 이유를 모르는 것처럼, 특정 계열과 리듬의 음악 소리가 인간과 다른 동물들에게 즐거움을 주는 이유를 더 물어도 그 이유를 알 수 없다. 우리는 음악 소리가 어떤 즐거움을 주는 이유를 많은 곤충, 거미, 어류, 양서류, 조류들이 번식기에 그런 소리를 낸다는 데서 추론할 수 있을지 모른다. 왜냐하면 암컷들이 그런 소리를 알아들을 수 있고 그 소리에 흥분하거나 이끌리지 않는다면 수컷들의 끈질긴 노력과 종종 수컷에게만 있는 복잡한 신체 구조는 아무 쓸모없게 될 것인데, 그렇게 믿을 수는 없기 때문이다.

—

대다수 동물 종은 수컷만 노래한다. 하지만 일부 원숭이와 유인원에서는, 특히 긴팔원숭이는 암컷도 노래한다. 그리고 인간도 여성과 남성 모두 노래한다.

다윈은 음악의 기원이 매우 오래되었다고 생각했다. 그리고 그것이 모든 인간의 문화에 음악이 있는 이유를 설명하는 데 도움이 될 것이었다. 그는 순록의 뼈와 뿔로 만든 피리가 부싯돌, 죽은 동물의 유해와 함께 동굴에서 발견된 것을 지적한다. 이는 그런 악기가 매우 오래전부터 사용되었음을 암시한다. 프랑스와 독일의 동굴에서 발견된 뼈로 만든 피리의 연대를 최근 방사성 탄

소 연대측정법으로 측정했는데, 가장 오래된 피리는 우리 종인 호모 사피엔스가 유럽에 도착했던 4만 년 전에 만들어졌음이 밝혀졌다. 음악의 진화를 연구하는 이언 크로스Ian Cross는 그 피리의 복잡한 디자인을 고려하면 "새롭고 잠재적으로 위협적인 환경에 막 거주하게 된 사람들에게 음악은 상당히 중요했던 것 같다."라고 생각한다. 음악은 결속과 더 큰 집단 유대감을 증진시킴으로써, 유럽의 새로운 정착자들이 낯설고 불확실한 세계에 적응하는 데 도움을 주었을지 모른다. 아마도 악기는 노래와 춤이 발달한 후 오래 지나서 사용하게 되었을 것이다.

또한 다윈은 감정을 불러일으키는 면에서 음악의 중요성에 주목했다. 그는 예배당에서 회중의 느낌을 고조시키기 위해 음악적인 요소가 사용되는 것을 언급했다.

"원숭이들도 낮은 음에는 분노와 조바심을, 높은 음에는 두려움과 고통을 표현하는 등 다른 음조에 따라 강한 느낌을 표현한다."

그는 음악에 대해 반응하는 오랜 진화의 역사가 음악이 감정에 미치는 영향을 설명하는 데 도움이 될 것이라고 주장한다.

-

반ᐩ인류의 조상들이 짝짓기를 위한 구애기에 음악의 곡조와 리듬을 사용했다고 추정할 수 있다. 그때 모든 종류의 동물들이 사랑에 의해서뿐만 아니라 질투, 경쟁심, 승리감의 강한 열정으로 흥분한다. 그런 경우의 음악의 곡조

는, 깊이 각인된 유전된 연관성의 원리로부터 오래된 과거
의 격한 감정을 희미하고 막연하게 상기시키는 것 같다.

—

다윈이 말했듯이, 이런 맥락에서 그것은 분명히 "사랑은 우리가 노래하는 가장 흔한 주제다."라는 말과 연관된다. 또한 다윈은 노래하기의 진화는 언어와 밀접한 관련이 있다고 말했다. 노래하기가 먼저 생겼고, 음악으로부터 말이 진화했다고 그는 생각한다. 이와 관련하여 그는 언어의 기원에 대해 매우 현대적인 진화적 사고를 예견했다. 하지만 음악학자 스티븐 브라운Steven Brown은, 음악이 언어보다 앞섰다기보다는 음악과 언어가 모두 공통의 소통 체계인 '음악 언어musilanguage'로부터 생겼다고 주장했다. 음악과 언어가 갈라질 때, 정확한 의사소통을 위해서 언어가 보다 중요해졌고, 음악은 주로 집단의 결속과 통합에 관련된 사회적 역할을 했다.

사회적
동조

화석의 증거에 따르면, 원시의 음악 소리를 만드는 능력은 180만 년 전 호모 에르가스테르Homo ergaster와 호모 에렉투스Homo erectus에서 진화했을지도 모른다. 이들은 똑바로 서서 걸었고, 뇌 크기가 1,000cc가량 되었다. 이는 현대인의 평균 뇌용량 1,400cc보다 많이 작지 않은 크기다. 그들은 맥주통 모양의 가슴과 향상된 발성 능력에 더해, 현대 인류와 유사한 외이도를 가지고 있어서 이미 목소리가 사회생활에 매우 중요했다는 것을 암시한다. 70만 년 전 즈음에는 호모 하이델베르겐시스Homo heidelbergensis가 등장하면서, 완전히 근대인과 유사한 발성관vocal tract[성대에서 입술 또는 콧구멍에 이르는 통로]이 나타났고, 귀도 말과 노래의 음역에 최대로 민감해졌다.

인간 사회가 언제 최초로 동조된 몸의 움직임과 목소리 내기의 힘을 발견했는지는 알려져 있지 않다. 인간 이외의 영장류는 일정한 박자로 함께 노래할 능력이 없다. 침팬지와 보노보가 이따금 동조된 소리를 짧게 터뜨리는 게 고작이다. 원시 인간이 그 능력을 개발하자마자, 아마도 노래와 춤이 함께 생겼을 것이다. 그들은 목소리와 몸의 움직임을 조정함으로써 이루어지는 전체가 단순한 부분의 합보다 더 강한 힘을 가졌다는 것을 발견했다. 이런 동조된 활동은 그 집단의 구성원들에게 큰 영향을 주었을 것이고, 다른 종들에게도 큰 영향을 미쳤을 것이다. 맹수들은 연합된 집단의 힘을 보고 관심을 가지게 되었을 것이다.

오늘날에도 캐나다와 미국의 도보 여행자들은 곰, 퓨마, 다른 위협적인 맹수들을 만나면 손을 높이 들고 큰 소리를 내서 자신을 실제보다 크게 보이게 만들라고 교육 받는다. 한 사람이 이렇게 하는 게 효과가 있다면, 열 사람이 발을 구르고 팔을 휘젓고 동시에 구호를 외치는 것은 틀림없이 더 효과가 있을 것이다. 또한 그것은 다른 인간 집단에게도 깊은 인상을 주었을 것이다. 많은 부족 사회들이 전쟁 구호를 외쳤는데, 그것은 연성화된 형태인 축구팬들의 구호로 아직도 존재하고 있다. 뉴질랜드의 올블랙 럭비팀이 경기를 시작하기 전에 하는 마오리족의 하카haka 춤 혹은 전쟁 구호 같은 것이다.

인간은 오래전부터 상호 동조mutual entrainment를 했다. 그 성향은 현대 도시에서도 자발적으로, 무의식적으로 나타난다. 사람들은 함께 걷고 잡담할 때, 의식하지 못하면서 자주 서로에게 동조하고 발맞춘다. 우리가 서로 발맞추는 자연스러운 성향은 군대 행진에서 형식화되었다. 부대가 행진할 때는 무작위 집단으로 거닐 때보다 더 일관되게 효과적으로 움직인다. 이 원리는 2,000년 전 로마 군대에서 군대 규율의 중요한 부분을 담당했다. 그리고 현대의 군대들도 여전히 병사들이 줄지어 행진하고 북소리와 군악을 동반해서 집단의 힘을 장엄하게 나타낸다.

상호 동조의 가장 널리 퍼진 형태는 사람들이 함께 찬트 하고 노래하고 춤출 때 일어난다. 사람들은 함께 숨쉬고, 함께 음악을 연주하고, 동시에 움직인다. 그들은 집단의 다른 구성원들과 공명하는 율동적인 관계를 맺는다. 사람들은 음악 연주와 춤에 참여하지 않을 때조차 청중의 일부로서 앉아 있으며, 억제된 방식이지만 여전히 동조하고 있고, 많은 사람들이 음악에 따라 움직이거나 박자를 맞춘다.

다윈은 동물이 구애할 때 음악을 사용해서 경쟁한다는 생각에서는 분명히 옳았지만, 인간 사회에서 협조할 때 사용하는 음악의 역할은 무시했다. 그런데 그것은 지금 음악의 진화를 논할 때 주요 주제이다. 전통 사회에서 음악은 주로 참여하는 것이다. 모든 사람들이 참여해서 노래하거나 춤추거나 둘 다 한다. 사람들은 음악에 참여함으로써 집단 정체성을 띠고, 감정을 함께 경험하고 표현한다. 대부분의 문화에서 음악은 통과 의례, 결혼식,

장례식, 명절 축제를 비롯한 의식들의 필수적인 구성 요소다. 음악은 집단의 결속을 유지하고, 또 그것을 표현하는 데 도움이 된다.

따라서 진화의 관점에서 음악은 아마도 다윈이 제안한 것처럼 짝짓기를 위한 구애와 성적 경쟁을 할 때 나타났으며, 또한 집단의 결속, 유대감, 화합의 표현으로서 나타났을 것이다. 사람들은 같은 노래, 춤, 구호를 함께 함으로써 자신이 보다 큰 전체의 일부라고 느끼는 일이 많다. 사람들은 전통적인 춤을 출 때, 과거에 같은 춤을 추고 같은 성가를 노래했던 사람들과 연결된다. 형태 공명 가설(5장)에 따르면, 그들은 같은 춤을 추고 같은 노래를 하는 선조들과 공명하고, 과거를 현재로 가져온다.

찬트
chanting

모든 음악진화학자들은 노래가 기악곡보다 먼저 생겼다는 데 동의한다. 그것은 우리의 삶에서도 마찬가지다. 많은 어머니들이 아기에게 노래를 불러 주고 속삭이듯이 말한다. 이를 '모성어motherese'라 부르기도 한다. 그리고 많은 어린이들은 자장가 부르기를 배운다. 그래서 어린이들이 악기를 배우는 건 대개 노래하기를 배운 다음인 경우가 많다.

찬트를 부르는 건 다른 노래하기와 다른데, 기본적으로 반복되는 구절이 더 많다. 힌두교와 불교의 만트라처럼 짧은 구절을 단순한 곡조에 맞추어 여러 번 반복해서 노래한다. 또는 단순한 선율을 다른 가사와 함께 계속 반복한다. 동방정교와 로마가톨릭과 성공회의 전례에서 하는 기도송과 시가들이 그러하다. 찬트는 노래들과 달리, 대개 고정된 리듬을 타는 박자가 없고 가사의 리듬을 따르는 경우가 많다.

　내가 찬트에 대해 아는 것 중 많은 부분은 아내 질 퍼스에게 배운 것이다. 그녀는 앞에서 말했듯이, 목소리 워크숍을 하고 찬트를 가르치는 일을 40년 넘게 하고 있다. 그녀는 모든 영적 전통에 공통된, 목소리의 힘을 경험하는 법을 가르치는 길을 개척했다. 그녀의 워크숍에서는 찬트, 특히 반복적인 찬트를 해서 많은 사람이 글자 그대로 서로 공명하게 만든다. 만트라를 찬트 하면 집단 전체가 과거에 같은 찬트를 했던 사람들과 공명하는 상태에 들어갈 수 있다. (아래에서 말하겠다.) 다음은 그녀가 가르치는 모음과 만트라에 대한 몇 가지 기본 원리이다.

모음

말하기와 달리 찬트 하기와 노래 부르기
에서는 모음을 길게 늘인다. 모음은 입을 벌린 채 말하고, 폐로부
터 공기가 지속적으로 흐른다. 반면에 자음은 공기의 흐름을 차단
한다. 공기의 흐름을 막거나(p, b, t, d, k, g), 코로 우회시키거나(n,
m), 폐쇄시킨다(f, v, s, z).

같은 음을 찬트할 때도, 다른 모음은 다른 소리로 들린다. 왜냐
하면 다른 모음들은 다른 양식의 배음(倍音, harmonics 혹은 overtones1))을 가

---

1) 진동체가 내는 여러 가지 소리 가운데, 원래 소리보다 큰 진동수를 가진 소리. 보통 원래 소리
의 진동수의 정수배가 되는 소리를 가리킨다.

지고 있기 때문이다. 그것은 목구멍과 입 안의 다른 형태에 의해 만들어지고, 혀의 위치에 따라 조절된다. 이들 모음은 발성 기관뿐 아니라 몸의 다른 부분에도 특정한 진동을 일으킨다.

직접 이것을 경험해 볼 수 있다. 귓속에 손가락을 넣어 귀를 막는다. 그다음 모음 '이' '에' '아' '오' '우'를 하나의 음으로 찬트 한다. 귀를 잘 막을수록, 몸 안의 다른 곳에서 진동을 더 잘 경험할 수 있을 것이다. 이를테면 이렇게 할 때, '아' 소리는 주로 가슴 속에서 울리고, '이' 소리는 머릿속에서 울려 두개골을 진동시킨다. 그러므로 그것은 글자 그대로 두개골 안에 있는 뇌를 진동시키는 것이다.

자음 'm'과 'n'에도 진동 효과가 있어서, 귀를 막고 '음'과 '은'을 허밍하면 진동을 경험할 수 있다.

만트라
mantra

만트라는 주로 산스크리트[Sanskrit] 같
은 오래된 언어로 된 신성한 소리이다. 어떤 병을 고치려 하거
나 다른 환경에서 어떤 소리나 특정한 연속된 소리를 이용한다. 명
쾌한 상태나 텅 비어 있는 상태에 들어가기 위해 혹은 스승들의 계
보에 들어가기 위해서 만트라를 읊는다.

만트라 같은 찬트를 많은 전통에서 사용한다. 이슬람의 수피 신
비주의자들은 율동적인 몸의 움직임과 율동적인 호흡과 결합해
서 여러 가지 찬트를 하는데, 그러면 그 사람은 황홀경이나 지극
히 행복한 상태에 들어갈 수 있다. 함께 찬트 하면서 같은 소리
를 내고 호흡할 때 사람들은 서로 동기화[synchrony] 된다.

일부 만트라는 공개되고 널리 알려져 있고 기도와 의식을 행할 때 반드시 필요한 부분이다. 반면에 일부 만트라는 비밀리에 스승에게서 제자에게로 전해진다.

인도 전통에서 가장 잘 알려져 있고 가장 기본이 되는 만트라는 '옴'[ॐ]Om 혹은 Aum이다. 그 소리를 대략 펼치면 '아아 - 오오 - 음'처럼 된다. 귀를 막고 한 음으로 '옴'을 찬트 하면 그것이 몸에 미치는 영향을 즉시 탐구할 수 있다. 나는 그때 '아' 소리가 주로 가슴에서 진동하는 것을 느낀다. 그 다음 '오-' 소리를 내려고 짧은 '오'를 읊으면, 진동이 위로 올라가 목구멍에 이른다. 이어서 '오-'를 읊으면, 진동이 머리의 낮은 쪽으로 이동한다. 그리고 '음' 소리는 코에서부터 퍼지는 진동을 일으킨다.

그리스도교, 유대교, 이슬람 전통에서 가장 기본적인 만트라는 아멘Amen이다. 이는 옴Om과 다소 유사하다. 이를 라틴어로 음역하면 Amen이라고 표기되지만, 유대교 전통과 동방정교회와 이슬람에서 그 원래 발음은 아메엔Ameen이다. (그리스어 신약성경에서 아멘은 αμην라고 쓰여 있는데, 둘째 음절 η(에타)는 'e'의 장음이며, 'e'의 단음인 ε(엡실론)과 다르다. 라틴어에는 'e'에 해당하는 문자가 하나밖에 없다.)

원래 표기인 αμην은 라틴어 음역보다 더 강력한 효과가 있는 만트라다. 두 가지 '아멘'을 모두 해 보라. 나는 라틴어로 읊을 때 '아'와 '에' 모음이 모두 가슴 속에서 진동하고, 'ㅁ'과 'ㄴ'을 읊을 때 진동이 코 부위로 올라간다. 반면에 원래대로 '아메엔' 하고 읊을 때는 매우 다른 효과가 일어난다. 'ㅁ'이 코의 진동을 일으킨 후에, '에에' 소리가 두개골의 바깥 부위와 공명하고, 그다음 'ㄴ'을 읊을 때 공명 중심이 다시 코 부위로 이동한다.

공개적인 만트라는 널리 알려지고 사용되지만, 비밀 만트라는 보다 특수하고 여러 세대에 걸쳐 스승으로부터 제자에게만 구전되었다. 티베트 사람들은 스승에게 만트라를 전해 받고자 대단히 먼 거리를 여행한다. 힌두와 티베트 전통에서 사람들은 그 만트라를 사용할 때 그 계보의 모든 스승들에게 주파수를 맞춘다고 믿는다. 그것은 스승들이 성취한 것, 궁극적 의식에 영적으로 연결된 상태에 그들도 연결되게 해 준다.

만트라에 대한 전통적인 이해와 형태 공명에 대한 나의 생각이 만나는 곳이 바로 여기다. 사람들이 함께 모여 만트라를 읊을 때, 그들은 적어도 세 가지 방식으로 동시에 공명하고 있다. 첫째, 위에서 말한 것처럼 그들의 발성관과 뼈 안에서 물리적으로 공명한다. 둘째, 동시에 같은 소리를 공유된 박자로 읊을 때 집단 구성원들 서로 간의 공명 동조를 통해 공명한다. 셋째, 현재 만트라를 읊는 사람들과 과거에 같은 만트라를 읊었던 사람들 사이의 형태 공명을 통해, 시간을 가로질러 주파수를 맞추어서 공명한다.

함께
노래하기의
효과

반복적으로 읊거나 단순한 노래를 제
창할 때 이로운 점은 모든 사람이 참여할 수 있다는 것이다. 목
소리가 좋지 않거나 음치라고 생각하는 사람들도 상관없다. 사
실상 모든 전통적인 사회, 공동체, 종교들에서 사람들이 함께 만
트라를 읊고 성가를 노래하는 주된 이유는 틀림없이 이런 연결
과 일치의 경험을 하게 되기 때문이다. 그리고 아마도 현대 세
계에서 많은 사람들이 교회 성가대나 공동체의 합창단에 들어가
는 가장 주된 이유도 마찬가지일 것이다. 그것은 자발적인 활동
이고, 사람들은 어떤 이익을 얻지 않으면 참여하지 않을 것이다.
그리고 실제로 합창단에서 노래하는 사람들에 대한 과학적인 설

문조사에 따르면, 응답자 대부분이 함께 노래하는 것 덕분에 기분이 좋아졌고 정신적·감정적으로 행복해지는 데 도움을 받았다고 대답했다.

이런 주관적인 효과와 더불어 측정할 수 있는 생리적인 변화도 일어난다. 함께 노래한 후에 채취한 피험자의 타액 표본은 그전에 비해 면역글로불린A^{s-IgA}가 상당히 증가했으며, 이는 면역체계가 활성화된 것을 나타낸다. 이 면역글로불린은 기관지, 생식관, 소화관의 점액을 비롯한 체액으로 분비되고, 세균 감염에 대한 1차 방어선이다. 클래식 음악 합창단에 대한 한 연구에서는, 면역글로불린A의 수치가 예행 연습 때 평균 150퍼센트 증가했고, 공연할 때는 240퍼센트 증가했다.

양로원 거주자들에 대한 연구들에 따르면, 함께 노래하는 사람들은 노래하지 않는 사람들에 비해 표준화된 스트레스와 우울증 측정치가 상당히 감소했다. 1년간 조사한 연구에서는, 독립해서 사는 노인들이 합창단에서 노래를 하면 몸과 정신의 건강이 상당히 개선되었다. 치매 환자들도 음악을 노래하고 들으면 우울증, 흥분 행위, 공격적 행위 등 일부 곤란한 증상들이 완화되었다. 한 연구 집단은 합창의 효과에 대한 연구들을 폭넓게 검토한 후, 다음과 같은 결론을 내렸다.

- 합창을 하면 행복해지고 기운이 나며, 슬픔과 우울한 느낌이 상쇄된다.
- 노래를 하면 고도로 집중하게 되고, 그러면 걱정이 줄어든다.
- 노래를 하면 잘 조절된 깊은 호흡을 하게 되고, 그것은 불안을 상쇄한다.
- 합창을 하면 사회적 지지감과 우정을 얻고, 그것은 고립감과 소외감을 개선한다.
- 합창을 하면 교육과 배움이 수반되고, 그것은 마음을 활동적으로 유지하고 인지 기능의 감소를 막는다.
- 합창을 하면 예행 연습에 참가하는 정기적인 약속을 하게 되므로, 비활동적으로 지내는 걸 피할 동기를 부여한다.

음악의 유익한 효과는 매우 잘 정립되어 있으므로, 그것을 토대로 음악요법music therapy이라는 치료법이 생겼다. 음악요법은 행동장애나 정서장애가 있는 성인과 어린이의 통증 관리와 휴식을 돕거나 임신 여성과 태아의 치료를 비롯한 다양한 상황에서 사용될 수 있다.

태아는 약 3개월 때부터 자궁 안에서 음악을 듣고 반응할 수 있으며, 태아의 움직임과 초음파 스캔으로 그것을 알 수 있다. 어린 아기들은 음악을 들으면 차분해지는 경우가 많고, 그래서 많은 문화에서 엄마들은 항상 아기들에게 자장가를 불러 준다.

자극적인 음악은 자극적인 생리적 영향을 주고, 부분적으로 아드레날린 분비를 촉진하는 것에 의해 심박수, 호흡 속도, 혈압을 증가시키는 경향이 있다는 것은 놀라운 일이 아니다. 반면에 느린 음악은 이런 수치들이 낮아지는 것과 관련이 있다. 이런 생리적 변화들은 뇌간brain stem의 활동에 의해 조절된다. 뇌간은 뇌와 척수가 연결되는 부분이며, 척수를 통해 운동 신경과 감각 신경이 뇌의 주요 부위로부터 온 몸으로 연결된다. 음악의 템포는 뇌간의 신경세포 발화에 영향을 주고, 신경세포들이 음악과 동기화되게 한다. 이와 유사한 동기화가 소뇌에서 일어난다. 소뇌는 동작과 균형을 조정하는 데 관여한다. 뇌간과 소뇌는 뇌에서 매우 오래전에 진화한 부분이며 소위 '파충류 뇌' 안에 있다.

다른 종류의 소리의 영향은 아주 오랜 진화적 본능과 연관이 있을지 모른다.

–

일반적으로 '자극적'이라고 분류되는 음악은 많은 동물 종들의 경고음 같은 자연의 소리와 흡사하다. (갑자기 일어나고 짧은 주요 모티프가 반복되는 큰 소리처럼) 그 울음소리는 잠재적으로 중요한 의미가 있는 사건들을 알린다. 흥미롭게도, 긍정적인 영향과 보상이 예상될 때도 높고 짧은 모티프의 울음소리와 연관되었다. 이어서 그것은 교감신경 흥분(심박수, 맥박, 피부 전도도, 호흡)을 증가시킨다. 반면에 '이완하는' 음악은 엄마의 발성이나 가르릉거리고 구구 우는 소리같이, 진정시키는 자연의 소리와 흡사하며(점진적인 볼륨 발전amplitude envelope이 있는 부드

256

럽고 음조가 낮은 소리), 교감신경 흥분을 감소시킨다.[1]

–

리듬이 주로 뇌간과 소뇌에 연관되는 데 비해, 선율은 주로 대뇌피질의 우반구에서 처리된다. 이는 주로 언어를 처리하는 뇌의 좌반구의 반대편이다. 또한 기분 좋은 음악은 각성과 즐거움의 경험에 연관된 뇌 부위(중간변연계mesolimbic system)를 활성화한다.

오랜 진화의 역사에 뿌리를 둔 음악의 효과 또 하나는 '사랑 호르몬'이라 불리는 옥시토신oxytocin 호르몬 수치에 미치는 영향이다. 옥시토신은 많은 무척추동물과 모든 척추동물에서 발견되고, 뇌에서 생성되어 뇌하수체에서 분비된다. (화학적으로 옥시토신은 9개의 아미노산이 늘어선 펩티드peptide이다.) 옥시토신은 심지어 지렁이의 생식 행위와 알 낳기에 연관되고, 개구리와 두꺼비, 파충류와 조류의 구애와 성적 활동에 연관되고, 그때 유대 행위와 노래하기를 자극한다. 노래하는 생쥐와 햄스터를 비롯한 포유류에서도 옥시토신은 같은 작용을 한다.

이와 마찬가지로 인간에게서 옥시토신은 사회 유대, 성적 활동, 출산 과정에서 어떤 역할을 한다. 모유를 먹이는 어머니에게서 혈류에 옥시토신이 분비되는 것은 모유가 나오게 하는 반

---

1) Chanda, M. L., and Vevitin, D. J., "The neurochemistry of music. Trends in Cognitive Science", 2013, 17, pp. 180 - 저자 주

사 작용의 일부이다. 그것은 대개 어머니가 아기의 울음소리를 들을 때 일어난다. 뇌 안의 옥시토신 수치는 직접 측정할 수 없지만, 엄마가 모성어로 노래해 주는 걸 듣는 아기들의 혈중 옥시토신 농도는 증가했다. 다른 연구에서는 사람들이 노래할 때 옥시토신 수치가 증가했고, 입원해서 수술을 받은 후에 진정시키는 음악을 들은 환자들이 음악을 듣지 않은 환자들에 비해 더 느긋했고, 더 높은 옥시토신 수치를 보였다. 옥시토신은 신뢰 행위를 용이하게 하고, 두려움과 불안을 줄여 준다.

음악이
결핍된다면

지금까지 살펴본 것처럼, 음악은 건강, 행복, 사회 유대, 집단 결속에 많은 긍정적 효과가 있다. 그렇다면 필연적으로, 음악이 결핍되면 건강, 행복, 사회 유대, 집단 결속에 부정적 효과가 있어야만 한다.

책 《거리에서 춤추기: 집단적 기쁨의 역사Dancing in the Streets: A History of Collective Joy》에서 바버라 에런라이크는, 사람들이 함께 노래하는 일이 거의 없는 현대 세속 사회에서 우울증이 증가한 것은 음악의 결핍과 연관된다고 주장한다.

많은 부족 사회와 수렵 – 채집 공동체에서는 사실상 모든 사람이 함께 노래하고 춤춘다. 반면에 농경 사회가 발달하고 도시와 사회적 위계가 확대되면서, 열광적으로 춤추는 것과 사회 질서의 유지 사이에 갈등이 일어났다. 황홀경 상태에 빠진 사람들은 주변 환경과 정상적인 사회적 구속을 잘 알아차리지 못하기 때문이다. 그들은 변화된 의식 상태에 더 잘 들어가고, 거기에는 영적 유대감과 큰 기쁨이 포함될 수 있다. 위계적인 사회에서는 상류 계층 사람들이 위엄과 권위를 유지하는 것은 하류 계층 사람들과 함께 춤추는 것과 상충된다. 그래서 일부 사회에서는 축제에서 사회질서의 반전을 허용함으로써 그런 긴장을 누그러뜨렸다. 이를테면 고대 로마에서 12월 17일에 열린 농경신Saturnalia의 축제에서는 하인들이 주인이 되고 주인들이 하인이 되었다.

나는 인도에 살 때 그런 사회적 역할의 반전을 경험했다. 하이데라바드 부근 국제반건조열대작물연구소에서 일하는 동안 나는 쓰러져 가는 궁전의 곁채에 살았다. 그 궁전은 젊은 라자raja(왕)의 소유였는데, 그의 가족은 하이데라바드 주의 전통 귀족이었다. 라자와 그의 아내 라니rani(왕비)는 경건한 힌두교인이었고 평소에 조용히 살았다. 언젠가 그들은 춘분 전날 밤의 홀리Holi 축제[1] 때 궁전 안마당에서 화톳불을 피우는 행사에 나를 초대했다.

인도에 간 첫 해에 나는 무슨 일이 일어날지 알지 못했기 때문에, 거기서 벌어진 일에 깜짝 놀랐다. 나는 모든 하인들과 가족

1)   힌두교의 신 크리슈나를 축하하는 봄의 축제.

들이 함께 모여 있는 데 같이 있었다. 사람들은 화톳불 둘레를 돌며 격렬한 춤을 추었다. 활발한 젊은이인 정원사^{mali}는 그 자리에서 주인이 되었고, 라자에게 욕설을 퍼부었다. 웃음을 터뜨리면서 라자를 하인을 부리듯이 몹시 무례하게 말했다. 다음 날 아침 라니는 내게 '특별한 홀리 음료'를 한 잔 주었는데, 알고 보니 그것은 강력한 칸나비스^{cannabis 2)}로 만든 혼합음료인 방^{bhang}이었다. 모든 사람들이 약에 취해서 한껏 축제의 기분으로 들떴고, 우리는 서로 색색의 물을 뿌리며 이리저리 뛰어다녔다. 그때도 전날 밤처럼 계급이나 카스트^{caste}의 구분이 없었고, 모든 사람이 즐겼다. 다음 날 아침 일상적인 삶이 다시 시작되었지만, 이전과는 매우 다르게 느껴졌다.

구약 성경에서는 시편에서 춤으로 축하하고, 결혼 잔치와 다른 축하 행사에서 춤추는 건 당연했지만, 춤이 위계 및 존엄과 충돌하는 건 피할 수 없었다. 다윗^{David}왕은 거의 벌거벗은 채로 춤추며 예루살렘 거리를 다녔다(사무엘하 6:14). 그의 아내 미갈^{Michal}은 그것이 심히 못마땅했다. 그녀는 남편에게 말했다.

"오늘 이스라엘의 임금으로서 체통이 참 볼 만하더군요. 건달처럼 신하들의 여편네들 보는 앞에서 몸을 온통 드러내시다니(사무엘하 6:20)."

그리고 유대 예언자들은 유대인들이 팔레스타인에 사는 다

---

2) 인도대마로 만든 마리화나.

른 민족의 주민과 어울려 황홀경의 춤을 추지 못하게 금지했다. 유대교 예언자들은 대대로, 그들이 신성한 숲에서 가나안의 여신들에게 바치는 춤이 난잡한 잔치로 변할 수 있다고 꾸짖었다.

고대 그리스에서도 이와 유사한 갈등이 있었다. 술의 신 디오니소스Dionysus와 연관된 황홀경의 제의와 군율의 영향력이 충돌했기 때문이다. 그것은 에우리피데스Euripides의 희곡 〈바쿠스의 여사제The Bachhae〉에 잘 나타나 있다. 전사들의 왕 펜테우스Pentheus는 디오니소스를 따르는 여신도들Maenads이 광란의 춤을 추는 걸 탄압하려 했다. 하지만 결국 그는 더 이상 저항하지 못하고, 여자 옷을 입고 변장한 후 춤을 추러 갔다. 하지만 그의 어머니가 그의 사지를 갈기갈기 찢어 그는 끔찍한 죽음을 맞았다.

마찬가지로 로마제국에서도 부유하고 중요한 지위에 있는 사람들이 공공연하게 점잖지 못한 춤에 빠지는 것은 용납되지 않았다. 그럼에도 디오니소스축제처럼 진탕 마시고 떠들면서 바쿠스Bacchus(디오니소스의 로마식 이름)를 숭배하는 의식이 점점 널리 퍼져서, 위협으로 여겨질 정도였다. 결국 기원전 186년 그것은 잔인하게 진압되었고, 약 7,000명의 남녀가 바쿠스 의식에 참가했다는 죄목으로 체포되어 대부분 처형당했다. 태고의 신들과 여신들은 사람들이 춤을 춤으로써 만날 수 있었고, 그런 의례는 황홀경을 불러일으켰다. 반면에 새로운 하늘의 신인 야훼Yahweh와 제우스Zeus는 축제 대신 예언자들과 사제들을 통해 말했다.

그런데 예수의 등장으로 상황이 다시 변했다. 예수에게는 디오니소스 같은 측면이 있어서, 사람들은 성찬식Holy Communion에서 술을 마셔서 그를 기념했다. 예수가 처음 일으킨 기적은 결혼 잔치에서 포도주 단지가 비었을 때 물을 포도주로 변화시킨 것이었다. (요한복음 2:1-11) 초기 그리스도인의 모임에서는 음식을 먹고 마시는 경우가 많았고, 아마도 춤도 추었을 것이다. 그리고 기쁜 축하연과 무질서한 행위에 대한 불신 사이의 긴장은 그리스도교 역사 내내 계속되었다.

중세에는 로마가톨릭교회가 축제와 카니발을 상당히 관대하게 묵인했다. 하지만 종교개혁이 일어났을 때, 종교개혁가들, 특히 칼뱅주의자들은 통속적인 축하 행사를 비난했다. 17세기에 접어들어 영국의 청교도들은 함께 모여 춤추는 걸 억압하려 했고, 마을에서 사람들이 모여 춤출 때 중심이 되는 오월제의 기둥maypole3)을 베어 버렸다. 하지만 잃는 것만이 아니라 얻는 것도 있었다. 종교개혁 전에 교회 회중들은 예배에서 아무런 역할을 하지 않았지만, 종교개혁 이후에 특히 독일 루터파교회에서는 회중들에게 노래할 것을 장려했다. 그리고 루터Luther 자신도 춤추기를 좋아했다.

아마 고대에도 우울증이 존재했겠지만, 17세기부터는 계속해서 유럽 문화에서 많이 유행하는 특징이 되었다고, 에런라이크는 말한다. 울적함melancholy이 점점 증가했고, 개신교 국가에서 특

---

3) 꽃, 리본 등으로 장식하여 5월제에 그 주위에서 춤을 추었다.

히 심했다. 새로 자아의 자주성을 강조함으로써 개인들이 큰 자유를 얻었다고 느꼈지만, 그것 또한 사람들을 고립시켰다. 많은 사람들이 마을에서 소도시와 도시로 이동해서 경험하게 된 사회적 분열과 더불어, 이 새로운 개인주의에는 더 심해진 불안과 우울증이 뒤따랐다.

19세기와 20세기 초 유럽의 탐험가들과 선교사들은 원주민들이 황홀경에 빠져 춤추는 걸 보고 놀라는 일이 많았다. 특히 원주민들이 무아지경에 빠져, 고통 없이 입에 거품을 물고, 환상을 보고, 정령이나 신들에게 흘렸다고 믿을 때 유럽인들은 깜짝 놀랐다. 1926년 출간된 부족 춤에 대한 책의 머리말에서 저자인 햄블리W. D. Hambly는 독자들에게 그 주제에 대해 동정심을 발휘해 주기를 요청해야 했다.

-

원시 부족의 음악과 춤을 연구하는 학생은 미개한 인종의 활동들을 넓은 아량으로 살펴보는 습관을 길러야 할 것이다 … 열대 숲 속에서 불빛 옆에서 음악과 춤이 격렬하게 벌어질 때, 그것이 유럽인 방문자들에게 비난과 혐오감을 불러일으키지 않는 경우가 거의 없었다. 그들은 거기에서 기괴하고 음란한 것만 보기 때문이다.

-

교육받은 서구인들은 보다 차분한 춤을 추었지만, 같은 동포라도 교육받지 않은 사람들은 카니발과 다른 축제에서 여전히 격렬하게 춤추었다.

19세기 초 카리브 해 지역과 아메리카에서 조상이 아프리카인인 노예들이 음악을 만들고 연주하는 것은, 일부 백인 노예주들을 불안하게 했을 뿐만 아니라, 정치적으로 위협적이었다. 크리스마스 같은 축제와 각종 잔치에서 억압당하는 사람들은 함께 춤추면서 연대감, 공동체 의식, 협동 의식을 깊이 느꼈고, 그때 반란이 많이 일어났다. 바로 이런 역사적 배경이 있었기에, 1950년대 말에 시작된 로큰롤 혁명은 백인 사회에 깊은 영향을 주었다. 억압받는 자들이 다시 돌아온 것이다. 엘비스 프레슬리로부터 이어진 백인 음악은 흑인 교회 음악에 깊이 뿌리 내리고 있는 아프리카-아메리카인들의 음악에서 영감을 받았다. 레이 찰스Ray Charles, 리틀 리처드Little Richard, 아레사 프랭클린Aretha Franklin 같은 1950, 1960년대의 흑인 가수들은 분명히 흑인 교회 음악에 신세를 졌다고 인정했고, 종교적인 노래와 세속적인 노래를 모두 부른 가수들이 많았다.

로큰롤 혁명은 유럽 태생 사람들에게 아프리카-아메리카적 리듬감 같은 것을 전해 주었다. 그리고 1960년대부터 계속해서 영국 글래스턴베리Glastonbury 페스티벌 같은 음악 축제를 통해 오래전 카니발의 정서 같은 것이 되돌아왔다. 하지만 그런 것들이 종교적 사건이 아니라 세속적인 사건들이라는 사실은 차

노래하기, 찬트 하기 6장
그리고 음악의 힘

치하더라도, 고대의 잔치와는 큰 차이가 있다. 사람들은 축제와 클럽, 파티에서 춤을 추지만 노래하고 직접 연주하는 사람은 거의 없다. 음악을 만들지는 않고 소비하기만 하는 것이다. 만일 음악을 듣기만 해도 우울함을 상쇄하기에 충분하다면, 최근 몇십 년 동안 우울한 사람들이 줄어들었을 것이다. 왜냐하면 요즘은 라디오, CD 음반, 배경음악, 영화음악, 광고, 휴대용 음악 플레이어, 인터넷 등 어디에서나 음악을 접할 수 있기 때문이다. 하지만 우울함을 느끼는 사람들이 줄어들기는커녕 더 늘었다.

교회에서 예배드리는 사람들은 아직도 함께 노래한다. 합창단을 하는 사람들도 마찬가지다. 하지만 유럽인들의 절대 다수 그리고 이제 미국인들의 절대 다수는 교회에서도 합창단에서도 노래하지 않는다.

어쩌면 그런 이유로 가라오케가 인기를 얻었는지도 모른다. 가라오케는 많은 사람들이 다시 노래할 수 있게 해 주기 때문이다. 아마도 노래하지 않는 것보다 어떤 식으로든 노래하는 것이 더 좋을 것이다. 그리고 영적인 목적으로 노래하는 것이 순전히 세속적으로 노래하는 것보다 더 효과적일지도 모른다. 왜냐하면 영적인 노래는 다른 사람들과의 유대감을 줄 뿐 아니라, 인간의 세계를 초월해 신적인 세계까지 이르는 인간 너머의 의식과의 유대감을 줄 수 있기 때문이다. 적어도 흑인 가스펠 가수 마할리아 잭슨Mahalia Jackson의 경험은 그랬다. 그녀는 "나는 신의 음악을 노래해요. 왜냐하면 그것이 나를 자유롭게 하기 때문이지요.

희망을 줍니다. 하지만 블루스 곡은 노래를 다 불러도 여전히 우울하거든요."라고 말했다.

음악의
여신·신·정령

           여신, 남신, 천사, 정령들, 하느님은 음악을 사랑한다. 그들을 섬기는 사람은 그들에게 노래를 바치고, 찬트를 바치고 노래를 통해 호소하고 시가와 찬송가로 찬양하며, 천사들 자체가 음악적 존재이다. 잘 알려진 크리스마스 캐럴에서도 "천사들의 합창단은 노래하라, 기쁨 속에 노래하라."라고 한다.

    고대 그리스인들은 뮤즈muse 여신들이 예술에 영감을 준다고 생각했다. 그래서 음악music이 음악music이라고 불리게 된 것이다. 즉 음악music은 뮤즈muse로부터 영감을 받는다. 그리스 신화에서 오르페우스Orpheus는 전설적인 음악가이자 영감을 받은 가수의 원형인데, 바로 어느 뮤즈의 아들이다. 이와 유사하게 인도인들은, 음악은 여신 사라스와티Saraswati에게 영감을 받는다고 믿는다. 사라스와티는 대개 현악기인 비나veena를 연주하는 모습으로 그려진다. 인도 남부에서는 인도 전통 음악 연주회를 시작할 때 이 여신의 도움을 기원한다.

유대인, 그리스도인, 무슬림은 하느님이 음악을 사랑한다고 믿는다. 세 전통 모두 성경의 시편the psalms이 신성한 노래임을 인정하고, 코란(4장 163)에서는 하느님이 시편의 원천이라고 한다.

"그리고 우리가 다윗에게 시편을 주었다."

시편의 많은 노래들은 어떤 경우에는 사람 혹은 사람이 아닌 존재가 음악을 만드는 것에 대한 내용이다. 시편 98장 5-9절은 이렇게 말한다.

"거문고를 뜯으며 야훼께 노래 불러라. 수금과 많은 악기 타며 찬양하여라. 우리의 임금님, 야훼 앞에서 은나팔, 뿔나팔 불어대며 환호하여라. … 물결은 손뼉을 치고 산들은 다 같이 환성을 올려라."

시편에서 적어도 세 편의 노래(96, 98, 149장)가 "새 노래로 야훼를 노래하여라."라는 말로 시작한다. 로마가톨릭과 개신교 모두에서 서양의 교회 음악 전통은 16세기부터 현재까지 놀라울 만큼 다양한 새로운 노래를 생산했고, 그중 일부는 대단히 아름답다. 그리고 하느님은 새로운 노래를 좋아할 뿐 아니라, 다른 종교 전통에서와 마찬가지로 오래된 노래, 전통적인 성가, 읊는 기도들도 좋아한다.

어째서 영적 존재들은 음악을 좋아할까? 무신론자와 세속적 인본주의자에게는 준비된 대답이 있다. 존재하지도 않는 영적 존재들이 음악을 좋아할 수는 없다는 것이다. 인간이 음악을 좋아하므로, 그들이 가상의 신들, 여신들, 천사들에게 자신의 활동을 투사하는 것이다. 성스러운 음악과 찬트 속에서 인간은 고귀한 의식들과 연결되는 것이 아니라, 자신의 뇌 속에서 발생하는 전기화학적 사건들과 연결되는 것일 뿐이다.

이와 달리, 전부는 아니어도 대부분의 종교 전통은 의심의 여지 없이 우주의 궁극적 실재는 진동이나 소리에 관련되고 동시에 의식적이라고 여긴다. 몇 가지 힌두교 이야기에서는 근원의 소리, 최초이자 최고의 만트라인 오옴Om에 의해 우주가 형성되었다고 한다. 유대교–그리스도교 전통에 따르면, 하느님은 말씀으로 창조한다. '하느님의 말씀' 즉 그리스어로 로고스logos는 그리스도의 성삼위일체 중 둘째 위격이다. '아버지 하느님'은 '말씀'하신다. '성령'은 하느님이 말씀하시는 호흡이다.

플라톤은 《국가The Republic》의 말미에 나오는 '에르Er의 신화'에서 영혼이 천국의 회전 바퀴를 통해 여행하는 것을 이야기한다. 회전 바퀴들은 행성들을 나르고, 각 행성의 높이마다 자신의 음을 내어 우주적인 화음을 만들어 낸다. 로마의 시인 키케로Cicero(기원전 106~43)도 어느 정도 플라톤에게서 영감을 받아 《국가》라는 책을 썼다. 여기에도 천상을 여행하는 '스키피오Scipio의 꿈'이라는 이야기가 나오는데, 스키피오의 죽은 할아버지가 그를 안내한다. 그는 죽은 이들의 영혼들이 은하수에서 사는 곳을 방문했는데, 초-우주비행사처럼 우주 밖에서 둥근 행성들을 돌아볼 수 있었다. 그가 본 우주에서는 지구가 중심에 있고 달과 다른 둥근 행성들이 그 주위를 돌고 있었고, 행성들의 움직임이 일으키는 "위대하고 기분 좋은 소리"를 들었다. 그의 할아버지는 이렇게 설명했다.

"그 조화를 현악기 위와 노래에서 모방한, 재능이 있는 사람들은 스스로 이 영역으로 복귀했단다. 예외적인 능력을 가지고 있으며 속세의 삶에서도 신의 문제를 연구했던 사람들처럼 말이지. 모든 인간들의 귀에는 그 소리가 가득하지만, 그들은 그 소리를 들을 수 없지."

물론 지금 우리는 그때와 전혀 다른 우주론을 가지고 있고, 지구는 우주의 중심이 아니다. 요하네스 케플러Johannes Kepler(1571~1630)는 행성들의 움직임을 연구해서, 행성들이 태양의 주위를 원 궤도가 아니라 타원 궤도를 따라 공전한다는 사실을 밝혔다. 그는 1619년에 행성들의 노래를 설명했는데, 행성들의 진정한 음악은 천체들이 조화를 이루고 있다는 과거의 관점처럼 하나의 고정된 음계가 아니라, 다성악이라고 말했다. 행성들은 타원 궤도에서 공전할 때, 속도가 올라가기도 하고 느려지기도 하면서 혼합된 음색을 만들어 냈다. 케플러가 자신이 발견한 바를 《세계의 조화Harmomices Mundi》라는 제목의 책으로 출간한 것은 의미 깊다.

물론 행성들이 특정한 기간이나 진동의 타원 궤도를 가지고 있다는 것 그리고 태양도 은하 안에서 다른 별들처럼 궤도 운동을 한다는 것은 여전히 사실이다. 이런 진동들은 인간이 들어서 음정으로 기록하기에는 너무 느리지만 은하에 마음이 있다면 당연히 모든 천체의 움직임들의 반복적인 리듬을 음정이나 음질로서, 행성·별·우주의 음악으로서 들을지도 모른다.

이런 모든 우주의 음악 이론들의 바탕에는 고대 그리스 피타고라스Pythagoras학파의 획기적인 가르침이 있었다. 피타고라스학파는 숫자와 비율과 균형이 전 우주의 바탕이라고 믿었다. 또 음악이 질과 양 사이, (음악의 측정 가능한 측면인) 수학과 주관적인 경험 사이를 연결해 주는 것을 보여 주었다. 음정musical intervals[높이가 다른 두 음 사이의 간격]은 의식적으로 들을 수 있고, 수학적으로 표현될 수 있었다. 예를 들어 플룻의 길이가 두 배가 되면 그 플룻이 내는 음은 본래보다 한 옥타브 낮다. 플룻의 길이가 절반이 되면 그 음은 한 옥타브 높다. 현악기의 경우에도 (현의 굵기와 장력이 일정하다면) 현의 길이에 따라 음정이 달라진다. 이 원리는 현과 유사한 우리의 성대에도 적용된다.

현대 과학도 같은 원리를 따르지만, 양과 질의 관계에 대해 보다 자세한 것을 알려 준다. 1초에 리듬을 한 번 치면, 우리가 셀 수 있는 일련의 박자가 들린다. 하지만 박자가 점점 더 빨라져서 1초에 약 20번(20헤르츠)에 이르면, 우리는 더 이상 그 박자를 셀 수 없고, 대신에 양이 아니라 질로서, 저음을 듣게 된다. 진동수가 증가할수록 음은 점점 더 높아진다. 진동수가 20~20,000헤르츠 범위일 때 우리는 진동을 음정으로, 즉 질로 듣는다. 하지만 그것 또한 진동수(주파수)의 양으로 측정할 수 있다. 관습적인 조율 체계에서 중앙의 C음 위의 A음은 440헤르츠의 주파수로 정의된다. 그것보다 한 옥타브 아래의 A음은 220헤르츠의 주파수를 가지고, 그것보다 한 옥타브 위의 A음은 주파수가 880헤르츠이다.

양자역학은 이런 피타고라스의 원리를 물질의 근본 입자들까지 확장했다. 이때 입자들은 고체로 이루어져 있지 않고 빛처럼 진동 양상이다. 원자, 분자, 결정체들은 진동하는 구조들이다. 실로 자연의 모든 것이 리듬이 있거나 진동한다. 뇌파, 심장 박동, 호흡 양상, 잠들고 잠 깨는 일주기, 여성의 월경 주기, 모든 사람의 연간 주기 등 우리 몸의 생리도 그렇게 리듬이 있거나 진동한다.

범심론자들에게는 자연에 다양한 형태의 마음 혹은 의식이 있는 게 당연하다. 그리고 각 의식은 그 수준에서 성질과 느낌을 경험한다. 원자보다 작은 입자 같은 가장 작은 것으로부터 은하성단이나 실로 전 우주 같은 가장 큰 것까지, 다양한 수준의 파동 양상에 의식이 생긴다면 어떨까? 소리 같은 질과 주파수나 진폭 같은 양이, 동물의 마음뿐 아니라 모든 단계의 복잡한 마음에서 조화를 이룬다면 어떨까? 모든 자연이 음악으로서 경험될 수 있다면 어떨까?

인도의 음악가이자 수피인 하즈라트 이나야트 칸Hazrat Inayat Khan(1882~1927)은 그 가능성에 대해 이렇게 말했다.

—

우리가 일상 언어로 알고 있는 음악은 단지 축소 모형일 뿐이다. 그것은 우리의 배후에서 작동하고 있는 전 우주의 음악 혹은 화성和聲으로부터 우리의 지성이 파악한 것에 불과하다. 우주의 화성은 우리가 음악이라 부르는 작은 그림의 바탕이다. 우리가 음악에서 느끼는 것, 우리가 음악에 끌리는 것을 보면 음악이 우리 존재의 깊은 곳에 있음을 알 수 있다. 전 우주의 움직임의 이면에 음악이 있다. 음악은 삶의 큰 목표일 뿐 아니라 삶 자체이다.

—

이와 같은 통찰이 《반지의 제왕》의 작가인 톨킨J. R. R. Tolkien이 쓴 《실마릴리온Silmarillion》의 첫 부분의 토대가 된다. 그것은 중간계Middle Earth를 포함한 우주 에아Eä의 창조 신화를 말한다. 그 이야기는 천사 같은 존재를 창조하는 것부터 시작된다.

—

유일자 에루Eru가 있었다. 아르다Arda에서는 그를 일루바타르Ilúvatar라고 불렀다. 그는 처음에 '신성한 자들' 곧 아이누르Ainur들을 만들었다. 그들은 그의 생각이 낳은 자손들이었고, 그밖의 다른 것들이 만들어지기 전까지 그와 함께 있었다. 그는 그들에게 음악의 주제를 주었고, 그들은 그의 앞에서 노래를 불러 그를 기쁘게 하였다. 하지만 오랫동안 그들은 혼자서만 노래하거나 몇몇만 모여서 노래했고, 나머지는 듣기만 했다. 왜냐하면 그들은 각각 일루바타르의 마음 중에서 자신이 나온 부분만을 이해했고, 형제들에 대한 이해는 느렸기 때문이다. 하지만 그들은 노래를 들으면서 더 깊이 이해하게 되었고, 제창과 화성이 증가했다.

–

음악을 통해 세상이 창조되었다는 톨킨의 시적 상상은 우리가 더 깊이 상상할 수 있도록 도와준다. 우주의 음악은 일반적인 경험을 훨씬 넘지만, 창조 신화와 이야기꾼들 덕분에 우리의 제한된 마음을 훨씬 넘는 의식 세계의 어떤 것을 언뜻 볼 수 있다. 우리는 음악을 공유하는 경험을 통해 그것과 관계 맺고 있다.

의식은 뇌 안에만 존재한다고 믿는 사람들에게는 음악에 대한 이해도 뇌에 국한될 것이다. 그밖에 다른 것에는 의식이 없으므로, 인간 이외의 광대한 세계 대부분은 우리의 찬트와 노래와 음악을 들을 수 없다. 반면에 전 우주에 의식이 있다면 그리고 우주에 다양한 수준의 의식이 있다면, 음악은 우리를 우리의 마음보다 훨씬 더 큰, 음악적인 마음에 연결할 수 있을 것이고, 궁극적으로 생명 자체의 근원에 연결할 수 있을 것이다.

두 가지
음악 수행

노래하기

늘 다른 사람들과 함께 노래하라. 가장 간단한 방법은 합창단이나 교회 성가대에 들어가거나 일요 예배에 참석하는 것이다. 대부분의 교회에서 아침예배나 저녁예배 때 찬송가나 시편의 노래를 부르는 데 참여할 수 있을 것이다. 나는 어디에 가든지 그렇게 한다. 함께 노래할 친구들을 모으는 것보다 더 간단한 방법이다. 예배에 참석하는 게 불편하다면, '일요 집회'나 정기적으로 모여 노래하는 다른 세속 모임에 가는 것도 좋다. 유대인은 시나고그syagogue[유대교의 예배당]에 가서 함께 노래할 수 있다. 힌두교인은 '바쟌'을 부르러 가거나 다른 찬양 모임에 갈 수 있다.

찬트 하기

아내 질에게 모든 사람이 해 볼 수 있는 단순한 수행들을 정리
해 달라고 요청했다. 다음은 그녀가 제안한 것이다.

-

대부분의 영적 수행은 우리를 현재에, 지금 여기에 있
게 해 주는 방법이다. 우리는 현재에서만 찬트 할 수 있
고, 그럴 때 우리가 내는 소리에 귀 기울이면, 주의를 기
울이는 회로를 만들어 낸다. 그것은 우리가 펼쳐지고 지
속되는 지금과 통합할 수 있게 해 주며, 거기서 기쁨
을 발견할 수 있다. 사람들이 환멸을 느낀다고 말할 때,
나는 그 말을 글자 그대로 받아들이고 그들에게 환멸
dienchantment의 치료제는 찬양chant이라고 말한다. 매혹하
는 것enchant은 소리를 통해 황홀하게 만들거나 황홀해지
는 것이다.

모든 전통에는 명상으로서 반복하는 신성한 소리가 있으
며, 그것은 과거와 미래의 망상 속으로 추방된 우리를 구
해 주고 후회와 불안의 무한 반복에서 우리를 구해 주
며 우리를 현재로 되돌려 준다. 동양에는 수없이 많은 만
트라가 있는데, 아마도 가장 잘 알려진 것은 옴Om이다. 한
편 서양의 유대교, 그리스도교, 이슬람에서는 많은 사람들
이 아메엔Ameen을 읊었다. 실제로 어떤 사람들은 이런 만

트라들이 같은 기원에서 비롯되었을지 모른다고 추측한
다.

나는 다음과 같이 해 보라고 제안한다.

눈을 감고 호흡에 집중한다. 들숨마다 빛을 몸속으로 가
지고 오게 한다. 그리고 날숨마다 긴장을 풀고 놓아 버린
다. 날숨마다 더 놓아 버리고 들숨마다 자신의 내면을 느
껴서, 마침내 당신이 전부 빛이 되게 한다. 그 뒤에 그렇
게 계속하되, 이제 소리를 도입해 허밍하기 시작하고 그 소
리가 광선처럼 당신의 존재의 내면에 있는 구석진 곳을 탐
색하게 한다. 가장 중요한 것은 듣는 것이다. 당신이 내
는 소리에 집중해서 어느 한 소리도 놓치지 말고 듣는다.
그렇게 계속하면서 입모양을 바꾸기 시작하고 다른 모음
들을 탐색하고 혀를 돌리면, 당신이 듣는 소리가 조절되
고 변하기 시작한다.

 당신이 끌리는 만트라를 선택하고 조용히 앉아서 그 만트
라를 읊는다. 원초적 공간을 의미하는 티베트의 만트라 아
Ah를 읊으면서 동시에 자기 목소리를 들으면 아마도 당신
이 읊는 소리와 통합될 것이다. 당신이 소리의 부재를 들으
면서 현존할 때까지 그 소리가 점점 더 고요해지게 놓아두
라. 소리의 선물은 고요다.

–

노래하기, 찬트 하기   6장
그리고 음악의 힘

VII

순례와 성지

수천 종의 동물들은 이주하며 산다. 그들은 대개 1년을 주기로 두 곳의 서식지를 오고 간다. 제비는 봄에 영국에 오는데, 지난해에 둥지를 틀었던 같은 장소에 돌아오는 일이 많다. 가을이 되면 제비들은 남아프리카로 날아간다. 그리고 다음해 봄에는 다시 영국으로 돌아온다. 제비들의 서식지는 그들이 사이를 오가는 양쪽 끝인 것 같다. 작은 바닷새인 북극제비갈매기는 해마다 글자 그대로 두 극을 오간다. 북극에서 알을 낳고, 남극으로 갔다가, 다음해에 다시 북극으로 돌아온다.

이런 이동에는 목적이 있다. 철새들은 알을 낳기에 더 좋은 환경을 찾아 이동하고, 새끼를 낳은 곳이 겨울이 되면 먹이를 찾을 수 있는 곳으로 이동하는 것이다.

하지만 어떤 동물들은 뚜렷한 생물학적 목적 없이 서식지를 옮긴다. 서아프리카의 음텐투Mtentu강에 사는 킹피쉬kingfish는 해마다 강의 상류로 이동하여 일주일 동안 시계 방향으로 원을 그리며 빙빙 돌다가 되돌아온다. 킹피쉬는 목적지에서 알을 낳지도 않고 사냥을 하지도 않는다. 그래서 킹피쉬의 연간 이동은 순례에 비유되었다. 어떤 침팬지들은 세력권에 있는 특정한 나무 위로 돌을 옮기고, 그 돌을 아래로 던진다. 그 돌들이 쌓여서 인간이 기념으로 쌓은 돌무더기같이 된다.

인류 역사의 대부분의 기간 절대 다수의 인간들은 이주 생활을 했다. 우리의 조상들은 수렵-채집을 해서 살았다. 수렵-채집 생활은 사냥감과 먹을 수 있는 식물을 찾아 이동하는 것이며,

그런 목적에 따라 순환적인 이동을 하게 된다. 시베리아에서 순록을 치는 사람들이 오늘날도 여전히 그렇게 하듯이, 전통적인 생활을 하는 사람들은 관습적인 이동 경로를 따라 움직인다. 오스트레일리아 원주민들Aborigines은 그런 경로인 노래길Song Lines을 따라 이동했다. 그들은 이동하면서 그 장소들에 대한 이야기를 노래했는데, 그 노래는 물웅덩이나 표지물이 있는 곳을 강조했다.

북아메리카에서도 수렵 – 채집 사회들은 그들의 영토를 순회하면서, 자연 자원의 원천에도 가고, 창조 이야기와 노래들에 나오는 장소에도 갔다. 그들의 의례는 특별한 성지와 연결되어 있었다. 캘리포니아의 파이우트 – 쇼숀Paiute-Shoshone족 사람들은 자기들이 특정한 온천에서 창조되었다고 믿었고, 또 그곳이 치유의 장소라고 믿었다. 츄마시Chumash족 인디언들은 죽은 이들의 여행을 돕기 위해 산타루시아Santa Lucia 산봉우리에 약꾸러미를 매장했다. 수Sioux족의 전설에 따르면, 한 여인이 남편의 새 아내를 질투해서 텐트를 거두고 부족의 이동 경로를 따라가기를 거절했다. 그래서 그녀는 뒤에 남았는데, 결국 서 있는 돌이 되었다. 그 자리는 지금 '서 있는 바위'라고 불린다.

이주부터
현대의
순례까지

1만 2,000년 전쯤 신석기 혁명이 시작되었다. 사람들은 농작물을 기르기 시작했다. 그 이래로 점점 더 많은 사람들이 마을에 정착해서 살았고, 그 다음에는 소도시와 도시에 살았다. 그런 사람들과 오늘날 마을, 소도시, 도시에 사는 우리 모두에게, 먼 옛날에 끊임없이 이동하던 생활방식은 끝났다.

농경과 정착 생활이 시작되었지만, 염소, 양, 소, 야크, 낙타를 치는 사람들은 이동하는 생활을 계속했다. 가축 떼를 몰고 물과 신선한 목초지를 찾아, 여름에는 고지대로 올라가고, 겨울에는 저지대로 내려왔다. 성경에서는 아담과 이브가 에덴동산에서 쫓겨났을 때 두 아들 중 카인은 농부가 되었고 아벨은 양치기가 되었다. 구약성경의 족장인 아브라함, 이삭, 야곱은 아벨처럼 양치기였고 정착민들 속에서 이동하는 사람이었다. 이 단계의 인류는 절반은 정착했고 절반은 이주 생활을 한 것으로 묘사되었다.

농경과 정착 생활이 발달하기 전에는 사람들이 한곳에서 다른 곳으로 이동함에 따라 성지들이 계절별 축제와 연관되었다.

지역 성지들의 거룩함은 그곳에 이르는 길과 성지들 사이의 길까지 확장되었다. 정착민들에게도 신성한 곳을 방문하는 오랜 관습이 지속되었고, 어떤 경우에는 과거에 집단으로 이동했던 것이 바뀌어 종교적인 행렬의 형태로 의례화된 신성한 여행이 되었다.

도시가 성장함에 따라, 점차 많은 사람들이 자연이 아니라 인간이 세운 신전으로 순례를 가게 되었다. 고대 세계의 도시들은 신전이 있었기 때문에 신성화되었고, 그것이 당연하다고 여겨졌다. 고대 이집트와 수메르가 그랬다. 수메르의 모든 거대한 도시국가들의 중심부에는 신전이 있었다. 당시 영국처럼 도시 문명이 덜 발달한 곳에서는 거대한 제의 중심지를 조성했다. 에이브버리Avebury와 스톤헨지Stonehenge에 둥글게 배열된 거석들이 그 예인데, 그것은 이집트에서 피라미드가 만들어진 때와 비슷한 시기인 4,000년 전보다 더 오래전에 만들어졌다. 이런 거대한 구조물들은 많은 사람들이 순례의 원형인 여행을 해서, 계절 축제를 하려고 모였던 곳임에 틀림없다.

플라톤은 자신의 책 《공화국》에서 새로운 국가의 정착민들에게 이렇게 조언했다. 정착민들은 먼저 토속 신들의 신전과 성지를 찾아, 그것을 정착민들의 종교의 신조에 따라 재축성하고, 합당한 날에 축제를 열어야 한다. 플라톤의 시대까지 많은 종교들이 이미 이런 신조를 받아들였고, 그 뒤를 이어 동방정교회와 가톨릭 교회를 비롯한 많은 종교들이 그렇게 했다.

모세와 여호수아Joshua는 이집트의 노예였던 유대인들을 이끌고 나와 '약속의 땅'인 가나안Cannaan[팔레스타인의 옛 이름]으로 갔다. 그들은 그곳에 정착했을 때, 처음에는 그들이 그곳에 오기 오래전부터 숭배받았던 여러 신성한 장소에 경의를 표했다. 가나안 사람들이 신성하게 여기는 청동기 시대의 성지인 실로Shiloh도 그런 곳이었고, 여호수아는 그곳에 신성한 장막을 쳤다. 또 유대인들은 언덕 꼭대기의 신성한 숲을 숭배했고, 베델Bethel에 있는 신성한 돌을 공경했다. 그곳은 야곱이 하늘로부터 천사가 내려왔다가 다시 천국으로 올라가는 환상을 보았던 곳이다. 유대인들이 오기 전에 그 땅에 살았던 사람들은 그곳에 있는 다른 많은 거석들도 신성하게 여겼다. 야곱이 환상을 보았던 베델이 그런 고대의 신성한 돌들 중 하나였던 건 당연한 일이었다.

야곱은 그 돌에 기름을 발라 신성화했고, 거기에 제단을 쌓았다. 나중에 그의 후손들은 이집트의 노예가 되었는데, 여러 세대 후에 가나안에 돌아온 그들은 베델을 순례 중심지로 만들었다.

솔로몬 왕이 기원전 950년경 예루살렘에 신전을 세운 후, 예루살렘은 특히 큰 축제 때 가장 중요한 순례지가 되었다. 그로부터 200여 년 후에, 기원전 715년부터 687년까지 통치한 히스기야 Hezekiah 왕이 언덕 꼭대기의 신전들과 다른 성지들을 파괴했고, 예루살렘 신전으로만 순례를 가게 하려 했다. 하지만 그는 사람들이 베델을 숭배하는 것을 억누르지 못했고, 베델은 요시야 Josiah 왕(기원전 640~609) 시대 전까지 계속해서 예루살렘에 필적하는 종교 중심지였다. 요시야 왕은 베델의 성소를 파괴하고 남아 있는 신성한 숲을 모두 베어 버림으로써, 모든 숭배를 예루살렘에 집중하게 하는 일을 완성했다. 그때부터 유대인들은 많은 신성한 숲과 신전과 다른 성지들을 순례하지 않았고, 도시에 있는 신전만 순례했다. 하지만 순례의 신조는 사라지지 않았다.

고대 그리스에서는 도시국가들마다 멀리 떨어져 있는 시민들이 정기적인 축제를 하러 돌아오는 중심 신전이 있었다. 그리스의 수도 아테네에서 사계절마다 열린 '위대한 범아테네 축제'[아테네 여신에게 드리는 제전]는 아크로폴리스 광장에 모인 행렬에서 절정에 이르렀다. 그것은 아테네 시의 수호 여신인 아테나 Athena의 신전인 파르테논 Parthenon 신전의 벽에 나타나 있다. 이렇게 각 도시마다 사람들이 모이는 곳이 있었고, 또 그리스 전체의 순례 중심지가 있었다. 순례자들이 신탁을 요청했던 델포이 Delphi 신전, 제우스의 축제에서 4년마다 올림픽 경기가 열렸던 올림피아 Olympia 평원이 그 예다. 사람들은 올림픽 경기에서 우승자가 힘과 속도와 지구력의 묘기를 부리면서 신화의 영웅들을 강한 육체와 멋진 장면으로 구현하는 것을 보았다.

고대 그리스 전통에서 순례를 하는 핵심 목적 중 하나는 병든 사람을 치유하는 것이었다. 많은 순례자들이 에피다우로스Epidaurus에 있는 위대한 치유 신전에 가서, 아폴로 신과 아스클레피오스Asclepius 신[의술의 신]이 기적적인 치유를 일으켜 주기를 바랐다. 그들은 공물을 바치고 신전 안에서 잤다. 많은 사람들이 그 신전에서 환상을 보고 병이 나았다고 말했다.

이런 꿈 배양dream incubation 전통은 그리스 정교회에서 계속되었고, 특히 쌍둥이 치유의 성인인 코스마스Cosmas와 다미안Damian에게 헌정된 교회들에서 그랬다. 두 사람은 절단된 다리에 온전한 다리를 이식하는 치료를 처음으로 성공했다고 전해진다. 이런 전통은 일부 정교회와 수도원들에서 계속되었고, 순례자들은 그곳에서 밤을 지내면서 신이 내리는 꿈을 꾸고 치료되기를 바랐다.

이와 유사하게 오늘날 무슬림 순례자들은 치유의 꿈을 꾸기를 바라면서 수피 성인들의 신전에서 잔다. 인도의 하이데라바드에 살 때, 무슬림 친구 몇 명이 나를 그 지역 성인의 신전에 데리고 갔다. 그곳은 오래된 여행자 숙소caravanserai 안에 있고, 여행자들이 쉴 수 있는 벽으로 둘러싸인 구내였다. 그 신전은 안마당에 있었고, 여러 가족들이 여기저기 흩어져서 밤을 지낼 준비를 하고, 가족 중 문제가 있는 사람들을 돕고 있었다. 그들은 치유하는 꿈을 꾸게 해 달라고 기도하고 있었다. 꿈에 그 성인이 나타나서 그들을 도와달라고 비는 것이었다. 거기에서 치유하는 꿈을 꾼 사람들이 많다고 했다.

로마제국 안에는 순례지가 많이 있었다. 어떤 순례지들은 샘, 강, 신성한 숲 근처에 있었고, 그 지역 사람들만 찾아왔다. 다른 순례지들은 보다 널리 알려져서, 먼 데서부터 사람들이 여러 날을 걸어서 그곳을 방문했다. 일부 순례자들은 현재 불교 승려들과 유사한 수행을 했다. 예를 들어 기원후 2세기에 작성된 〈시리아의 여신에 대하여On the Syrian Goddess〉라는 논문에는 순례자들이 현재의 터키에 있는 신성한 도시 히에라폴리스Hierapolis를 향한 여행을 준비하는 모습이 나온다. 그들은 순례지로 출발하기 전에 머리와 눈썹을 깎았다. 여행 중에는 항상 침대가 아닌 바닥에서 잤고, 찬물로만 몸을 씻었다.

초기 그리스도인들에게 가장 중요한 순례지는 예루살렘이었다. 예수의 삶과 죽음과 부활에서 예루살렘이 가장 중요했기 때문이다. 예수 자신이 '성지'를 걸어서 다녔고, 주요 축제에 참여하려고 예루살렘에 갔다.

최초의 가장 중요한 그리스도인 순례자는 헬레나 왕후Empress Helena(기원후 250~320년경)였다. 그녀는 순례를 가서 예수의 생애에서 의미 깊은 장소들을 찾으려 했고, 예수가 십자가형을 당한 십자가를 비롯한 유적들을 찾으려 했다. 그녀의 아들 콘스탄티누스Constantine 황제는 그리스도교로 개종했고, 콘스탄티노플을 동로마제국의 수도로 제정했다. 그리고 예수가 죽어서 매장되었다가 죽은 자들로부터 부활한 것으로 사람들이 믿는 자리에 '그리스도의 성묘聖墓 교회'를 세웠다.

예루살렘은 지금도 여전히 그리스도인들과 유대인들과 무슬림들에게 제일의 순례지이다. 마호메트Mohammed는 환상 속의 '밤의 여행'에서 '번개'라는 이름의 말을 타고 예루살렘의 성전temple 산으로 날아갔다. 이슬람교 전통에 따르면, 거기서 마호메트는 아브라함, 모세, 예수와 다른 예언자들을 만났다. 그는 기도로 그들을 이끌었다. 그 후 가브리엘 천사가 마호메트를 호위해서 바위 꼭대기에 데려갔는데, 거기에 금빛 사다리가 나타났다. 마호메트는 그 빛나는 사다리를 타고 올라갔고, 일곱 천국을 통과해서 알라Allah의 앞에 도달했다. 그는 알라로부터 자신과 그의 추종자들에게 주는 가르침을 받았다. 그 일이 일어났던 자리 위에 이슬람교에서 가장 신성한 장소인 '바위 사원'이 세워져 있다.

　　그리스도교 세계에서는 순교자들과 다른 성인들의 무덤 주위에 다른 많은 순례지들이 생겼다. 사람들은 그들의 유해가 순례자들을 성인들이 승천한 천상의 세계로 연결해 준다고 믿었다. 그들의 무덤은 천국과 땅이 만나는 곳으로 여겨졌다. 천국에 있는 성인들은 속세의 유해를 통해 땅에 있는 무덤에 현존할 수 있었다. 이런 무덤들은 이미 기원후 3세기 즈음 순례지가 되었고, 6세기가 되자 성인들의 무덤들은 그리스도교적 삶의 중심지가 되었다. 서방 교회에서 주교의 권력과 권위는 성인들의 무덤들과 밀접하게 연관되었는데, 그 무덤들은 대성당 안에 있는 것이 많았다.

　　예언자 마호메트의 고향 메카Mecca는 그가 태어났을 때 이미 중요한 순례지였고, 가장 중요한 곳은 전통적으로 천국에서 떨어진 것으로 여겨지는 검은 바위였다. 그 검은 돌은 현재 메카의 중심에 있는 정방형 건물인 카바^{Kaaba} 신전의 한구석에 박혀 있다. 카바 신전은 이슬람에서 가장 중요한 순례지이고, 순례자들은 그 둘레를 반시계 방향으로 일곱 번 걸어서 돈다. 그곳은 사람들이 순례할 때 시계 방향으로 돌지 않는 세계에서 몇 안 되는 곳 중의 하나다.

인도는 여전히 카슈미르산의 높은 곳에 있는 아마르나스^{Amarnath} 동굴 같은 신성한 동굴, 갠지스^{Ganges}강 같은 신성한 강의 수원지, 티베트의 카일라스^{Kailash}산 같은 신성한 산들 그리고 많은 신전, 신성한 나무, 강, 바위와 언덕 꼭대기의 성지에 이르는 수많은 순례 경로들이 이리저리 교차하는 곳이다. 불교인들은 불교의 성지로 순례를 떠난다. 이를테면 인도에서 부처의 삶과 연관된 보드가야$^{Bodh Gaya}$ 같은 곳이다. 그곳에서 부처는 보리수나무 아래에 앉아 깨달음을 얻었다고 전해진다.

전 세계에서 다양한 순례의 형태들을 볼 수 있다. 그러므로 순례는 인간의 본성에 깊이 새겨져 있는 부분인 것 같다. 그 뿌리는 수렵 – 채집인들이 계절마다 이주하며 살았던 것이고, 그보다 오래전 수백만 년에 걸쳐 동물들이 이주하며 산 것이다.

순례는 고대로부터 기원했다는 바로 그 이유 때문에 종교개혁 때 유럽에서 공격받고 억압당했다. 종교개혁론자들은 성경의 권위를 신앙의 기반으로 삼았으며, 가톨릭 교회가 그리스도교 성인들과 연관된 새로운 관습·전통과 더불어 수 세기 동안 통합하고 흡수해 온 그리스도교 이전의 전통과 결별했다.

영국에서는 캔터베리대성당 안에 있는 성 토마스 베케트St. Thomas Becket의 성지를 순례하는 사람들이 대단히 많았다. 그 순례는 그의 순교를 추도하는 것이었으며, 세속 권력과 특히 왕실 권력에 대한 영적인 저항을 상징하는 것이었다. 그는 의사나 의학을 찾을 수 없었던 시대에 누구와도 비할 바 없는 치유자인 '위대한 의사'로도 알려져 있었다. 그의 피, '성 토마스의 피'를 탄 물에 치유력이 있는 것으로 여겨졌고, 그의 성지 부근에서 행상인들이 그것을 납병에 넣어 순례자들에게 팔았다. 초서Chaucer가 쓴《캔터베리 이야기Canterbury Tales》덕분에 캔터베리로 가는 순례는 사람들의 기억에 영원히 남게 되었다. 1380년대에서 1390년대 사이에 쓰인 이 소설은 순례자들이 서로 자신의 여행에 대해 이야기하는 내용이다.

영국에서 또 하나의 중요한 순례지는 노퍽Norfolk 주의 월싱엄Walsingham이었다. 거기에는 '동정녀 마리아Blessed Virgin Mary'의 성지가 있는데, '검은 성모 마리아Black Madonna'상과 '가브리엘 천사의 성수태 고지1)'가 일어났던 집을 다시 만들어 놓은 '신성한 집'으로 이루어져 있다. 그리고 또 하나의 중요한 순례지는 글래스턴베리Glastonbury대수도원이다. 그곳은 아더Arthur 왕이 묻혀 있다고 전해지고, (예수가 십자가형을 당한 후에 그를 매장했던) '아리마대의 요

---

1) 천사 가브리엘이 성모 마리아에게 예수를 수태하였음을 알린 일.

셉Joseph of Arimathea'이 그 부근 언덕에 지팡이를 꽂았다고 전해지며, 그 지팡이가 뿌리를 내렸고 '신성한 산사나무'로 자라나서 크리스마스면 꽃을 피운다고 전해졌다. 산사나무는 원래 5월에 꽃이 핀다. 그런데 그 신성한 나무의 후손으로 알려진 나무에서 꺾꽂이해서 자란 나무들은 여전히 글래스턴베리에서 크리스마스에 꽃이 핀다.

하지만 성경에는 캔터베리, 월싱엄, 글래스턴베리에 대한 구절이 하나도 나오지 않는다. 그래서 종교개혁론자들에게 그런 곳을 순례하는 건 아무런 의미가 없었다. 거기에는 성경적 권위가 없었기 때문이다.

1538년 헨리 8세의 통치기에 왕의 심복 토머스 크롬웰Thomas Cromwell은 영국의 순례자들을 억압했다. 순례 금지령은 엄숙한 개신교Protestant 정신을 나타냈다.

–

(사람들은) 성경 이외에 사람들의 환상으로 만들어 낸 다른 어떤 것도 신뢰해서는 안 된다. 순례지까지 걸어가거나, 조각상이나 유적에 돈, 양초, 길고 가느다란 양초를 바치거나 그런 것들에 입 맞추거나 그것을 혀로 핥거나, 이해하지 못하고 아무 생각도 없이 묵주를 돌리며 되풀이해서 말하는 것이 그런 일이다.

–

성지는 파괴되었고, 대수도원과 수도원들은 해체되었고, 그 재산은 왕에게 몰수당했다. 수도원의 해체는 순례의 풍경을 이중으로 파괴했다. 즉 순례자들에게 중요한 목적지를 없앴을 뿐만 아니라, 순례자들이 여행할 때 음식과 숙소를 제공했던 기간 시설을 제거해 버린 것이다.

순례는 다른 개신교 국가들에서도 억압당했다. 1520년 마틴 루터Martin Luther는 이렇게 선언했다. "모든 순례는 중단되어야 한다. 순례는 좋은 점이 하나도 없다. 어떤 계율도 순례를 명하지 않았고, 순례해야 한다는 복종 규칙도 없다. 오히려 그런 순례들이 죄를 저지르고 하느님의 계율을 멸시하는 셀 수 없이 많은 기회를 준다."

반면에 유럽의 로마가톨릭 국가들과 동방정교 국가들에서는 순례를 억압하지 않았다. 그리고 그런 많은 국가들에서는 오늘날까지도 고대와 같은 순례가 계속되고 있다. 아일랜드에서는 개신교 영국이 억압하려 했음에도 순례가 계속되었고, 지금도 많은 순례자들이 도니골Donegal 주에 있는 락 더그Lough Derg 섬의 성 패트릭 성소Sanctuary of St. Patrick에 가고, 메이요Mayo 주에 있는 신성한 크로프패트릭Croagh Patrick산에 오른다.

유럽에서 가장 유명한 순례지는 스페인의 도시 산티아고 데 콤포스텔라Santiago de Compostela이다. 그곳은 중세 시대부터 계속 사람들이 순례했을 뿐 아니라 지난 30년 간 예전보다 훨씬 더 많은 관심을 끌었다.

라틴 아메리카에서 유럽의 정복자들은 전통적인 로마가톨릭의 정책에 따라 현지의 그리스도교 이전의 신성한 장소들을 동화하고 그리스도교화 했다. 멕시코시티 부근의 아즈텍Aztec 어머니 여신의 신전은 1519년에 파괴되었다. 그 후 1531년에 한 멕시코 원주민이 그 신전이 있었던 장소에서 일련의 성모 마리아의 환상을 보았고, 그곳에 성소가 세워졌는데, 그것이 지금 '과달루페 성모 마리아 바실리카Basilica of Our Lady of Guadalupe'성당이고, 여기에 초승달 위에 서 있는 '검은 성모 마리아' 성화가 있다. 이곳은 세계에서 가장 많은 사람들이 찾는 로마가톨릭 순례지이다.

이와 달리 북아메리카의 개신교 정착자들은 원주민들의 성지에 관심이 없었다. 영국 보통법을 근거로 아메리카 원주민들이 대대로 살아온 땅은 '거주민이 없는vacuum domicilium' 것으로 재정의되었다. 즉 아무도 살지 않고 황무지의 연장일 뿐이며 아무도 지배권을 가지지 않은 땅으로서, 사람들이 경작하고 문명화하기를 간절히 바라는 상태라고 간주되었다.

일부 전통적인 로마가톨릭 국가와 동방정교 국가들에서는 그리스도교 개혁론자들뿐 아니라 반그리스도교 혁명론자들도 순례를 억압했다. 그들은 순례가 종교적이라는 바로 그 이유 때문에 순례를 근절하고자 했다. 1789년 시작된 프랑스혁명은 왕의 권력과 함께 로마가톨릭교회의 권력을 전복시키고자 했다. 혁명정부는 1793년에 '이성 숭배the Cult of Reason'를 국가 종교로 선포했다. 파리의 노트르담대성당은 '이성의 신전Temple of Reason'으로 바뀌었고, 다른 교회들과 대성당들은 세속화되었다. 그리고 순례는 금지되었다.

소비에트 연방의 무신론 정부 통치 아래서 교회는 폐쇄되었고, 사제들은 처형당했고, 사원들은 파괴되었으며, 종교 활동은 박해받았다. 성지들은 의도적으로 훼손되었다. 가장 최근인 1958년에 '소위 성지'에 반대하는 조직적 활동이 출범했는데, 최종적으로 순례를 근절하는 것이 목표였다.

하지만 공산주의자들은 유적을 순례하는 것 자체를 없애지는 않았다. 그들이 원하는 순례가 있었기 때문이다. 일부 소비에트 공상가들은 과학에 의해 육체의 죽음을 극복하면 인간에게 불멸을 안겨 주어 영원히 살 수 있게 될 것을 확신했다. 1924년 레닌Lenin이 사망했을 때, 공식적인 불멸화 위원회가 설립되었고, 그가 다시 살아날 때까지 그의 몸을 보존하는 방법을 조사했다. 그래서 그들은 레닌의 몸을 미라로 만들었고, 부활할 수 있을 때까지 보존하려고 했다. 이는 일부 미국의 백만장자들이 부활하려는 희망을 가지고 온몸을(좀 더 싼 비용으로는 머리만을) 극저온으로 냉각해서 보존하는 것과 유사하다.

레닌의 시신은 모스크바의 '붉은광장'에 있는 묘소에 안치되었고, 그곳은 곧 공산주의자들의 중요한 순례지가 되었다. 소비에트 시기 동안 수백만 명의 사람들이 레닌의 묘소를 참배했고, 오늘날에도 많은 사람들이 그곳을 방문하고 있다. 공식적으로 방문객들은 경의를 표할 것을 요구받는다. 남자들은 모자를 벗어야 하고, 대화와 사진 촬영은 금지되어 있다. 이와 유사하게 베이징에는 천

안문 광장의 가운데에 마오쩌둥의 묘소가 있고, 역시 끊임없는 순
례자들의 행렬이 이어지며 그들은 미라가 된 마오의 시신 앞을 줄
지어 지나면서 꽃을 바친다.

순례를
반대하는
의견

개신교도들과 정치적 혁명론자들은 종교적 순례를 억압하려 했지만, 처음에 순례를 비난한 것은 그들이 아니었다. 수 세기 동안 순례를 반대하는 네 가지 주요한 주장은 종교인들 자신에게서 나왔다.

1. 가장 먼저 제기되고 가장 심한 반대는 순례가 불필요하다는 것이었다. 신은 어디에나 있고, 인간은 어디서나 신에게 기도할 수 있다. 그러므로 특별한 장소에 갈 필요가 없다. 기원후 4세기에 니사의 성 그레고리St. Gregory of Nyssa는 이렇게 말했다.

"장소를 바꾸어도 신에게 조금도 더 가까워질 수 없지만, 그대가 어디에 있든 신이 그대에게 올 것이다."

그와 같은 시대를 살았던 성 제롬St. Jerome도 같은 생각이었다. "영국에서 천국의 안마당까지 가는 것은 예루살렘에서 가는 것만큼 쉽다." 그러므로 멀리까지 여행할 필요가 없다.

어떤 이들은 외부의 어떤 장소를 순례하는 걸 반대하고, 순례를 내면화해서 삶 전체를 순례로 여겨야 한다고 주장했다. 개신교의 맥락에서 이런 관점의 가장 유명한 예는 17세기 영국의 침례교 설교자였던 존 번연John Bunyan이 쓴 《천로역정The Pilgrim's Progress》이다. 하지만 삶 자체를 순례로 여기는 것은 실제 순례에 의존하는 은유이다. 한 번도 순례를 하지 않은 사람에게 그 은유는 실제 경험에 기초하지 않은 관념일 뿐이다.

어떤 이들은 어디서든 신의 존재 속에서 사는 법을 발견했기 때문에 순례를 떠날 필요를 넘어섰을지도 모른다. 하지만 아마도 그들 중 일부는 먼저 순례를 하고 나서 그런 상태에 이르렀을 것이다. 따라서 이런 식으로 순례를 반대하는 것은 순례를 넘어서는 것일 뿐이지, 처음부터 순례를 하지 않는 것이 아니다.

2. 순례는 우상숭배이다. '십계명'의 둘째는 《킹제임스성경》에 이렇게 나와 있다. "너희는 새긴 우상을 섬기지 못한다." 만일 순례가 인간이 만든 우상을 숭배하러 가는 것이라면 우상숭배일 것이다. 하지만 성인의 유적은 새긴 우상이 아니고, 성스러운 우물도, 신성한 돌들도 새긴 우상이 아니다.

하지만 이콘icon[성상]은 어떤가? 초기 교회에서 이콘은 그리스도나 성인들의 시각적 형상을 바라봄으로써 기도와 명상에 도움을 주는 것으로서 널리 사용되었다. 이콘을 옹호하는 중요한 주장은 예수 그리스도가 하느님의 육화라는 것이었다. 신이 인간의 모습을 취했으므로, 인간의 모습을 표상하는 것은 우상이 아니었다.

기원후 730년 비잔틴 제국의 황제 레오 3세Leo III는 이콘의 사용을 금했다. 그에 따라 성상 파괴iconoclasm가 폭발적으로 일어나 비잔틴 제국은 큰 충격에 휩싸였다. (그리스어로 eikon은 '형상', klaste는 '파괴자'를 의미한다.) 하지만 787년에 키레네Cyrene 황제가 다시 이콘을 사용할 수 있게 했다. 815년에서 843년에 걸친 또 한 차례의 대규모 성상 파괴 후에, 테오도라Theodora 황비가 이콘 사용을 회복시켰다. 동방정교회는 이콘의 최종적인 회복을 기념하여 사순절의 첫째 일요일을 '정통 신앙 회복 기념 축일the Feast of Orthodoxy'로 삼았다.

성상 파괴가 다시 등장한 것은 개신교 종교개혁 때였다. 영국에서는 헨리 3세 재위기에 토머스 크롬웰이 통치할 때 성인과 천사들의 형상과 스테인드글라스 창문이 많이 파괴되었다. 그의 친척이자 이름이 같은 청교도인 올리버 크롬웰Oliver Cromwell의 지배하에서(1649~1660) 영국은 군주제가 아니라 공화국이 되었는데, 이때 다시 성상 파괴의 물결이 일었다. 하지만 많은 회화, 십자가상, 조각상과 스테인드글라스가 훼손되지는 않았다. 이어진 1660년 '왕정복고' 후에 종교적 형상들은 영국국교회에서 복권되었다.

성상 파괴는 21세기에 다시 일어났다. 탈레반 무장 세력이 아프가니스탄에서 거대한 불상들을 파괴했고, 이슬람국가^{Islamic} ^{State}[이슬람 수니파 무장 단체]는 이라크와 시리아에서 고대 유물들을 부쉈다.

하지만 우상숭배의 문제는 다양한 순례들과 관련이 없다. 신성한 숲, 성스러운 우물과 성스러운 산, 신성한 돌, 성인들의 유적을 순례하는 건 우상숭배가 아니다. 많은 순례지들은 인간의 손으로 만든 형상이 아니기 때문이다.

3. 순례는 미신이다. 순례는 원시적이고, 시대에 뒤떨어졌고, 무지하고, 더 높은 수준의 이해와 깨달음으로 대체되었다.

미신^{superstition}이란 글자 그대로의 의미로 '곁에 서 있는 것^{standing} ^{over}' 혹은 '유물^{survival}'이다. 초기 그리스도인들은 다른 종교 활동을 미신으로 여겼다. 개신교 종교개혁자들에게 가톨릭교회의 관습은 미신이었다. 계몽주의 지식인이 보기에 모든 종교 활동은 미신적이었고, '공포 시대^{the Reign of Terror}'에는 프랑스혁명의 일환으로서 종교 관습을 억압했다. 이와 유사하게 소비에트 연방, 공산주의 중국, 폴 포트가 지배했던 캄보디아 등의 무신론 정부들은 모든 종교 활동을 미신으로 취급했고, 마르크스주의 유물론을 옹호하고 종교를 억압했다.

순례를 미신이라고 묵살하는 태도는 반전통적이거나 반종교적인 세계관의 결과이고, 순례 자체보다 그런 세계관에 대해 더 많은 걸 말해 준다.

4. 순례는 불륜, 간음, 음주, 상업화, 다른 품위 없는 행동이 일어나는 기회가 된다. 초서의 《켄터베리 이야기》에는 성적인 방종에 대한 이야기가 많고, 분명히 그것은 단지 소설에만 있는 일이 아니었다.

이 점에서 순례를 반대하는 것은 오늘날 서구 세계와는 무관한 것 같지만, 세계의 다른 곳에서는 그런 일이 있을지도 모른다. 현대 세속 사회에서는 성적인 모험을 하려고 순례를 갈 필요가 없고, 세속적인 관광 여행이 순례보다 훨씬 더 상업화되고 매춘이 많이 일어난다.

순례와
관광
여행

개신교 국가들과 혁명정부들에서 순례가 억압당했지만, 성스러운 곳을 방문하려는 사람들의 열망은 사그라들지 않았다. 영국에서 200년 동안 순례가 금지되었을 때, 영국인들은 관광 여행을 개발했다. 관광 여행은 이제 광범위한 전지구적 산업이 되었고, 2013년에는 전 세계의 관광산업 규모가 2조 2,000억 달러에 이르렀다.

관광 여행은 일종의 충족되지 못한 순례인 경우가 많다. 많은 여행객들이 여전히 고대의 성지에 간다. 예를 들어 이집트의 피라미드와 신전, 유럽의 스톤헨지Stonehenge와 대성당들, 인도의 신전과 신성한 강과 산들, 오스트레일리아의 울루루Uluru(옛 이름은 에

이어스바위(Ayers Rock) 같은 태고의 성지, 마추픽추(Machu Picchu)의 태양의 신전 등등이다. 그런데 순례자들이 전통적으로 목적지까지 걸어가고 도중에 많은 어려움을 견뎌야 했던 것과 달리, 여행객들은 자가용, 버스, 비행기를 타고 간다. 그들은 공물을 바치거나 기도하러 가는 것이 아니다. 많은 여행객들은 주로 문화적 역사에 관심이 있는 세속적이고 현대적인 사람처럼 행동해야 한다고 여긴다. 여행 가이드들은 자세한 역사적 사실들을 여행객들에게 끊임없이 말해 주지만, 그건 한쪽 귀로 들어왔다가 다른 쪽 귀로 나갈 뿐이다.

관광객으로 여행하는 것과 순례하는 것은 결정적으로 어떤 차이가 있는가? 두 경우 모두 같은 장소에 가지만, 그 의도가 다르다. 순례자들은 성지와 연결되고자 그곳으로 간다. 즉 성지에 가는 것이 목적이다. 그들은 자신이 받은 축복에 감사드리려는 마음으로 가거나 받기 원하는 축복을 빌기 위해 혹은 그들이 저지른 잘못을 보상하는 속죄의 행위를 하기 위해 혹은 병을 치유하기 위해 혹은 영감을 받기 위해 순례지에 간다. 반면에 관광객들은 새로운 장소를 구경하기 위해, 그곳의 역사에 대한 이야기를 듣기 위해, 사진을 찍기 위해 그곳에 간다. 그런데 여행객들은 여전히 목적을 가진 여행을 하고, 고대의 성지들은 여전히 그들에게 매력적이다. 실제로 그런 장소들을 관광 명소[attractions1)]라고 한다.

---

1) attractions는 '사람들의 마음을 끄는 매력이 있는 곳'이라는 의미다.

순례자들은 집으로 돌아갈 때 다른 사람들에게 선물할 것을 가져간다. 그래서 고향 사람들에게도 그들이 받았던 축복을 나누어 주는 것이다. 인도에서는 많은 순례자들이 순례지로부터 신과 여신에게 바치고 신전에서 축복을 받은 성스러운 음식인 프라사드prasad를 집으로 가지고 가서 가족 및 친구들과 함께 나눈다. 중세 유럽의 순례자들도 방문했던 신성한 순례지에서 얻은 물건을 집으로 가져갔다. 그건 주로 배지였다. 이는 두 가지 기능을 했는데, 그들이 받은 축복의 초점이 되고 또 그 배지를 가지고 있는 사람이 힘겹지만 신성한 순례를 했다는 위신을 눈에 띄게 나타낸다. 이와 마찬가지로 여행객들도 기념품과 사진을 가지고 돌아가지만, 그들은 자신이 축복을 받지 않았으므로 그것을 다른 사람들에게 전해줄 수도 없다.

우리는 유례없이 많은 사람들이 관광 여행하는 시대에 살고 있지만, 최근 몇십 년 동안 순례가 눈에 띄게 다시 유행하고 있다.

다시
늘어나는
순례

국내 성지로의 순례를 비난했던 초기 그리스도인들조차 팔레스타인 '성지'로 가는 순례는 비난하기 어려웠다. 니사의 성 그레고리는, 그런 곳들에 얽힌 많은 부패에도 불구하고 그 성지들을 "우리 인간들에 대한 주님의 한없는 사랑의 기념비"라고 불렀다. 그리고 개신교 세계에서 순례가 다시 존중받게 된 것은 19세기에 예루살렘 순례를 통해서였다. 빅토리아 여왕의 아들이며 장차 에드워드 7세가 될 에드워드 왕자가 1862년에 '성지' 순례를 갔는데, 그것은 왕실에서 순례를 승인하고 존중한다는 걸 증명했다. 1869년 토머스 쿡Thomas Cook은 '성지' 순례단을 조직하기 시작했고, 이것이 그의 이름이 붙은 전지구적인 여행사의 시초였다. 최초의 패키지 여행은 순례였던 것이다. 그 후 얼마 안 되어 장차 조지 5세가 될 조지 왕자가 쿡이 조직한 순례를 떠났다. 영국에서는 19세기에 대성당을 찾아가는 국내 순례가 다시 시작되었고, 20세기에는 종교개혁 때 억압되었던 노퍽 주 월싱엄의 '성모 성지'를 비롯한 몇몇 순례지가 복원되었다.

중세 시대에 파리에서 60마일 떨어져 있는 샤르트르Chartres대성당은 유럽에서 가장 중요한 순례지 중 하나였다. 대성당이 지어지기 전부터 샤르트르시는 신성한 우물인 '스트롱 성인의 우물Well of the Strong Saints'로 가는 순례지였다. 그 우물 주위에 대성당이 세워졌고, 지금도 성당 지하실에 있는 우물을 방문할 수 있다. 그 근처에, 역시 그 지하실에는 '샤르트르의 성모' '검은 성모 마리아'의 성지가 있다. 이 순례는 프랑스혁명 때 갑자기 중단되었다가 시인 샤를 페기Charles Péguy가 여러 친구들과 샤르트르대성당을 순례하고 그것을 책으로 써서 베스트셀러가 된 1912년이 되어서야 근대의 순례가 재개되었다. 지금은 한 해 수만 명의 순례자들이 샤르트르를 순례하고, 일부 순례자들은 파리의 노트르담대성당에서 출발해서 3일 동안 걸어서 샤르트르까지 간다.

스페인의 산티아고 데 콤포스텔라는, 그곳의 성당에 스페인의 수호성인 성 야고보St. James의 것으로 여겨지는 유물들이 있는데, 중세 유럽에서 가장 많은 사람들이 찾는 순례지들 중 하나였다. 그곳을 방문하는 순례자들의 수를 추정하기는 쉽지 않지만, 피레네산맥을 넘어온 프랑스 순례자들이 스페인에서 처음 쉬는 곳 중 하나인 론세스바이에스^{Roncesvalles}의 수도원에서 연간 10만 명의 순례자들에게 음식을 제공했다는 사실을 통해 그 규모를 짐작할 수 있다.

북유럽에서 산티아고 데 콤포스텔라까지 여행하는 순례자들의 숫자는 종교개혁 후에 급격히 줄었다. 게다가 뒤이어 벌어진 엘리자베스 여왕의 영국과의 전쟁에서 영국의 프랜시스 드레이크^{Francis Drake} 경이 이끈 해군이 1589년 그 부근의 도시 라코루냐^{La Coruña}를 급습했다. 그러자 산티아고의 대주교가 영국이 훔쳐가지 못하도록 성 야고보의 유물들을 숨겼다. 그가 그것을 잘 숨겨서 성지는 근 300년 동안 비어 있었고, 그곳을 찾는 순례자들이 매우 드물어졌다. 그 유물들은 1879년에 다시 발견되었고, 교황 레오 13세가 그것이 진짜임을 증명한 후에 1884년에 중앙 제단 아래 모셔져서 오늘날에 이르고 있다. 하지만 1949년까지 순례는 다시 활발해지지 않았는데, 1950년대에 몇몇 프랑스 학자들이 그곳을 순례한 것을 촬영해서 텔레비전에서 방영한 덕분에 관심이 되살아나게 되었다. 그렇지만 여전히 순례자들은 얼마 되지 않았다. 1980년대 들어 몇몇 열성적인 사람들이 그 길, 즉 카미노^{Camino}['길'이라는 의미의 스페인어]의 도로 표지들을 확실히 정비했고, 그 경로를 따라 순례자들을 위한 일련의 설비들을 갖추었다.

그 다음에 일어난 일은 주목할 만했다. 아래는 스페인 정부가 집계한 연간 순례자들의 숫자다.

<산티아고 데 콤포스텔라를 걷거나 자전거나 말을 타고 여행한 순례자들의 숫자>

1987년	1,000명
1991년	10,000명
1993년	100,000명
2004년	180,000명
2015년	263,000명

순례자들 대부분은 걸었고, 10퍼센트 정도는 자전거를 탔고, 1퍼센트 미만은 말을 탔다. 여기에는 비행기, 기차, 버스나 자동차로 산티아고까지 여행한 사람들은 포함되어 있지 않다.

중세 때처럼 지금은 산티아고까지 가는 광범위한 순례길들이 있다. 그 출발점은 프랑스에서는 브루고뉴 지방의 베즐레이Vezelay나 파리, 포르투갈 그리고 스페인 내의 여러 곳들이다. 이 중 도로 표지가 되어 있는 12개의 주요한 길을 '산티아고 순례길Camino de Santiago'이라고 한다.

유럽의 다른 곳에서도 오래된 순례길들이 다시 열리고 있다. 노르웨이에서 가장 중요한 중세 순례지는 트론헤임Trondheim의 성 올라프St. Olaf 성지였다. 1030년 그가 사망하자마자 사람들이 그곳을 순례하기 시작했고, 중세에는 대단히 많은 사람들이 그곳을 방문했다. 하지만 1537년 루터의 종교개혁이 노르웨이에 이르렀을 때 순례가 금지되었다. 그래서 20세기 말까지 중단되었는데, 그때부터 다시 점점 더 많은 사람들이 트론헤임까지 걸어가서 순례하기 시작했다. 1990년대에 오슬로에서 트론헤임까지 가는 400마일의 길에 도로표지가 설치되었고, 1997년 하콘Haakon 황태자에 의해 공식적으로 열렸다.

그 동안 웨일즈Wales와 스코틀랜드Scotland에서는 오래된 순례 길들이 다시 열렸다. 영국에서는, 나도 후원자인 '영국 순례 신탁British Pilgrimage Trust'에서 고대의 순례자들이 다녔던 오솔길을 다시 여는 걸 돕고 있다. 그 첫째이자 가장 중요한 것은 사우샘프턴에서 사우스다운스를 넘어 캔터베리까지 가는 길이다. 이 순례길은 거리가 220마일(350킬로미터)이며 걸어서 18일이 걸리고, 교회 65개, 대성당 3개, 선사시대 유적지 75곳, 성스러운 우물 5곳, 폐허가 된 수도원 분원·수도원·대수도원 15곳, 8개의 강, 10개의 성스러운 언덕, 5개의 성, 50개의 마을, 40개의 선술집, 8개의 소도시와 4개의 도시를 잇는다.

러시아에서도 1991년 공산주의 통치가 종말을 맞은 후, 많은 러시아정교회 교회들과 수도원들이 다시 문을 열었다. 그리고 점점 더 많은 순례자들이 성지를 찾고 있다.

나는 인도, 유럽 대륙, 영국에서 그리고 팔레스타인 '성지'로 순례를 몇 번 다녀왔다. 순례 여행을 하는 다른 많은 사람들과 마찬가지로, 순례하면서 나는 감동받았고 매우 행복했다. 최근 몇 차례는 나의 대자代子1)와 함께 순례했다. 나는 이제 생일과 크리스마스에 사람들에게 선물을 주지 않는다. 대부분의 사람들이 너무 많

---

1) 성세·견진성사를 받을 때, 신친(神親) 관계를 맺은 피후견인의 남자.

은 것을 가지고 있기 때문이다. 그 대신 경험을 선사한다. 나의 대자가 14살 때, 나는 함께 캔터베리를 순례하는 것을 선물할 수 있다고 제안했다. 채텀이라는 마을에서 출발해서 오래된 순례길의 마지막 10마일을 걷는 계획이었다. 대자가 관심을 보일지 확실히 알 수 없었는데, 다행히 그는 무척 좋아했다.

우리는 기차를 타고 채텀의 작은 역까지 갔고, 거기부터 걸어서 들판, 숲, 과수원과 목초지를 가로질러 갔다. 빅베리언덕과 철기시대 언덕 요새에서 소풍 도시락을 먹었고, 하블다운마을을 지날 때는 중세 빈민구호소의 정원에 있는 에드워드 흑태자 Black Prince의 우물을 찾았다. 풀이 너무 많이 우거져 있었기 때문에, 우리는 빈민구호소에 사는 노부인의 도움으로 간신히 그것을 찾을 수 있었다. 그것은 이끼 낀 돌계단을 통해 내려가는 오래된 석조 아치 아래에 후미진 곳에 있는 작은 샘이었다.

우리가 캔터베리에 도달할 때쯤, 대자는 많이 지쳤다. 그 아이는 그렇게 먼 길을 걷는 데 익숙하지 않았고, 우리는 조금밖에 쉬지 않았기 때문이다. 우리는 대성당을 중심으로 시계 방향으로 돌면서 순례했다. 그 다음 대성당에 들어가서 성 토마스 베케트가 순교한 자리와 어둡고 신비로운 지하실에 촛불을 밝혔다. 우리는 기도하고 나서 차를 마시러 찻집에 갔다. 그리고 다시 성당으로 돌아가서 저녁예배에 참석했는데, 그것은 말할 수 없이 아름다웠다. 그 후 기차를 타고 런던으로 돌아왔다. 그날 나와 대자는 무척 행복했다.

이것이 선례가 되어, 그 후에도 매년 우리는 같은 순례를 했다. 성당까지 걸어가서, 그 주위를 시계 방향으로 돌고, 성지를 찾아가고, 차를 마신 후에 저녁예배에 참석했다. 대자가 열다섯 살이 되었을 때 우리는 케임브리지셔 주에 있는 일리대성당에 갔다. 캠강의 강둑을 따라 걸어가다 보면, 그 거대한 중세 건물이 시골의 편평한 소택지 위로 불쑥 나타난다. 우리는 성 에텔드레다St. Etheldreda 성지에 촛불을 밝히고 기도했다. 그분은 7세기 앵글로색슨 성녀였고, 그곳은 종교개혁 이전 영국에서 많은 사람들이 방문한 순례지였다. 2016년 나의 대자가 열여섯 살 때 우리는 링컨Lincoln대성당까지 8마일의 오솔길을 걸었다. 그 길은 쥐라기의 석회암인 링컨절벽Lincoln Edge의 꼭대기에 있어서 트렌트Trent강 계곡이 내려다 보였다. 대성당에 가기 직전에 중세의 순례길인 자갈로 포장된 스티프힐Steep Hill을 올라가야 한다. 결국 우리는 위대하고 성스러운 공간으로 들어갔고, 기도한 후에 성 휴St. Hugh의 성지에 촛불을 밝혔고 저녁예배에 참석했다.

현대 유럽에서 순례가 다시 활발해지는 것은 주목할 만하다. 사회가 점점 더 세속적이고 물질주의적으로 변하는 가운데, 순례라는 고대의 영적 수행이 되살아나고 있는 건 놀라운 일이다.

순례의
유익한
점

순례에 대한 과학적 연구는 많지 않지만, 이제까지의 증거들은 순례에 불안과 우울을 감소시키는 유익한 효과가 있음을 말해 준다. 그리고 순례하면서 영감을 받고 병이 치유되었다는 사람들의 이야기는 셀 수 없이 많다. 또한 많은 순례자들은 순례지까지 걸어가는 과정에서 다른 순례자들과 순례자가 아닌 사람들을 사회적으로 동등하게 만난다. 그때는 부유함, 교육 수준, 사회 계급에 따른 일반적인 구분이 상관없는 것 같다. 그리고 국내 순례는 비용이 적게 들고, 걸을 수만 있으면 누구나 할 수 있다는 대단한 장점이 있다.

순례에 대한 과학 연구들은 대개 포괄적이다. 사실 일부 연구들은 뻔한 것을 증명할 뿐이다. 하지만 뻔한 것을 과학적으로도 관찰할 수 있음을 아는 건 고무적이다.

첫째, 순례할 때 걷는 것 자체에 이미 증명된 이로운 점이 많다. 걷기는 정신 건강과 행복감을 증진시키고, 자존감, 기분, 수면의 질을 향상시키고, 스트레스, 불안, 피로감을 줄여 준다.

둘째, 공기 좋고 녹색 식물이 많은 공간에서 운동하는 것은 실내 운동보다 더 유익하다. 이에 대해서는 3장에서 말했다.

셋째, 목적이 있는 행동은 목적이 없는 행동보다 더 만족스럽고 더 행복하게 해 준다. 이것은 '작업 요법Occupational Therapy'을 행하는 기본 원리이다.

넷째, 순례할 때 육체적인 운동은 우울증과 다른 병을 막는다.

다섯째, 치유는 사람들의 희망과 기대에 따라 영향을 받는다. 위약 효과placebo effect는 매우 강력하고, 약물시험에서 확실히 나타난다. 특히 환자와 의사가 새로운 특효약을 사용한다고 믿을 때 효과가 좋다. 순례가 사람들의 희망과 기대를 높인다면, 성지를 방문하는 것이 치유에 큰 도움이 될 것이다. 그리고 실제로 그러하다. 치유를 바라는 사람이 그를 지지하는 사람들에게 둘러싸여 있으면서 희망과 기대를 공유한다면, 치유 효과는 더 강력해질 것이다.

로마가톨릭교회는 오랜 세월 동안 성인들이 치유할 수 있음을 강조해 왔다. 성인의 자격을 부여하는 시성식諡聖式을 하려면 사후에 적어도 두 가지 기적을 일으켰어야 한다. 거기에는 몸을 치유한 기적이 많았고, 수백만 명의 사람들이 치유될 수 있다는 희망을 가지고 프랑스의 루르드^{Lourdes} 같은 성지를 순례했다.

피레네산맥의 구릉에 있는 루르드는, 1858년 한 석굴에서 시골 소녀에게 성모 마리아가 출현한 사건으로 유명해졌다. 성모 마리아가 그녀에게 시킨 대로 땅을 팠더니, 거기서 샘물이 솟아나기 시작했다. 그리고 사람들이 그 물을 마시면 거의 즉시 병이 나았다. 오늘날 샘물이 더 많이 나오고 있고, 순례자들은 땅에서 솟아나는 엄청난 양의 물에 목욕을 한다. 유럽에서 중요한 순례지 중의 하나인 루르드를 찾는 사람들은 매년 6백만 명에 이른다.

수천 명의 사람들이 루르드에서 기적적으로 병이 나았다고 주장한다. 루르드의료국^{medical bureau}은 병이 나았다는 주장들을 과학적으로 엄격하게 조사하는데, 그중 일부는 매우 잘 입증되었다. 의심 많은 사람들도 일부 매우 심한 환자들이 루르드에서 병세가 호전되었음을 인정한다. 하지만 그들은 그것을 기적이라고 부르지 않는데, 위약 효과 혹은 병의 자연스러운 소멸이라고 생각하기 때문이다. 만일 순례가 환자의 회복을 돕는다면, 순례자들의 기도가 응답받은 것이다. 치유를 저절로 회복된 것이라고 여기면, 그 원인을 설명할 수 없다. 만일 신과 신의 성모에 대한 믿음이 병에서 저절로 회복될 가능성을 높인다면, 신앙이 효과가 있는 것이다.

많은 사람들이 순례에서 얻는 영감과 격려는 객관적으로 기록하기가 쉽지 않다. 성지에 가려는 목적으로 여행하고, 성지에 머무는 것은 순례자를 변화시킬 수 있고 영적 유대감을 경험하게 할 수 있다. 왜 그런가?

무엇이
성지를
신성하게 하는가?

신성함holiness은 연결됨과 관계에 대한 것이다. 그 말은 '전체whole' 혹은 '건강한healthy'이라는 의미의 어근에서 나왔다. 우리는 서로 분리되고 단절되어 있을 때, 또 인간 너머의 세계로부터, 모든 존재의 근원으로부터 분리되고 단절되어 있을 때 신성하지 않다. 반면에 우리의 제한된 본성을 훨씬 넘어서는 생명의 근원에 연결되어 있을 때 우리는 신성함을 경험한다. 어떤 장소는 그 물리적 성질 때문이든, 어떤 사람과의 연관성 때문이든, 둘 모두 때문이든, 다른 곳보다 이런 경험을 더 많이 불러일으킨다.

어떤 산꼭대기, 샘물, 폭포, 동굴 등 어떤 장소는 본래 신비하기 때문에 신성하다. 글래스턴베리바위산^{Glastonbury Tor}은 주변의 낮은 지대 위로 불쑥 솟아 있다. 그 정상에 중세의 탑이 없어도 두드러지고 눈길을 끈다. 울루루^{Uluru} 즉 에이어스바위^{Ayers Rock}는 거대한 사암^{沙巖} 구조물이고, 오스트레일리아 중부의 상대적으로 편평한 지대로 둘러싸인 '섬 같은 산'인데, 하루 동안 색깔이 변하는 걸 볼 수 있다. 동틀 녘과 해질녘에는 붉은색으로 빛나고, 눈에 확 띄고 매우 인상적인 지형지물이다. 그것은 그 지역 토착민들에게 문화적으로 매우 중요하고, 지금은 주요 관광 명소이다.

어떤 장소들은 그 방위, 지하수의 흐름, 지하에 흐르는 지전류^{telluric, 地電流}, 주변 경관과의 연관성 등 때문에 특별한 힘을 가질 수 있다. 그런 장소의 특성은 지구상의 환경과의 연관에 달려있고, 또 하늘과 천체들과의 관계에 달려있다.

일부 문화에서는 수맥이나 광맥을 찾는 사람들이 어떤 장소의 힘을 평가하고, 신전, 성지, 묘소를 세울 장소를 선택하는 데 도움을 주기도 한다. 그것을 유럽에서는 '흙점^{geomancy}'이라고 한다. 또 중국에서는 '풍수^{風水}'라고 하는데, 그 말은 '바람과 물'이라는 의미이다. 흙점 기법은 일반적인 과학용어로 바꾸기 어렵지만, 경관을 통한 에너지의 흐름과 지형학의 관계를 이해하는 것이 포함된다. 조지프 니덤^{Joseph Needham}은 그의 책 《중국의 과학과 문명^{Science and Civilisation in China}》에서 전통적인 풍수의 원리 일부를 간략히 설명했다.

–

바람과 물의 영향에 따라 형성된 언덕의 형태와 물줄기의 방향이 가장 중요했고, 이와 더불어 건물들의 높이와 형태 그리고 길의 방향도 유력한 요인이었다. 눈에 보이지 않는 흐름의 힘과 성질이 천체들의 위치에 따라 시간마다 변하므로, 그것을 해당 지역에서 본 측면을 고려해야 했다.

–

많은 성지들은 천국과 땅 사이에 놓인 다리이며, 땅을 하늘로 연결한다. 성지는 베델에서 야곱이 꾼 꿈(창세기 28:10-19)처럼 일종의 관문이다. 거석 문화에서 입석立石은 그렇게 연결하는 역할을 했다. 그리고 고대 이집트에서 입석은 오벨리스크obelisk 형태로 특히 세련된 모습이다. 끝이 점점 가늘어지고 맨 꼭대기는 피라미드 모양이며, 하나의 돌로 만들어진 것이 많다. 입석이나 오벨리스크를 세우고, 탑과 첨탑과 이슬람 사원의 뾰족탑인 미나레트minaret를 세울 때, 사람들은 글자 그대로 수직적인 차원을 가진 장소를 만들어 내는 것이다.

팔레스타인 '성지'의 매우 오래된 신성한 숲에는 신성한 나무들 혹은 여신 아세라Asherah에게 바쳐진 기둥들이 있다. 그것은 예언자들에게 규탄 받고 히스기야왕과 요시야왕이 통치할 때 파괴되기 전에는 유대인들이 주로 숭배하는 곳이었다. 많은 힌두교 신전

에는 주 제단 앞에 금속 박막을 한 깃대가 서 있는 경우가 많다. 그
것을 dwajasthambam(드와자스타밤)[1]이라고 부르는데, 천국과 땅
을 연결해 주는 것이라고 한다. 많은 그리스도교 교회에는 탑 혹
은 첨탑이 있고, 많은 이슬람 사원에는 미라넷 뾰족탑이 있다.

　이런 구조물들은 모두 천국과 땅을 연결하는 걸 상징한다. 하
지만 그 연결은 상징 이상이며 글자 그대로 천국과 땅의 연결이다.
그 구조물들은 하늘로 뻗어 있다는 바로 그 이유 때문에 번개를 끌
어당긴다. 그래서 항상 하늘로부터 내려오는 실제 에너지를 땅
으로 전하고, 땅으로부터 하늘로 전하는 통로 역할을 했다. 오늘
날에는 바로 그런 이유로 그런 구조물들에 피뢰침이 설치되어 있
다. 전기는 극성이 있다. 전하電荷의 이동은 양방향 과정이다. 이온
화된 공기의 음전하 경로―'계단상 선구방전step leader'이라 한다―
가 구름으로부터 땅을 향해 아래로 이동할 때, 강한 전기장은 높
이 서 있는 물체들로 하여금 구름을 향해 일어나는 양전하를 띤 '빛
살들streamers'을 내보내게 유도한다. 빛살들은 자주색으로 빛날 때
가 많다. 하지만 양전하의 빛살들이 언제나 계단상 선구방전과 접
촉하는 건 아니다. 그것들은 기다린다. 이윽고 계단상 선구방전
이 양전하 빛살들과의 간극을 좁히면 번개가 친다.

　또 번개는 산꼭대기 같은 높은 자연 구조물들을 친다. 그러므
로 보행자들은 뇌우가 칠 때 산 정상과 산봉우리에서 떨어져 있으

---

1)　산스크리트로 Dwaja는 '깃발'을, sthambam은 '장대'를 의미한다.

라고 권고 받는다. 나무들은 번개가 지나는 통로가 되는 일이 많고, 상수리나무와 물푸레나무를 비롯한 종들은 자작나무나 너도 밤나무 같은 다른 종의 나무들보다 더 자주 번개를 맞는다. 드루이드교 시대에 상수리나무를 신성하게 여긴 이유 중 하나는 번개를 잘 맞았기 때문일 것이다. 그리고 상수리나무는 북유럽에서는 천둥의 신(스칸디나비아에서는 토르Thor 신)에게, 고대 그리스에서는 제우스에게 바쳐졌다. 번개를 맞은 곳은 여러 문화의 관점에서 특별한 의미를 띄게 되었다. 미국 아메리카 원주민들의 성지에 대한 매우 흥미로운 책이 있는데, 그 제목이 《번개를 맞은 곳 Where the Lightning Strikes》인 것은 매우 의미 깊다.

약 200년 전까지 번개를 맞는 건축물은 대개 교회의 첨탑이나 모스크의 미라넷 같은 종교 건물들이었다. 19세기에 들어서 거대한 세속적 건물들이 세워졌다. 워싱턴 디씨의 워싱턴 기념비는 169미터로 세계에서 가장 높은 오벨리스크 건축물이고, 파리의 에펠탑은 높이 324미터이며, 이 두 건축물도 번개를 많이 맞는다. 20세기가 되자 초고층 빌딩들이 가장 높은 건물들이 되었고, 이제 그것들이 도시에서 번개를 가장 많이 맞는다. 하지만 그런 대도시보다 작은 많은 곳들에서는 종교 건물들이 여전히 번개를 가장 많이 맞는다. 나의 고향 마을인 뉴어크온트렌트에 있는 성 막달라 마리아 교구 교회의 첨탑은 높이가 72미터이다. 그 교회는 1350년경에 완공되었는데, 지금도 여전히 뉴어크에서 가장 높은 건축물이며, 계속해서 그 성지 아래의 땅으로 번개를 유도하는 통로가 되고 있다.

최근까지도 번개가 발생하는 것에 대한 과학적 설명은, 뇌운과 지상의 전위차에 집중했고, 번개를 국소적 현상으로 다루었다. 하지만 번개가 천국과 지상을 연결한다는 고대의 직관이 옳은 것으로 밝혀졌다. 구름의 전하는 약 80킬로미터 상공의 전기를 띤 지역과 연결된다. 소위 스프라이트sprites라는 오렌지색이나 붉은색으로 빛나는 방전electric discharge이 뇌우와 초고층 대기upper atmosphere 사이를 지난다. 초고층 대기는 (태양에서 방출된 하전荷電 입자들의 흐름인) 태양풍의 영향을 많이 받으며, 태양풍의 속도와 밀도는 태양 플레어에 따라 달라진다.

이런 '우주 기상[2]'은 그 자체가 플라스마 방전인 북극광과 남극광에 영향을 주며, 지구에 번개가 치는 양에 영향을 준다. 즉 태양풍이 강할수록 번개 방전이 많아진다. 번개 방전은 훨씬 더 먼 곳의 영향에 의해서도 증가하는데, 특히 초신성이나 폭발하는 별에서 방출되는 우주선宇宙線, cosmic ray의 영향을 받는다. 그러므로 번개는 그야말로 천국으로부터 나오고, 높은 건축물을 통해 지구로 전달된다. 번개를 맞은 곳은 글자 그대로 전기로 충전charged된다.

모든 높은 건물들은 번개를 맞지만, 사람들이 그것을 기록하는 일은 아주 드물다. 그런데 지금은 그것이 기술적으로 가능하다. 낙뢰 기록 장치를 구입할 수 있고, 그것은 피뢰침을 따라 전

---

2) space weather. 태양에서 방출된 태양풍이 지구의 자력장에 일으키는 교란 현상.

순례와 성지   7장

류가 급격히 내려오는 것을 탐지한다. 낙뢰가 일어날 때 문자 메시지를 보내 주는 장치도 있다. 만일 내가 교회나 신전이나 모스크의 뾰족탑을 운영한다면, 그런 장치를 설치하고, 그 자료를 온라인에 올릴 것이다. 이미 전 세계 여러 곳의 낙뢰에 대한 흥미진진한 온라인 지도들과 기록 보관소들이 있고 실시간으로 업데이트 되고 있지만, 그것들은 광범위한 지역을 개략적으로 나타낼 뿐 특정 장소에 대해서는 알려 주지 않는다.

신전, 대성당, 교회와 모스크를 지을 때, 사람들은 명시적으로 신 혹은 궁극적 존재 혹은 건강과 신성함의 근원과 연관된 구조물을 만든다. 그리고 신성한 사건, 신성한 사람들, 신성한 행위를 기념하는 성지는 그들의 신성함의 근원에 연결해 준다. 많은 경우, 스리랑카의 캔디Kandy시에 있는 '치아 신전'에 소장되어 있는 부처의 치아나 많은 대성당과 교회들에 있는 성인들의 유해(주로 뼈) 같은 신체적 유물에 의해 그 연결이 이루어진다. 그 유골들이 성인들의 삶과 직접 연결하게 해 준다는 전통적인 생각은 DNA 분석에 의해 새롭게 연장되었다. 현대의 분자 기술을 사용해서 40만 년 전 네안데르탈인의 뼈처럼 매우 오래된 뼈들도 거기에 함유된 DNA를 분석할 수 있기 때문이다.

2012년 잉글랜드 레스터에서 발견된 골격은 1485년에 숨진 영국왕 리처드 3세의 유해라는 여러 표시를 나타냈고, 그 뼈에서 복원된 DNA는 상당히 유력하게 그의 신원을 확증할 수 있었다. 그래서 그는 2015년에 레스터대성당에 이장되었다. 리처드 3세는 성인이 아니라 왕이었지만, 많은 성인들의 공경을 받는 유해들에도 틀림없이 그들의 DNA의 흔적이 있다.

뼈와 골격으로 이루어진, 멸종된 종들의 유해가 런던의 자연사박물관 같은 과학의 대성당이자 과학의 순례지 같은 곳에서 핵심 역할을 하는 것은 역설적이다.

마지막으로 성지들은 과거에 그곳에서 일어난 일들에 대한 기억이 있기 때문에 성스러울 수 있다. 성지에서 많은 사람들이 기도했고 치유를 경험하고 영감을 받았다면, 다른 사람들도 그곳에서 긍정적인 영향을 받을 가능성이 더 많다. (5장에서 말한) 형태 공명 가설에 따르면, 특정한 감각 자극 상태에 있는 사람들은 과거에 유사한 상태였던 사람들과 공명한다. 우리는 성지에 들어서면, 과거에 그곳에 있었던 사람들과 같은 자극에 노출되므로, 그들과 공명하게 된다. 과거에 그곳을 순례한 사람들이 거기서 영감을 받고 고양되고 치유받았다면, 우리는 그것과 유사한 영적 연관성이 있는 경험을 할 가능성이 더 많다. 그곳에서 일어나는 사람들의 경험을 통해 성지는 더욱 성스러워질 수 있다.

순례의
두 가지
수행

순례를 떠나기

순례하는 데 돈이 많이 들거나 복잡하거나 시간이 많이 걸릴 필
요는 없다. 사실 가까운 곳부터 시작해서 우리가 살고 있는 곳
을 새롭게 알게 되는 것이 더 좋을지도 모른다.

이런 생각에 마음이 열리면, 국내의 어떤 성지가 당신을 부르는
지 느껴 보라. 적어도 어떤 곳이 중요하게 여겨지는지 생각해 보라.

선택 범위는 매우 넓다. 예를 들어 영국에는 태고의 성지가 여
러 군데 있다. 환상 열석stone circle, 긴 고분, 강의 수원지, 신성한 샘
과 우물, 유서 깊은 나무들, 고대의 교회와 대성당들이 있고, 성스
러운 노래와 찬송가가 거의 매일 울려 퍼진다. 대지는 글자 그대

로 이들 영구적인 성가대들에게 매혹당하고 있다.

북아메리카에는 위대한 성스러운 숲과 자연의 성소, 아름다운 야생 지역이 많이 있고, 성패트릭대성당, 뉴욕의 세인트존더디바인대성당, 워싱턴의 국립대성당, 샌프란시스코의 그레이스대성당을 비롯한 위대한 교회와 대성당들, 많은 사람들이 치유된 뉴멕시코 주 산타페 부근의 치마요성소the Sanctuary of Chimayo같이 효험 있는 로마가톨릭 성지들이 있다.

순례지까지 가는 길의 일부를 마지막 1~2마일이라도 걷는 것이 가장 좋다. 그러면 순례가 더 실제적이고 더 몸으로 느낄 수 있기 때문이다.

어떤 일에 대해 감사하거나, 어떤 것을 요청하거나, 어떤 것을 위한 영감을 구하거나, 그런 목적을 가지고 순례를 떠나라. 가능하면 개암나무 같은 적당한 나무로 만든 순례자의 지팡이를 가지고 가라. 그것은 수 세기 동안 가장 명확하게 순례자라는 것을 나타내는 상징이었다.

가능하면 출발하기 전에 노래를 몇 곡 배워라. 아니면 가는 길에 다른 순례자들에게서 노래를 배워라. 신성한 우물이나 태고의 나무를 만나거나 여행의 목적지에 도착하면 그 노래를 불러라.

성지에 도착하면 바로 그곳에 들어가지 말고, 가능하면 그 주위를 걸어서 돌아본다. 이렇게 주로 시계 방향으로 걸어서 도는 것은 성지를 중심으로 만든다. 그다음 공물을 바친다. 힌두 신전에서 하는 것처럼 꽃을 바칠 수도 있고, 성가를 부르거나, 감사를 드리거나, 현금을 기부할 수도 있다. 그다음에 성지에서 기도를 할 수 있고, 많은 대성당이나 교회처럼 촛불을 켤 수도 있다. 마지막으로 당신의 삶과 집으로 돌아가는 여정과 당신이 돌아갈 사람들에게 축복을 내려 달라고 기도한다.

여행을 순례로 바꾸기

나는 새로운 곳에 갈 때는 언제나 성스러운 중심지를 찾으려 하고, 그곳에 가서 경의를 표한다. 인도에서는 그 지방의 신전에 가고, 불교 국가에서는 탑이나 절에 가고, 이슬람 국가에서는 모스크나 성인들의 성지에 간다. 유럽과 미국에서는 그 지역 공동체의 중심에 있는 교회나 대성당에 간다. 많은 로마가톨릭 성당과 영국성공회 교회들은 매일 문을 열어 놓고 있으므로, 안으로 들어가서 촛불을 붙이고 기도할 수 있고, 그럼으로써 성지와 연결될 수 있다.

그런 행위는 내가 방문하는 마을, 소도시, 도시와 그곳에 사는 사람들 속에 나를 자리잡도록 연결해 준다. 그뿐 아니라 여행 후에 집중할 수 있는 조용한 장소도 제공해 준다. 나는 내가 그 도시에 머무는 시간과 만날 사람들과 또한 집에 있는 친구들과 가족들에게 축복을 내려 주기를 기원한다.

여러분도 여행할 때 이렇게 해 보기를 제안한다.

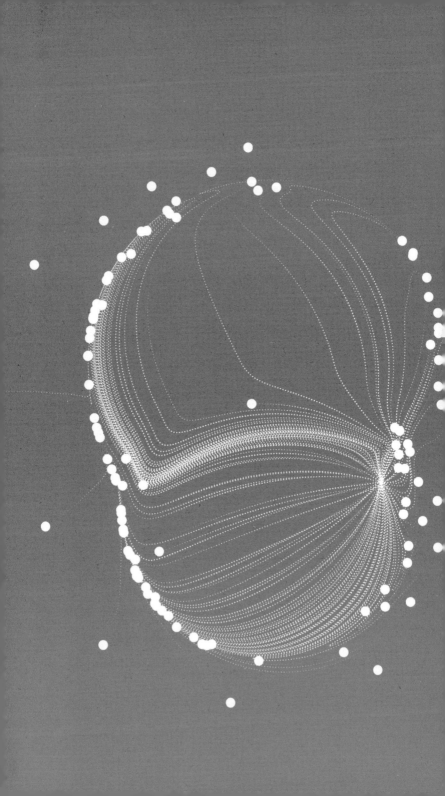

VIII

결론

세속적인 시대의 영적 수행

전통적인 수렵 – 채집 사회에서는 종교와 다른 사회·문화적 삶 사이에 구분이 없었다. 영의 존재, 눈에 보이지 않는 조상들의 영향력 그리고 집단 의례에 참여하는 것을 당연한 사실로 받아들였다.

이와 마찬가지로 전통적인 농경사회와 고대 문명에서는, 비록 전문적인 사제가 있는 경우가 많았지만 모든 사람이 공동체의 종교적 삶을 함께 했다. 유럽에서는 기원후 1,500년까지 사실상 모든 사람이 신을 믿었고 종교 의식, 축제, 의례에 참여했다. 무신론자가 되거나 종교의 중요성을 부정하는 것은 거의 상상조차 할 수 없었다. 오늘날의 세계에도 그런 곳이 많다.

이와 반대로 21세기 유럽에서 공공장소는 세속적이다. 학계, 지성계, 상업계, 대중매체에서 무신론자나 불가지론자의 세계관은 기본 입장이다. 종교 생활을 하는 사람들은 소수이고, 대다수가 하나의 합의된 수행만 있는 것이 아니라 매우 다양한 종교와 영적 수행이 동시에 공존하고 있다. 우리는 인류 역사에서 유례가 없는 세속적인 시대를 살고 있다.

세속적secular이라는 말은 씨앗seed과 어원이 같고, 기본 의미는 '세대'와 관련 있다. 중세에는 '세속적인' 것이 세상의 일, 즉 영원과 반대로 시간의 영역 안에서의 활동을 뜻했다. 중세 교회에서는 마음과 정신을 신의 영원성으로 돌릴 시간과 기회를 지닌 수도사와 수녀의 수도회와, 교구 사제secular priest라고 불리며 일반인들과 그들의 세속사를 보살피는 사제 간에 분업이 이루어졌다. 그와 같은 용어가 오늘날에도 로마가톨릭교회에서 사용되고 있다. 수도사와 수녀는 종교적이라 하고, 교구 사제는 세속적이라 한다.

하지만 '세속적'이라는 말은 지금 훨씬 광범위한 의미를 가지고 있다. 유럽에서 세속화의 오랜 과정은 16세기 종교개혁까지 그 뿌리가 뻗어 있다. 종교개혁은 거의 모든 사람이 당연하게 여겼던 종교 기관, 관례, 교리의 권위를 손상시켰다.

철학자 찰스 테일러가 저서 《세속 시대A Secular Age》에서 보여 준 것처럼, 종교개혁에 의해 외부 세계에서 영적 힘과 마술적 힘이 제거되었고, 그 의미와 중요성이 개개 인간의 마음으로 옮겨졌다. 종교개혁 이전의 세계에서는 영적인 힘이 사람들 안에 있을 뿐 아니라 성인의 유해 혹은 성체[1] 같은 물리적 대상 안에 있었다. 사람들은 무엇이든 잘 받아들였다. 사람들은 병에 걸릴 수 있는 동시에 치유될 수 있었고, 축복과 저주에 열려 있었으며, 홀리거나 은총을 받을 수 있었다. 테일러는 말한다.

"마법에 걸린 세계에서는 사람이 하는 일과 사람이 아닌 힘의 작용을 명확히 구분할 수 없다."

반면 종교개혁 이후의 세계에서는 대상이 마음에 영향을 줄 수 있었지만, 대상의 의미는 마음에 의해 생겨나거나 마음에 의해 주어졌다. 의미와 중요성은 외부 세계가 아니라 내면, 인

---

[1] consecrated Host. 그리스도교에서 성스럽게 된 빵과 포도주를 예수의 몸과 피에 비유하여 이르는 말이며, 성찬식에 쓰이는 포도주와 빵을 가리킨다.

간의 마음속에 있었다. 이렇게 세계는 마법에서 풀려났다.

점점 증가하는 기계론적 과학의 영향력에 의해 17세기부터 계속 그 과정이 더 빨라졌다. 신은 자연의 활동에서 제거되었다. 자연은 생명이 없고, 의식이 없고, 기계적이며, 자동적으로 기능한다고 여겨졌다. 그에 대한 반응으로 일부 개신교 신학자들은 기계 같은 세계를 창조한 신의 역할을 강조했다. 앞서 살펴본 것처럼, 신은 인간에게 유익하도록 자애롭게 우주에 질서를 부여한 기술자 같았다. 또한 신은 이 세상이 끝날 때 보상과 벌을 내리는 재판관의 역할을 유지했다. 그 과정에서 신은 여러 창조자 중 하나로 축소되었고, 종교는 도덕으로 축소되었다.

이렇게 불필요한 걸 모두 제거한 그리스도교에는 그리스도의 구원 행위, 헌신과 기도의 역할, 인간성을 향한 초월적 목표가 있을 자리가 없었다. 신의 본성에 인간이 참여한다는 전통적인 그리스도교의 교리는 희미해졌다.

18세기와 19세기의 복음주의적 종교 운동은 그런 지적인 신 관념에 반발했다. 그중 가장 두드러진 것은 감리교 신자들이었다. 로마가톨릭교회와 영국성공회 교회에서 모든 사람을 포함하려는 형식적인 집단적 의식儀式을 행하는 것과 달리, 그들은 내면화된 가슴 중심의 신앙, 지극히 개인적 형태의 종교를 표명했다.

로마가톨릭 국가들에서는 표면적으로 사람들이 로마가톨릭교회 신자여야 한다고 여겼다. 루터파 교회 국가들은 사람들이 루터교인이어야 한다고 여기고, 영국에서는 사람들이 영국성공회 교인이어야 한다고 여겼다. 반면 감리교 같은 새로운 종파들은 동호회나 자발적 단체에 더 가까웠다. 그들은 자신들이 종교적 올바름을 배타적으로 독점하고 있다고 주장하지 않았고, 사람들은 한 종파에서 다른 종파로 자유롭게 옮겨 다녔다. 미국은 이런 맥락에서 탄생했고, 미국의 여러 종파들은 일종의 종교의 자유 시장을 제공했고, 지금도 제공하고 있다. 20세기에 오순절파Pentecostalist와 다른 복음주의 교회들은 그렇게 신과 개인적인 관계를 맺는 형태를 남미, 아프리카, 아시아에 퍼뜨렸다.

18세기 말까지 많은 계몽주의적 지식인들에게는 그런 이성적인 창조주가 이신론의 동떨어진 신이 되었다. 그리고 그 신은 이성, 과학, 자연에 대한 연구를 통해 파악할 수 있었다. '계시', 그리스도교 신앙의 실천, 복음주의적 '열정'은 필요하지 않았다. 열정 enthusiasm은 '신에게 사로잡힌'이라는 의미이고, 그리스어로 en은 '안in', theos는 '신'이라는 의미에서 유래했는데 계몽주의적 지식인에게 그것은 비난의 말이었다. 우주가 창조되어서 움직이기 시작하고 나면, 신이 개입할 필요 없이 자동적으로 기능하기 때문이다. 신은 기도에 응답하지 않았고, 우주에 손을 뻗쳐 자연법칙을 일시적으로 중단시키고 기적을 일으켜서 간섭하지 않았다.

하지만 도덕과 사회질서는 어떤가? 도덕적 행위가 더 이상 신의 계율, 지도, 은총에 의존하지 않는다면, 인간 자신과 이성과 상호 이익의 합리적 질서에 의존해야만 한다. 그리스도교는 다른 사람들을 보살피고, 이웃을 사랑하고, 심지어 적도 사랑하라는 예수의 요청에 응답하는 도덕적 보편성에 기반하고 있었다. 이런 그리스도교의 이상은 인본주의적 도덕성으로 세속화되었고, 그로 인해 우리는 이타적이어야만 하고, 다른 사람들에게 관심을 가져야만 한다.

이런 세속화하는 변화가 가장 극적으로 나타난 것이 프랑스혁명이다. 1789년 프랑스혁명이 시작되었을 때 프랑스 국가의 공식 종교는 가톨릭이었다. 그리고 앞서 말했듯이, 1793년 '이성 숭배'가 국가 종교로 선포되었고, 파리의 노트르담대성당은 '이성의 신전'으로 바뀌었다.

혁명정부가 앞세운 선전 문구들 중 하나는 '자유, 평등, 박애'였다. 공포정치(1793~1794) 때 많은 사제를 비롯한 4만 명 이상이 처형되었고, 단두대가 혁명의 대의를 상징하게 되었다. 교회, 성당, 종교 교단들은 폐쇄되었고, 종교적 숭배는 강제로 억압되었다.

공포정치는 쓴맛을 남겼고, 혁명의 선전 문구 또한 '자유, 평등, 박애'로 축소되었다. 이것은 아직도 프랑스 공화국과 아이티Haiti의 공식적인 모토다.

이신론은 곧 전면적인 무신론에 밀려났다. 우주가 영원하다고 가정함으로써 창조주로서 이신론의 신이 필요 없어졌다. 반면에 무신론이 지적으로 신뢰할 수 있게 되었고, 19세기에 공산주의를 비롯한 무신론의 혁명 운동이 전 유럽에 퍼졌나갔다. 구체제가 교회 권력의 비호를 받았기 때문에, 종교 권력을 허무는 것이 혁명의 대의를 강화했다.

특히 러시아에서는 황제인 차르와 동방정교회의 권력이 신에게 의존했기 때문에, 급진적인 혁명가들은 무신론을 취해야 할 필요가 있다고 여겼다. 1850년대까지 러시아의 혁명사상가들은 교회와 차르의 부패한 권력을 새로운 사회정치 체제로 대체하려 했고, 또한 새로운 개념의 인간으로 대체하려 했다. 마르크스가 "종교는 인민의 아편이다."라고 말한 것처럼, 종교의 망상을 거부함으로써 인류는 과학과 이성의 빛으로 해방될 것이었다.

무신론 이데올로기는 유물론적 과학이라는 강력한 동지를 발견했다. 그것은 19세기말에 우주는 아무 목적이 없고 의식도 없고 기계적으로 움직일 뿐이며, 인간은 다른 생물들처럼 목적도 없고 신의 인도 없이 진화했다고 묘사했다. 그런 신이 없는 세계에서 인류는 자신의 진화를 떠맡았고 진보Progress를 통해 모든 인간을 위해 경제 발전, 형제애, 건강과 번영을 이루었다.

근대적
세속주의

세속주의는 근대 세계에서 주로 세 가지 측면을 통해 표출된다. 첫째는 정치·문화적인 면이다. 공공장소에서 신이 사라졌다. 테일러는 이렇게 말한다.

경제, 정치, 문화, 교육, 직업, 여가 활동 등 다양한 활동 영역에서 우리가 기능할 때, 우리가 따르는 규범과 원칙, 우리가 숙고하는 것은 일반적으로 우리를 신이나 종교적 믿음에 맡기지 않는다. … 그것은 옛날과 현저히 대비된다. 그때는 그리스도교 신앙이 주로 성직자들의 입을 통해 권위

적인 처방을 내렸고, 고리대금업에 대한 금지같이, 사람들
은 그 분야에서 금지된 것을 쉽사리 무시할 수 없었다.

–

이런 세속주의가 반드시 반종교적인 건 아니다. 미국에서 1791
년 수정헌법 제1조가 교회와 국가의 분리를 규정한 것은 초기 미
국인들의 뜨거운 쟁점이었던 종교적 자유를 허용하려는 의도였
다. 그들 중 상당수는 유럽에서 국가의 옹호를 받는 종교적 박해
를 피해 미국으로 온 사람들이었기 때문이다. 이와 마찬가지로 19
세기 유럽에서 정치 개혁 운동은 반종교적 열정보다는 다른 그리
스도교 교회인 로마가톨릭과 개신교 사이의 관용의 필요성에 의
해 일어났다. 또한 유럽에서 세속화가 더 진행되어서, 유대인들
이 더 쉽게 공적 생활에 참여하고 세속적 세계의 일원이 될 수 있
었다.

하지만 일부 세속 국가들은 혁명기 프랑스의 전례에 따라 반종
교적 입장을 명백히 나타냈다. 소비에트 연방에서는 무신론이 공
식적 이데올로기가 되었고, 어린이들에게 반종교적 교육을 했
다. 국가의 지원을 받는 무신론투쟁자연맹League of the Militant Godless
은 1930년대에 회원이 500만 명이 넘었는데, 조직적 활동을 전개
하여 교회와 수도원을 폐쇄했고, 교회 종을 울리지 못하게 했고,
종교 축제를 억압했으며, 러시아정교회의 종교 행위를 짓밟았다.
제2차 세계대전 후에는 소비에트 연방의 동유럽 위성국가들에 이

와 유사한 무신론 이데올로기가 주어졌다. 공산 중국에서는 마오 쩌둥이 1949년 국가 무신론 정책을 제정했다.

둘째로 유럽이 점점 더 세속화된 것은 종교적 수행을 하고 종교에 속한 사람들이 감소한 것으로 나타난다. 전 인구 중 많은 소수 집단이나 심지어 대다수가 종교가 없다고 말한다. 이런 변화의 뿌리는 18세기의 급진적 지식인들과 19세기의 반종교적 정치 운동까지 거슬러 올라가지만, 사람들이 전통적 종교에서 소외되는 과정은 20세기 후반에 더 빨라졌고, 그런 추세는 21세기에도 계속되었다.

세속화가 나타나는 셋째 측면은 거의 모든 사람이 신을 믿었던 사회로부터, 신을 믿는 것이 다른 것들 가운데 선택 사항이고 받아들이기 가장 쉬운 선택이 아닌 경우가 많은 사회로 변한 것이다. 대부분의 유럽에서 그리고 북아메리카의 점점 더 많은 젊은이들에게 현재 기본 상태는 종교가 없는 것 혹은 반종교적인 것이다.

무신론의
모호함

이렇게 문화가 무신론으로 변한 것
은 부분적으로 복음주의적 무신론자들이 그들의 관점으로 사람들
을 전향시키려고 끊임없이 노력한 결과다. 근대 무신론은 역사적
으로 보면 그리스도교로부터 성장했고, 철학자 존 그레이John Gray
가 주장하듯이, 그리스도교의 이단으로 보는 것이 가장 좋다.

불신앙은 신앙을 가진 사람들이 규칙을 만든 게임 안에
서의 움직임이다. 신의 존재를 부정하는 것은 유일신론
의 범주를 받아들이는 것이다. … 무신론은 진리를 추구

하는 그리스도교적 열정이 뒤늦게 꽃핀 것이다. … 그리스
도교는 환상에 대한 이교도의 관용을 철저히 파괴했다. 오
직 하나의 진정한 신앙이 있다고 주장했을 때, 그것은 과거
에 진리가 지니지 못했던 최상의 가치를 진리에 부여했다.
그것은 또한 처음으로 신에 대한 불신앙을 가능하게 만들
었다. 그리스도교 신앙이 오래 지연된 결과는 진리를 우상
숭배하는 것이었고, 그것은 무신론에서 가장 완벽하게 표
현되었다.

　-

그레이 자신이 무신론자이지만, 남을 전향시키려는 무신론자
는 아니고 세속적 인본주의자도 아니다. 반면 리처드 도킨스 같
은 많은 현대의 무신론자들은 여전히 신에 대항하는 개혁 운동
을 하고 있다. 그들은 반종교 이데올로기의 선교사다. 그들은 자신
을 계몽주의의 계승자로 여긴다.

종교적인 가정에서 자란 사람들이 무신론자가 되면 굉장한 관
점의 전환, 세계관의 혁명적 변화가 뒤따른다. 현대의 많은 무신론
자들은 그리스도교나 유대교의 종교적 가정교육에 반발하거나 거
기에서 떨어져 나옴으로써 그런 전환을 겪었다. 다른 사람들은 종
교가 없는 부모 아래서 자랐고, 일부는 조부모 때부터 종교가 없었
다. 더 위의 조상까지 종교가 없었던 경우는 많지 않다. 나는 1세
대 무신론자였고, 10대 때 패러다임의 전환을 겪었다.

많은 무신론자들은 이렇게 종교에서 무신론적 세속주의로 전환하는 것이 역사적으로 불가피한 일이라고 여기는데, 그러므로 그것은 어느 정도 자기 충족적 예언이다. 무신론으로 전향하거나 단순히 종교 없는 생활 방식으로 바뀐 사람들은 종종 자신이 진보적이라고 생각하고, 도킨스처럼 계몽주의적인 진보의 이상을 물려받았다고 여긴다. 그리고 어떤 면에서 계몽주의 프로그램은 적어도 유럽, 북아메리카, 오스트레일리아, 뉴질랜드에서 실현되고 있는 것 같다. 공적 생활, 교육 체계, 대중매체는 점점 더 세속화되었고, 종교가 없는 사람들이 늘어나고 교회는 사라져 간다.

무신론자들이 종교에 반대하는 가장 흔한 주장은 종교가 갈등을 일으킨다는 것이다. 그건 사실이다. 유럽의 가톨릭 국가들과 개신교 국가들 사이의 30년전쟁(1618~1648)에서 유럽인 300만 명 이상이 목숨을 잃었다. 악명 높은 스페인 종교재판(1478~1835)으로 인해 357년 동안 약 15만 명이 고발당했고, 약 3,000명이 처형되었다. 종교는 폭력을 불러일으켰고, 일부 종교는 여전히 폭력을 저지르고 있다.

하지만 나치 독일에서 국가주의도 폭력을 저질렀고, 영국, 프랑스, 스페인, 포르투갈, 네덜란드, 벨기에 제국들에서 제국주의도 폭력을 일으켰으며, 식민지주의도 폭력적이었다. 미국, 오스트레일리아, 뉴질랜드와 그밖에 세계의 다른 곳에 유럽인들이 정착하면서 원주민에게 재난을 안겼다. 많은 원주민들이 살해당하고, 노예가 되고, 재산을 몰수당하고, 질병으로 인해 말살당했다.

그중 가장 파괴적인 체계는 공산주의의 무신론 이데올로기였다. 스탈린 치하의 소비에트 연방, 마오쩌둥 치하의 공산 중국, 폴 포트 치하의 캄보디아가 그랬다. 스탈린이 통치할 때 소비에트 연방에서 사망한 사람은 보수적으로 추정해서 2,000만 명에 달하고, 제2차 세계대전에서 2,000만 명 이상의 군인과 시민들이 숨졌다. 마오쩌둥 치하의 중국에서는 그의 정책으로 4,000만 내지 7,000만 명이 숨졌다. 폴 포트 치하의 캄보디아에서는 전 인구의 4분의 1에 해당하는 200만 명이 죽었다.

어떤 국가, 종교, 이데올로기, 영리 체계도 그 역사를 자세히 조사하면 좋은 결과를 나타내지 못한다. 인간이 만든 모든 제도는 잘못을 저지르기 쉽기 때문이다.

역사적으로 종교가 악행을 저질렀다는 주장은 무신론자들의 세계관에서 중요한 부분이다. 하지만 그들은 무신론 정치 체제의 막대한 사망자 수는 무시한다. 그런데 이보다 더 중요한 것은, 과학이 순전히 물리적인 용어로 실재의 본성을 이미 완전히 설명했기 때문에 신이 필요 없다고 무신론자들이 믿는 것이다. 우주 자체와 살아 있는 유기물들은 기계라는 것이다. 유기물들은 창조주 없이, 창조하는 지성의 존재 없이, 아무 목적 없이, 저절로, 무의식적으로, 진화했다고 한다.

하지만 이런 '과학적 세계관', 자연에 대한 유물론적 이론은 나의 책 《과학의 망상》에서 밝혔듯이 과학적으로 매우 의문스러운 전제에 의존하고 있다. 예를 들어 유물론자들은 물질에 의식이 없다는 것, 자연에 목적이 없다는 것, 마음은 뇌에만 한정된다는 것을 '증명'하지 못했다. 이것들은 '가정'일 뿐이다. 그러므로 유물론적 세계관은 신념 체계에 불과하고 과학적 사실을 진술한 것이 아니다.

사람들이 무신론으로 개종하는 또 하나의 흔한 이유는 종교는 기본적으로 명제와 믿음에 대한 것이고 체험에 대한 것이 아니라는 가정이다. 그때 종교는 경전, 예언자, 사제들의 권위에 의존하는 독단적인 것이라고 묵살당할 수 있다. 반면에 그들의 주장에 따르면, 과학자들은 증거를 열린 마음으로 대하고, 분명한 질문을 하고, 실험으로 질문을 검증하고, 반복된 관찰을 통해 믿을 수 있는 일치된 의견을 확립한다.

나도 과거에 그렇게 믿었다. 하지만 일부 사람들이 과학을 일종의 종교로 만들었고, 비정상적으로 독단적인 경우가 많다는 걸 알고 나서 환상에서 깨어났다. 사람들은 과학자들의 권위와 특권에 감명받아서 의심 없이 '과학적 세계관'을 받아들이고는, 스스로 자유롭게 생각해서 그 세계관에 이르렀다고 상상한다. 나는 열린 마음의 과학이라는 이상을 아직도 믿는다. 하지만 과학의 종교, 과학주의scientism는 독단적 이데올로기라고 생각한다. 내 경험에 따르면, 과학주의의 신봉자들은 내가 만나는 대부분의 그리스도인들보다 훨씬 더 독단적이다.

과학주의의 신봉자들은 대부분 과학자가 아니다. 그들은 연구자가 아니라 경건한 신자들이다. 대부분 경험적인 관찰을 하지 않고 스스로 과학적인 발견을 하지도 않는다. 아원자입자를 연구하는 거대 하드론 충돌기에서 일하거나, 게놈genome의 유전자 서열을 결정하거나, 신경세포의 초미세 구조를 조사하거나, 전파 천문학을 연구하거나, 초끈 이론superstring theory의 수학을 파고드는 일을 하지 않았다. 그들은 남에게 들은 것을 조금도 의심 없이 취하고, 교과서와 대중화하는 사람들이 전해 주는 대로 지배적인 제도권 과학의 정통성을 받아들인다. 그들은 과학의 사제들의 권위에 의문을 제기할 수 없다. 그러기 위해 필요한 교육과 전문 지식이 부족하기 때문이다. 그들은 서툰 질문을 하면 무시당하기 일쑤이고, 아니면 무식하고 혼란하고 어리석다고 묵살당한다.

과학주의는 광범위한 영향을 미치는데, 그 이유는 주로 컴퓨터, 인터넷, 스마트폰, 항생제, 로봇 수술, 제트 엔진, 우주 탐사 로켓 같은, 의심할 여지없는 과학과 기술의 대성공 때문이다. 이런 대성공이 모두 '과학적 세계관'의 결과이며, 그것들이 자연에 대한 유물론적 철학을 지지한다고 여기기 쉽다. 하지만 나를 비롯한 많은 사람들은 그런 철학이 사실은 과학을 저해하는 독단적인 신념 체계로 완고해졌다고 생각한다.

현대 과학은 의식을 이해하는 면에서 가장 성과를 거두지 못하고 있다. 유물론자들은 의식이란 뇌의 활동일 뿐이라고 여긴다. 그들이 내세우는 구호는 "마음은 뇌가 하는 일이다."라는 것이다. 하지만 유물론자들에게는 의식의 존재 자체가 문제이고, 그래서 그것은 '어려운 문제'라고 불린다. (이는 1장에서 논의했다.)

종교는 의식에 대한 것이고, 의식이 인간의 수준을 초월한다는 전제에 입각하고 있다. 과학주의의 신봉자들이 반종교적 입장을 취하는 이유 중 하나가 이것이다. 모든 종교들은 의식이 뇌 활동보다 더 광대하다고 여기기 때문이다.

　사람들은 조상 대대로 내려오는 종교를 포기할 때, 그와 동시에 함께 노래하고 읊고, 기도하고, 전통적 의례와 축제에 참여하고, 식사기도를 하는 등 종교인들이 당연하게 여기는 것도 대부분 하지 않는다. 이렇게 종교적 삶의 방식에서 비종교적인 삶의 방식으로 패러다임의 전환이 일어날 때 어떤 영향이 생기는가?

종교적 삶의 방식과
비종교적 삶의 방식의
영향

영적 수행에 대해 실험하는 과학 연구는 세속적 맥락에서 이루어진다. 연구자들은 대개 실험 참가자들이 종교적이지 않고 영적 수행을 하지 않는다고 가정한다. 그 다음, 특정한 수행을 할 때의 효과를 조사하고 그 수행을 하지 않은 대조군과 비교하여 수행의 효과를 연구한다.

예를 들어 감사에 대한 연구는 감사를 표현하는 것의 효과를 감사를 표현하지 않는 것과 비교한다(2장). 명상에 대한 연구는 명상의 효과를 명상하지 않는 것과 비교한다(1장). 야외활동에 대한 연구는 야외활동하는 것을 대조군인 실내 활동과 비교한다(3장). 노래하기의 효과에 대한 연구는 노래하기를 노래하지 않기와 비교한다(6장). 이 연구들은 대부분 영적 수행이 거기에 참여하지 않을 때와 비교할 때 유익한 효과가 있음을 보여 준다.

영적 수행의 효과를 조사하는 다른 방법은 참여하지 않을 때와 달리 종교적인 참여를 할 때의 장기적인 효과를 살펴보는 것이다. 정기적으로 교회나 시나고그 혹은 다른 종교 집회에 가는 사람들을, 연령대와 경제·사회적 지위가 같지만 종교 활동을 하지 않는 다른 사람들과 비교한다. 미국과 다른 나라에서 이런 연구가 수천 건 이루어졌는데 그 결과는 명확하다.

교회에 정기적으로 가는 사람들은 종교적 참여를 하지 않거나 거의 하지 않는 사람들보다 정신질환이 적고, 우울한 경우가 적고, 덜 불안하고, 더 오래 사는 경향이 있다. 그런 효과는 그리스도교에만 한정되지 않는다. 주로 불교 신자들이 많은 타이완의 연구에서도 비슷한 효과가 나타났다.

예외도 있다. 소수의 사람들, 특히 죄책감과 두려움이 많거나 심한 종교적 갈등을 겪은 사람들에게는 종교적 믿음이 건강과 삶의 질에 부정적인 효과를 초래할 수 있다.

하지만 조상 대대로 전해진 신앙을 포기한 대부분의 사람은 극단적인 죄책감이나 갈등에서 벗어나기 위해 그렇게 한 것이 아니다. 많은 사람들은, 앞서 말한 것처럼, 부정적인 이유가 아니라 긍정적인 이유 때문에 비종교적인 생활방식으로 바꾼다. 진보, 이성, 과학과 발맞추기를 원하는 것이다.

조상 대대로 전해진 신앙을 버릴 때, 사람들은 대개 조상들이 당연히 여긴 다음과 같은 수행들을 모두 중단한다.

- 공동체나 가족이 하는 식사기도
- 공동체로서 함께 노래하기
- 기도
- 종말이 아니라 전이로서의 죽음을 받아들이기
- 침례, 견진성사, 결혼 같은 통과 의례를 거치기
- 전통적인 종교적 장례를 치르기
- 조상을 인정하기
- 한 해 동안 시간의 경과에 체계를 부여하는 축제를 기념하기
- 성지와 연결되기
- 집단 정체성과 연관성을 심어 주는 의례에 참여하기
- 다른 사람들을 돕는 걸 격려 받기
- 개인의 삶에 의미를 주도록 돕는 더 큰 이야기의 일부가 되기
- 공간과 시간을 초월하는 영적 실재와 유대감을 느끼기

종교와 그에 따른 수행들을 포기하면 사람들의 삶에 그야말로 아무런 제한이 없어진다. 그리스도인이었던 사람에게 일요일은 더 이상 감사기도를 드리고, 쉬고, 원기를 회복하는 특별한 날일 필요가 없다. 그저 다른 날처럼 일하거나 쇼핑하는 날일 뿐이다. 연중무휴로 사는 생활방식을 막을 종교의 장벽이 없다.

그 과정에서 많은 것이 변하는데, 비단 비종교인의 첫 세대뿐 아니라 그 자녀들에게도 변화가 생긴다. 종교인 가족의 아이들

과 달리, 비종교인 가족의 어린이들은 당연히 가족과 함께 노래하지 않고, 함께 감사기도를 드리지 않고, 의례와 축제에 참여하지 않는다.

무신론은 정화하는 불이다. 무신론은 종교적 위선, 부패, 게으름과 가식을 불태운다. 하지만 이러한 무신론의 초토화 정책 때문에 많은 사람들이 영적으로 허기지고 목마르고 고립될 수 있다.

최근 몇 세대 동안 유럽, 북아메리카, 오스트레일리아, 뉴질랜드 등 과거 그리스도교 국가들에서, 이렇게 종교적인 삶의 방식에서 비종교적인 삶의 방식으로 바뀐 패러다임 전환이 대단히 큰 규모로 일어났다. 하지만 종교를 버리는 사람들이 철저한 무신론으로 바뀌는 것은 아니다. 가족의 종교를 포기하거나 종교가 없는 가족에서 자란 사람들은 대개 자신이 무신론자라고 여기지 않는다. 그중 일부는 자칭 불가지론자이고, 크리스마스에 교회에 가서 예배하는 것처럼 미약한 종교적 소속을 유지하는 사람이나 영적인 탐구자, 뉴에이지 신봉자 등이 있고, 일부는 불교 같은 다른 종교의 수행을 하거나 신이교주의자나 신 주술사가 되기도 한다.

최근 영국에서의 설문조사에 따르면, 전 인구의 절반가량이 종교가 없다고 대답했지만, 자신이 무신론자라고 말한 사람은 13퍼센트밖에 안 되었다. 종교가 없다는 사람들 중에서도 '인간은 순전히 물질로만 이루어져 있고 영적인 요소는 없다.'라는 진술에 동의한 사람은 25퍼센트에 불과했다.

무신론자의 비율은 과학 교육을 받은 사람들에서 더 높다. 2016

349

년 영국의 설문조사에 따르면 과학·공학·의학 전문가들 중 약 25퍼센트는 무신론자였고 21퍼센트는 불가지론자여서, 이 둘을 합하면 46퍼센트였다. 이와 거의 비슷한 45퍼센트는 종교를 가지고 있거나, 영성에 관심이 있지만 종교는 가지고 있지 않다고 했다. 그러므로 세계에서 가장 세속적인 국가들 중 하나인 영국의 과학계에서도 철저한 무신론자는 소수인 것이다.

일반적으로 종교적·영적 수행은 사람들을 더 행복하고 더 건강하고 덜 우울하게 만든다. 반대로, 그런 수행을 하지 않는 사람들은 덜 행복하고 덜 건강하고 더 우울하다. 그러므로 과격한 무신론은 건강에 해로울 수 있다는 경고가 따라야 한다.

일부 무신론자들은 이 문제를 인식하고 있으며, 해결책을 모색하고 있다. 알랭 드 보통은 무신론자들을 위한 종교를 옹호한다. '세속적 인본주의자' 운동은 인본주의 집행자humanist officiants들을 훈련시키고 면허를 주어서, 세속적인 작명 의식, 결혼식, 장례식을 실행하게 한다. '일요일 집회'는 매주 모여서 함께 노래하는 기회를 제공한다.

샘 해리스와 세속적 불교인들은 명상을 옹호한다. 그들이 이렇게 하는 이유는, 엄격하게 비종교적 생활방식이 너무 많은 것을 배제해서 삶을 빈곤하게 하기 때문이다.

관계 맺는
방식으로서의
영적 수행

대부분의 영적 수행의 이점은 바로 그 것이 믿음보다는 실천에 대한 것이라는 점이다. 그러므로 영적 수행은 종교인이든 비종교인이든 모든 사람들에게 열려 있고 포용적이다.

영적 수행은 우리를 눈앞의 관심사 너머로 데려간다. 이 책에서 말하는 영적 수행들은 언뜻 보기에 인간의 경험의 다양한 측면들과 관련된다. 그렇다면 그런 수행들의 공통점은 무엇인가?

그 수행들을 하나로 묶는 주제는 '연결'이다. 영적 수행들은 평범한 관계를 넘어, 다음과 같은 더 깊은 연결로 우리를 이끈다.

1. '감사'는 주고받는 흐름에 대한 것이다. 하나의 흐름의 일부가 되는 것은 우리를 다른 것과 연결해 준다. 우리는 인정하고 감사하는 가운데 얼마나 멀리 갈지 선택할 수 있다. 인간 세계에서, 우리는 생명을 준 부모를 비롯해 우리를 돕고 격려해 주던 모든 사람에게 감사할 수 있다. 또 인간 너머의 세계에서, 우리를 둘러싸고 있고 우리의 생존을 의존하고 있고 또 지구의 생명이 의존하고 있는 다른 살아 있는 유기물들에 감사할 수 있다. 더 나아가 태양과 은하계와 전 우주에 감사할 수 있다. 또 그보다 더 나아가, 그것을 신이라고 부르든 그러지 않든, 모든 자연과 마음의 근원에 감사할 수 있다.

우리는 원하는 대로 자유롭게 감사하거나 감사하지 않을 수 있다. 그런데 감사하지 않을수록 더 단절되고, 불만스럽고, 고립된다. 반면 더 감사할수록 우리는 우리 자신보다 더 큰 생명과 더 깊이 관계를 맺고, 더 힘찬 흐름을 경험한다. 이렇게 흐름을 의식하면 우리는 더 많이 주게 되고 더 관대해진다.

2. '명상'을 하면 마음의 활동을 알아차릴 수 있다. 그래서 마음이 우리를 시간 속의 과정으로 끌어당기고 개인의 터널에서 과거를 미래와 연결하는 것을 알게 된다. 명상을 통해 우리는 보다 포용적인 의식으로 물러날 수 있다. 그리고 이따금 우리가 우리의 마음을 훨씬 넘어선 광대한 마음의 존재 안에 있음을 알게 된다. 우리는 의식의 현존을 통해 연결되어 있다.

3. '인간 너머의 세계와 연결하기'. 우리는 마음과 감각을 통해 우리가 선택하는 만큼 나아갈 수 있다. 동물의 세계, 식물의 세계, 곰팡이의 세계, 미생물의 세계, 숲의 세계, 바다의 세계, 날씨의 세계, 가이아Gaia1)의 세계, 태양의 세계, 태양계, 은하수의 세계, 우리 은하 너머 수없이 많은 은하들의 세계에 주의를 기울일 수 있다. 모든 자연이 유래하는 근원까지 손을 뻗을 수 있다.

4. '식물'은 우리와 전혀 다른 생명 형태와 연결해 준다. 우리처럼 식물은 성장하고 무엇이 된다. 하지만 식물과 달리, 우리는 다른 동물처럼 성장을 중단하고 행동하기 시작한다.

식물은 형상, 냄새, 맛, 질감, 색깔 등 우리와 다른 동물들이 경험하는 성질의 근원이다. 식물은 직접적으로든 간접적으로든 우리에게 먹을거리를 준다. 그리고 허브로 치료해 주거나 독으로 손상시키기도 한다. 일부 식물은 약물 성분을 함유하고 있어서 우리의 마음에도 영향을 준다. 그리고 식물은 우리 인간보다 훨씬 오래 전부터 있었다. 꽃이 피는 식물의 주요 과科는 지구에 나타난 지 대략 수천만 년 되었고, 구과毬果 식물2)은 300만 년 정도, 고사리류, 이끼류, 해초, 말조류는 그보다 더 오래전에 나타났다. 인간 종은 겨우 10만 년 정도 되었고, 인간의 문명은 기껏 5,000년 정

---

1) 지구를 하나의 커다란 유기체로 보는 가설.

2) 소나무처럼 원추형 방울 열매가 달리는 식물.

도 되었다.

5. '의례'는 과거에 그 의례를 행했던 사람들과 우리를 연결해 준다. 의례는 우리 집단의 전통과 연속성을 유지할 뿐만 아니라, 인간 너머의 의식으로 통하는 통로를 열어 준다. 또한 우리를 후손 및 미래에 그 의례를 다시 행하는 사람들과 연결해 준다. 우리는 의례를 통해 우리 집단의 과거 및 미래와 연결되고, 우리 집단이 연관된 영적 세계와 연결되며, 인간성을 향한 초월적 목표와 연결된다.

6. '노래, 찬트 그리고 음악'은 동시성synchrony과 공명으로 우리 집단의 구성원들을 연결해 준다. 만트라, 찬트, 노래와 춤을 통해 우리는 인간 너머의 세계 및 인간 너머의 마음과 연결될 수 있다. 음악은 우리를 생명의 흐름에 연결해 준다.

7. '순례'는 우리를 성지, 천국과 땅이 만나는 곳에 연결해 준다. 이는 많은 성지에서 글자 그대로 사실이다. 성지의 건축물은 입석, 오벨리스크, 탑, 교회의 첨탑, 이슬람 사원이 뾰족탑처럼 하늘로 뻗어 있다.

순례는 수행이면서 동시에 은유라는 큰 이점이 있다. 순례를 떠날 때 우리는 목표를 향해 움직이고, 목표에 도착하고, 거기에 있는 과정을 경험한다. 그 후 우리는 다른 사람이 되어 집으로 돌아간다. 그럼으로써 순례는 평범한 일상을, 우리를 초월적 세계와 관련시키는 장소와 연결한다.

인생 전체가 순례라고 여길 수도 있다. 자신의 믿음에 따라, 인생은 필연적인 죽음이라는 목적지를 향하는 여행일 수도 있고, 임사체험처럼 죽음의 시간에 일어나는 영적인 유대를 향한 여행일 수도 있으며 죽음 너머로 계속되는 여행일 수도 있다.

발견과
재발견의
여행

많은 영적 수행이 있고, 모든 종교는 다양한 영적 수행을 포함하고 있다. 이 둘은 상호 배타적이기보다 상호 보완적이다.

이 책에서는 일곱 가지 영적 수행들을 다루었지만, 실은 그보다 훨씬 더 많은 수행이 있다. 그리고 나는 이 책의 속편에서 기도, 단식, 환각제psychedelics, 축일祝日, 축제 등 다양한 다른 수행을 다룰 수 있기를 바란다.

모든 수행이 모든 사람에게 적합한 건 아니고, 우리는 여러 수행 중에서 스스로 선택해야 한다. 종교를 따르는 사람에게는 많은 수행이 이미 삶의 일부이다. 하지만 그 수행에 지나치게 익숙해지면 효과가 감소한다. 이때 그 수행을 새롭게 바라보면 수행의 힘이 되살아날 수 있다.

모든 종교의 길에서는 특정한 영적 수행을 선택하게 되고, 어떤 수행을 다른 수행보다 더 강조한다. 그 결과, 이미 어떤 종교의 길을 따르고 있는 사람에게 다른 수행은 낯설다. 예를 들어 많은 개신교인에게는 순례를 떠나는 게 익숙하지 않다. 이런 성스러운 여행은 종교개혁 이전의 조상들에게는 익숙했고, 동방정교와 가톨릭교회에서는 여전히 익숙하다. 이와 마찬가지로 관상 기도 및 다른 그리스도교의 명상들은 수사와 수녀 공동체들에는 잘 알려져 있지만, 평신도들에게는 그리 알려져 있지 않다. 평신도들이 그런 수행을 알게 되면 도움이 되는 경우가 많다.

종교인들이 비종교인들에게서 배울 수 있는 분야 중 하나는, 과학에 의해 활짝 열린 새로운 방식으로 인간 너머의 세계와 연결되는 것이다. 철저히 무신론적인 과학자들조차 자연을 조사하는 과정에서 자연의 세계와 어떤 관계를 맺는다. 연구 분야가 전문적으로 한정되어도 상관없다. 이와 달리 많은 종교인은 자연의 세세한 것들과의 유대감이 부족하며, 어떤 종교인은 그것 너머로 날아가려고 안달하는 것 같다.

자연의 세계는 영적 탐구를 할 수 있는 거대한 잠재력이 있는 영역이다. 자연과학은 과거에 상상했던 어떤 것보다 우주가 더 크고, 더 오래되고, 더 낯선 것이라는 사실을 밝혀냈다.

그리고 과거에 아무도 몰랐던 생물학적 생명에 대한 세부사항들을 밝혔고, 우리 주위와 몸 안에 있는 미생물의 세계—우리의 장 안에 살고 있는 방대한 미생물 군집—가 존재하는 것을 밝혔다. 과학은 우리 선조들이 전혀 알지 못했던 거대한 세계와 미세한 세계를 간파했다. 문제는 과학이 우리에게 방대한 양의 데이터를 주었지만, 거기에는 인격적인 의미나 영적인 의미가 없다는 것이다.

반면 인간 너머의 세계와 영적으로 연결되는 전통은 어디서나 의미와 중요성을 발견했다. 하지만 그것은 최근의 과학적 발견에 대해서는 알지 못했다. 그러므로 이 두 접근법을 결합하는 것이 유례없이 현대에 대두된 문제이다.

우리는 모두 여행 중이다. 영적 수행들은 삶을 풍요롭게 할 수 있고, 우리가 서로에게 더 강한 유대감을 느끼게 하고, 아울러 인간의 차원 너머의 생명과 의식에게 더 강한 유대감을 느끼게 할 수 있다. 우리는 영적 수행을 통해 우리에게 주어진 많은 선물들을 받아들이고 감사할 수 있다. 우리가 받은 것에 대해 더 많이 감사할수록 남들에게 주려는 동기는 더 커진다.

맺는 말

이 책에서 논의한 주제들에 대해 생각하면서 베데 그리피스 신부님, 아내 질 퍼스 그리고 많은 다른 분과 토론하면서 큰 도움을 받았다. 특히 친구인 테렌스 매케너(안타깝게도 그는 2000년에 숨졌다)와 랠프 에이브러햄과 17년 동안 셋이 나누는 일련의 대화에 참여하는 행운을 누렸다. 우리는 적어도 1년에 한 번씩 캘리포니아, 영국, 하와이 등에서 만나 광범위한 주제를 가지고 토론했는데, 그중 일부는 이 책에서 논의한 주제들과 밀접한 연관이 있다. 우리 셋은 함께 쓴 《진화하는 마음The Evolutionary Mind》(1998)과 《혼돈, 창조성, 우주 의식Chaos, Creativity and Cosmic Consciousness》(2001) 두 책을 출간하기도 했다. 우리 세 사람이 30회 이상 나눈 대화를 녹음한 내용은 인터넷에서 들을 수 있다.

몇 분의 영적 지도자, 스승과 나눈 대화에서 나는 대단히 많은 것을 배웠다. 그중에는 지두 크리슈나무르티가 있었고, 데이비드 쉬텐들-라스트 수사는 캘리포니아의 이살렌연구소와 캐나다 브리티시컬럼비아 주에 있는 코르테스섬의 홀리호크에서 나와 함께 워크숍을 이끌었다. 또 매튜 폭스는 나와 함께 과학과 영성에 대한 책 《자연의 은총Natural Grace》(1996), 《천사의 물리학The Physics of Angels》(1996)을 썼고, 홀리호크와 캘리포니아 오클랜드에서 워크숍을 열었으며, 일련의 팟캐스트를 제작했다. 캘리포니아의 주교인 마크 앤드러스는 나와 함께 이살렌과 샌프란시스코의 은총대성당에서 워크숍을 개최했고, 팟캐스트도 제작했다. 마크 버논은 나와 함께 30개 이상의 팟캐스트를 제작했고, 또 데이비드 에이브러햄, 릭 잉그라치, 내가 살고 있는 햄스테드교구 교회의 교구목사인 스티븐 터커가 있다. 이들 모두에게 감사드린다. 또한 아들 멀린과 코스모에게 감사한다. 이들은 나와 함께 지난 4년간 홀리호크에서 워크숍을 열어, 이 책에서 논의한 일부 주제를 탐구했다. 다양한 워크숍에서의 참가자들의 피드백과 반응은 매우 귀중했다.

이 책을 쓸 수 있게 재정을 지원해 준 분들에게 감사드린다. 애디슨 피셔와 플로리다 주 네이플스의 플래닛헤리티지재단, 런던에 있는 가이아재단, 캘리포니아 주 페탈러마의 이안 왓슨과 빅토리아 왓슨, 왓슨패밀리재단과 노에틱과학, 제네바의 살비아재단이다.

나와 25년 동안 일해 온 연구 조수 팸 스마트에게 감사드린다. 이 책을 위한 조사를 도와준, 살비아재단이 자금을 댄 박사후연구원인 가이 헤이워드에게 감사한다. 그리고 나의 홈페이지를 관리하는 웹마스터인 세바스찬 펜래스에게도 감사드린다.

런던에 있는 호더앤스토턴출판사의 편집자, 마크 부스에게 많은 감사를 드린다. 그는 이 책이 세상에 나오게 도움을 주었다. 초고를 읽고 의견을 말해 준 모든 분에게 감사드리며, 특히 안젤리

맺는 말

카 코더, 린디 더퍼린, 에바, 가이 헤이워드, 나츄슈카 리, 윌 파슨스, 질 퍼스, 앤서니 램지, 코스모 셸드레이크와 멀린 셸드레이크, 팸 스마트에게 감사드린다.

맺는 말

과학자인 나는
왜 영성을 말하는가
SCIENCE AND SPIRITUAL PRACTICES

초판 1쇄 발행 2019년 8월 31일

글쓴이	루퍼트 셸드레이크
옮긴이	이창엽

펴낸이	오세룡
기획·편집	이연희, 김영미, 박성화, 손미숙, 김정은
취재·기획	최은영, 곽은영
디자인	정해진(onmypaper)
	고혜정, 김효선, 장혜정
홍보·마케팅	이주하

펴낸 곳	수류책방
	서울특별시 종로구 새문안로3길 23, 경희궁의 아침 4단지 805호
	대표전화 02) 765-1251 전송 02) 764-1251
	전자우편 suryubooks@hanmail.net
	출판등록 제2014-000052호

ISBN	979-11-952794-6-3 (03110)

정가 17,500원

이 도서의 국립중앙도서관 출판예정도서목록(CIP)은 서지정보유통지원시스템 홈페이지(http://seoji.nl.go.kr)와
국가자료공동목록시스템(http://www.nl.go.kr/kolisnet)에서 이용하실 수 있습니다.
(CIP제어번호 : CIP2019029948)

수류책방은 담앤북스의 인문 · 교양 브랜드입니다.